建筑业企业品牌管理

刘 杰 王要武 刘洪喜 编著

中国建筑工业出版社

序言

古时候，在牲畜身上烙印，是记号，不是品牌，因为那时没有商品交易，没有市场竞争。随着经济社会的发展，特别是市场经济的发展，企业和消费者共同创造了品牌。理论家们在品牌发展实践的基础上，总结提炼了品牌管理理论。

我从事建筑行业已近 40 年。以我的观察，一直以来，人们对建筑业企业品牌不够重视。近几十年来，我国的著名建筑物不胜枚举，却很少有人知道是哪个建筑公司承建的，就连建筑业企业自己，重视市场，关注质量，关注信誉和企业文化，却很少关注品牌建设，制定清晰明确的品牌战略规划，将品牌建设作为日常工作，投入足够的人力、物力、财力资源。

新世纪以来，社会经济蓬勃发展，建筑市场逐步成熟，国家对品牌建设予以足够的重视，建筑业企业品牌建设也得到了长足的发展。原来在品牌领域名不见经传的建筑业企业，不但出现在各类品牌排行榜中，甚至可以毫不夸张地说，中国建筑、中国中铁、中国铁建、中交集团等都已经成为国际知名品牌。去年底，世界品牌实验室发布了 2021 年第十八届世界品牌 500 强排行榜，中国建筑排名第 314 位，中国铁建排名第 355 位。今年 1 月，国际权威品牌价值评估机构 Brand Finance 发布了 2022 年全球品牌价值 500 强排行榜，中国建筑排名第 62 位，中国铁建排名第 96 位，中国中铁排名第 107 位，中交集团排名第 273 位。中国建筑、中国中铁、中国铁建、中交集团更是在 2021 年《财富》杂志世界 500 强排行榜中，分别位列第 13 位、第 35 位、第 42 位和第 61 位，连续 5 年雄踞全球工程与建筑企业前四强。

在中国建筑市场成熟发展的过程中，在建筑业企业品牌影响力越来越大的情况下，见到应运而生的《建筑业企业品牌管理》，令人惊喜和振奋。本书在目前世界前沿品牌管理理论指导下，总结归纳了国内建筑业企业品牌运作的实践，提出了建筑业企业品牌管理的基础理论，擘画设计了建筑业企业品牌建设的理想模式，推介了建筑业企业品牌建设的优秀案例和战略规划，为我国的建筑业企业品牌发展做出了有益的探索。

我相信，本书的出版，会让更多的建筑业企业了解认识品牌的管理理论与实践，对建筑业企业的品牌建设，一定会起到巨大的推动作用。我也很希望见到，我们的建筑业企业，关注品牌，创造品牌，为中国乃至世界的建筑市场贡献更多的知名品牌，因为品牌对于企业和消费者来说，确实是节约成本、提高效率、保证质量、达致效果的利器！

多说一句，树立品牌意识不仅仅是大企业的追求，广大中小建筑业企业，也应十分重视品牌建设工作。专精特新的发展模式已经为中小企业的品牌提升提供了良好的机遇。

2022 年 3 月 31 日

前言

　　随着数字时代的到来和企业发展环境的变化，卖方市场正逐渐向买方市场转变，消费者不仅满足于产品本身，更多地关注产品包含的价值理念、个性化服务等延展要素，软实力在企业实力构成比重中稳步上升，逐渐成为企业的战略性资源。对于长期以来一直以买方市场为主的建筑业更是如此。软实力越来越成为经济社会发展的重要支撑，成为企业发展的重要源泉。谁占据了软实力发展的制高点，谁拥有强大的软实力，谁就能够在激烈的市场竞争中赢得主动、占得先机。

　　品牌是建筑业企业软实力的重要体现。由于建筑产品投资大、造价高，加之期货交易形式和交易的长期性，品牌对于建筑业企业的客户具有非常重要的意义，是客户选择建筑业企业的一种简单的标准和工具。品牌对建筑业企业客户的这一重要作用，使得建筑业企业必须重视自身的品牌建设，维护品牌的良好声誉。本书对建筑业企业品牌管理的基本理论、基本方法和基本流程进行介绍，并通过典型企业品牌建设的实践进行案例分析，对建筑业企业加强品牌建设、促进建筑业企业的高质量发展，具有一定的参考借鉴价值。

　　本书共分 12 章。

　　第 1 章介绍了建筑业企业品牌管理的有关基础知识，包括品牌与品牌管理的概念、品牌管理流程；建筑业企业管理特点与建筑市场运行特点；建筑业企业品牌与品牌管理的含义、特点和作用；建筑业企业品牌的形成机理；建筑业企业品牌生命周期分析。

第 2 章对建筑业企业品牌管理体系进行了分析,包括建筑业企业品牌管理组织架构;建筑业企业品牌管理流程;建筑业企业品牌管理的协同运行;建筑业企业品牌管理的协调等。

第 3 章对建筑业企业品牌战略管理进行了阐述,包括建筑业企业品牌战略管理的含义、构成,建筑业企业品牌战略的特征与作用;建筑业企业品牌战略管理的过程;建筑业企业品牌定位、品牌架构和品牌个性;建筑业企业品牌延伸。

第 4 章介绍了建筑业企业品牌形象管理,包括建筑业企业品牌形象的概念、含义、要素的构成,建筑业企业品牌形象管理的原则和重点工作;建筑业企业理念识别、行为识别和视觉识别。

第 5 章阐述了建筑业企业品牌传播管理,包括建筑业企业品牌传播的特点和原则;建筑业企业品牌传播方式;建筑业企业品牌信息管理;建筑业企业品牌整合传播;建筑业企业品牌社会化媒体传播。

第 6 章对建筑业企业品牌关系管理进行了介绍,包括建筑业企业品牌关系管理概述;品牌关系模型分析;建筑业企业品牌关系管理的实施;建筑业企业品牌社区;建筑业企业品牌体验。

第 7 章阐述了建筑业企业品牌危机管理,包括建筑业企业品牌危机管理概述;建筑业企业品牌危机管理模式;建筑业企业品牌危机的预防;建筑业企业品牌危机处理。

第 8 章介绍了建筑业企业品牌绩效管理，包括建筑业企业品牌绩效管理概述；建筑业企业品牌行为绩效管理；建筑业企业品牌价值评估。

第 9 章剖析了建筑业企业品牌管理与其他管理活动的关系，包括建筑业企业品牌与质量管理；建筑业企业品牌与市场营销；建筑业企业品牌与技术创新；建筑业企业品牌与企业文化；建筑业企业品牌与社会责任。

第 10 章介绍了建筑业企业品牌的国际化，包括建筑业企业品牌国际化概述；建筑业企业品牌国际化的运作；建筑业企业的国际工程承包。

第 11 章介绍了某国有大型建筑业企业品牌管理设计范例，包括建筑业企业品牌管理组织设计；建筑业企业品牌管理流程设计；建筑业企业品牌管理运行机制设计。

第 12 章以中国建筑为对象，进行了品牌管理的案例分析，包括中国建筑简介；中国建筑品牌管理的主要做法；中国建筑品牌建设战略规划；中国建筑品牌的国际化。

本书可供建筑业企业的品牌管理人员及中高层营销管理人员和项目管理人员阅读、参考，也可作为高等学校工程管理等相关专业本科生、研究生的教材或参考教材。

　　本书在编写过程中，参考了许多著作和资料，特向这些著作的作者和资料的提供者表示由衷的感谢。本书在出版过程中，得到了中国建筑工业出版社的大力支持，在此深表谢意。

　　限于时间和水平，本书错讹之处在所难免，恳请广大读者批评指正。

2021 年 12 月

目录

第1章　建筑业企业品牌管理基础

第2章　　建筑业企业品牌管理体系

第3章　　建筑业企业品牌战略管理

第4章　建筑业企业品牌形象管理

第5章　建筑业企业品牌传播管理

第6章　建筑业企业品牌关系管理

第7章　建筑业企业品牌危机管理

第8章 建筑业企业品牌绩效管理

第9章　　　建筑业企业品牌管理与其他管理活动的关系

第10章　建筑业企业品牌的国际化

第11章　建筑业企业品牌管理设计范例

第 12 章　　中国建筑品牌管理案例分析

1

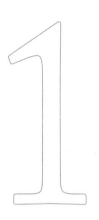

第 1 章

建筑业企业品牌管理基础

1.1　品牌与品牌管理

1.1.1　品牌

1.1.1.1　品牌的含义

我国《现代汉语词典》和《辞海》中只有分别对"品"字和"牌"字的解释："品"有"物品"之意，如"商品""产品"；"牌"有"牌子""牌号"之意，即"商店的字号"或"商标"。将两者结合起来，"品牌"即可理解为商品或产品的牌子。英语"brand（品牌）"一词源于古挪威语的"brandr"，意思是"打上烙印"。《英汉大词典》对"brand"的翻译有两种意思：一是指商标或商品的牌子；二是指牲畜、奴隶身上标明所属的烙印。所以"品牌"一词基本的意思即是指商品的标志或牌子。

随着现代营销理论和实践的发展，品牌的内涵也在发生巨大的变化，拥有了丰富的内涵，不同机构和学者从不同角度对品牌的内涵进行了阐述。具有代表性的有以下几种：

（1）将品牌视为符号。1960 年，美国市场营销协会（American Marketing Association，AMA）在《营销术语词典》中提出，品牌是一种名称、术语、标记、符号或设计，或是它们的组合运用，其目的是借以辨认某个销售者或某群销售者的产品或服务，并使之同竞争对手的产品和服务区别开来。这一定义可以从三个方面来理解：一是品牌与符号有关。品牌外显为一个可视的符号，符号代表了品牌；二是品牌是一种区分的工具。品牌存在的意义在于辨认或区别，其存在的前提是有同类产品或服务的竞争者；三是品牌的界定有消费者和企业两个视角。消费者利用品牌来辨认产品或服务，而企业利用品牌来区别自己的产品与竞争者的产品。美国市场营销协会对品牌的定义着眼于差异化的品牌符号。从符号的角度理解品牌是基于品牌最原始、最直观的含义，它以朴素而现实的视角将品牌看作是标榜个性、区别于其他的特殊符号。作为符号的品牌肩负着识别和区分的主要功能。将品牌视为识别和区分的符号，是品牌应该具备的基本且必要的条件，但并不是充分和全部的条件，因此不能揭示品牌的全部内涵。

（2）将品牌视为资本。"品牌是自身形象的象征，用以积累无形资产。"美国品牌学家 A.L. 贝尔（Alexander L. Biel）（1992）认为，"品牌是一种超越生产、商品及所有有形资产以外的价值。品牌带来的好处是可以预期未来的收益远超越推出具有竞争力的其他品牌所需的扩充成本"。20 世纪 80 年代兴起的企业兼并收购案例表明，品牌已成为一种重要的无形资产，其重要性已超过了有形资产。将品牌视为资产，着眼于品牌的价值功能，其侧重点在于品牌在市场运营中的作用。它主要是站在经济学、会计学的立场，从品牌的外延、品牌资产方面进行阐述，突出品牌作为一种无形财产能给企业带来多大的财富和利润及能给社会带来什么样的文化和时尚等价值。这种主张认为品牌是一种价值，在一定程度上是脱离产品而存在的，它可以买卖，体现一种获利能力，更强调品牌对企业的增值功能。

（3）将品牌视为关系。一个品牌的建立实际上是企业和消费者双方共同努力的结果。因此，"品牌管家"奥美广告公司（Ogilvy & Mather）认为，"品牌是消费者与产品之间的关系"。《关系营销》一书的作者瑞吉斯·麦肯纳（Regis McKenna）也指出，"一个成功的关系就是一个成功的品牌"。一个品牌与顾客的关系是其成功的基础。国际著名市场调研机构索福瑞集团（Taylor Nelson Sofres，TNS）发现，全球最成功的品牌都有一个共同之处——与消费者之间有着强烈的，甚至激情的关系。联合利华前董事长迈克尔·佩里（Michael Perry）认为，品牌是消费者对一个产品的感受，它代表消费者在其生活中因对产品与服务的感受而滋生的信任、相关性与意义的总和。亚马逊（Amazon）公司的创始人及首席执行官杰夫·贝佐斯（Jeff Bezos）认为，"品牌就是指你与客户间的关系，说到底，起作用的不是你在广告或其他的宣传中向他们许诺了什么，而是他们反馈了什么以及你又如何对此做出反应"。加拿大学者巴恩斯（Barnes）甚至认为，建立品牌与消费者的关系是创建品牌的目标。一个品牌包含了消费者与企业和产品互动后所积累而形成的全部感受，包括对品牌相关知识的认知、对品牌的情感以及对品牌的行为意向。将品牌视为关系，强调品牌是消费者或某些权威机构认定的一种价值取向，是社会评论的结果，而不是自我加冕的。该观点的一个重要贡献就是将消费者引入到品牌概念中来。它传达了企业与消费者及产品与消费者之间的沟通，强调品牌的最后实现是消费者来决定的。

（4）将品牌视为承诺。随着技术的迅猛发展，人们可以选择的商品或服务越来越多。这时，品牌仅仅作为区隔的工具并不足以吸引消费者，人们需要的是知名度高、特色鲜明的优质产品。因此，企业开始不断提升品牌带给消费者的功能性、情感性、社会性和财务性价值，使得品牌成为某种消费价值的担保。利用多种传播手段，通过品牌这一载体，企业向消费者做出价值承诺。一些学者的定义说明了品牌的这层含义：英国广告专家约翰·菲利普·琼斯（John Philip Jones）把品牌定义成能为顾客提供其认为值得购买的功能利益及附加价值的产品；英国品牌学者莱斯利·德·切纳托尼（Leslie de Chernatony）等认为，一个成功的品牌是一个好的产品、服务、人或地方，使购买者或使用者获得相关的或独特的最能满足他们需要的价值。经过各种接触点的影响，消费者形成了对品牌价值的印象。此时，对消费者而言，品牌意味着对企业所能提供价值的信任。因此，美国西北大学教授唐·舒尔茨（Don Schultz）指出，品牌是为买卖双方所识别并能够为双方都带来价值的东西。当产品能让消费者产生与自己相接近的联想时，对品牌的选择和认同就大增。

（5）将品牌视为综合体。"品牌是生产、营销与时空的结合。"从品牌联想的复杂性出发，很多学者对品牌做了比较全面的定义。比如，大卫·奥格威（David Ogilvy）早在1955年就指出，品牌是一种错综复杂的象征，是产品（或服务）的属性、名称、包装、价格、历史、声誉、广告风格的无形组合。品牌同时也因消费者对其使用的印象及自身的经验而有所界定。1978年，美国学者利维（Levy）提出，品牌是存在于人们心智中的图像和概念的群集，是关于品牌知识和对品牌主要态度的总和。1989年，伦敦商界一个名为"永恒的品牌"研讨会中就有专家提出，品牌是消费者意识感觉的集合。美国营销学大师菲利普·科特勒（Philip Kotler）认为，品牌至少包括属性、利益、价值观、文化、个性、使用者六个方面的内容。

1.1.1.2　品牌的归属

弄清品牌的归属对于理解"什么是品牌"也是非常关键的。对于品牌的归属，通常有以下三种认识。

（1）品牌属于企业。品牌由企业所有成员一手培育。美国西北大学凯洛格商学院副教授、先知品牌咨询（Prophet Brand Strategy）公司合伙人斯科特·戴维斯（Scott Davis）在《品牌资产管理》一书中指出，每一位管理者甚至雇员的行为举止、活动交际都会影响消费者对品牌的认知和理解。企业的每一位员工都在参与品牌的塑造和管理，都应该是品牌的拥有者。在管理者及员工的精心呵护下，品牌茁壮成长，帮助企业的产品或服务持久销售、大量销售以及溢价销售。同时，管理者也有权利将长大的品牌转售给其他公司。从法律上来说，企业对品牌拥有经营权、剩余索取权和处置权，也理所当然地拥有了品牌本身。

（2）品牌属于消费者。仅仅认为"品牌属于企业"会给企业的品牌经营带来很大的麻烦。每年大量的企业都会在广告、公关、促销等方面投入大量资金来打造品牌，但往往收效甚微，一些企业的品牌并未因此而成长起来。相反，很多企业因为品牌建设费用过高而负债累累。一些专家和学者指出了其中的问题，即品牌本来就不属于企业，而是属于消费者。例如，"广告教皇"大卫·奥格威（David Ogilvy）认为"品牌存在于消费者的认知里"；联合利华的前董事长迈克尔·佩里（Michael Perry）直接指明"消费者拥有品牌"；营销学者科波–沃尔格伦（Cobb–Walgren）、努贝尔（Ruble）和唐苏（Donthu）等人指出，"品牌是一个以消费者为中心的概念。如果品牌对消费者而言没有任何意义，那么它对于投资者、生产商或零售商也就没有任何意义了"。

（3）品牌归企业和消费者共有。有"品牌金手指"美誉的美国品牌咨询顾问弗朗希斯·麦奎尔（Francis X. Maguire）指出，一个好的品牌是来自企业的好想法与顾客心灵相契合的产物。英国品牌咨询顾问彼得·威尔士（Peter Wells）和提姆·霍里斯（Tim Hollins）也提出了很有见地的观点。他们认为，营销者并没有控制品牌，而是为品牌提供了成长的前提条件。营销者与购买者都在参与营销，品牌是共创的。由此可见，品牌并不属于企业和消费者其中的哪一位，而是二者共同所有。

第三种观点应当是关于品牌归属的更为全面的一种观点。这种观点可以从三个角度来看：从法律的角度，品牌属于企业，企业拥有对品牌的各项法律权利；从心理的角度，品牌属于消费者，只有被消费者认知和认同的品牌才能为企业带来回报；从管理的角度，品牌属于企业和消费者共有，只有将消费者深层次的价值需求融入品牌规划和传播当中，品牌才能基业长青，也才能走向卓越。

1.1.1.3　品牌的起源

品牌是一种经济现象，是商品经济发展到一定阶段的产物。品牌是伴随着商品交换而出现的，当人们懂得交换、懂得选择和比较的时候，品牌观念就已经萌芽了。诸多著述均记述了古代的人们在其牲畜身上打上烙印以表明其归属，在未干的陶器上按上手指印，或者刻上星星、十字等图案以表明制陶者，在斧头、镰刀、木桶等工具上烙上印记以表明生产者。这些都可以看作是品牌的雏形。

在中国国家博物馆里保存着一块我国宋代的广告印刷铜版，上面刻有"济南刘家功夫针铺"的字样，被业内一致认为是我国最早的商标。

这块铜版长 12.4 厘米、宽 13.2 厘米，铜版的上方标明："济南刘家功夫针铺"，中间是白兔捣药的图案，于图案左右标注"认门前白兔儿为记"，下方则刻有说明商品质地和销售办法的广告文字："收买上等钢条，造功夫细针，不误宅院使用，转卖兴贩，别有加饶，请记白。"文字皆为反刻，专家由此推测这块铜版的用途是印刷广告。铜版图文并茂，文字简练。从整体来看，白兔捣药的图案相当于店铺的标志，广告化的文字宣传突出了产品的原材料、质量、销售方式和营销手段等。这样的商标设计能起到广告宣传的作用，可以说是我国古代相对完整的平面广告作品。刘家针铺"白兔"商标所表现出来的品牌理念与品牌设计已经基本成熟，品牌的主要功能与传播目的得到了清晰的认识（图 1-1）。

随着商品经济的发展，社会生产规模逐渐扩大，品牌印记的使用迅速普及，并带来无形的价值，寻求品牌保护的"商标"及商标法随之诞生，现代意义上的品牌由此产生。第一个商标法案诞生于 1803 年的法国，英、德、美诸国均在 19 世纪 70 年代制定了商标法。19 世纪末 20 世纪初，商标制度已风行全世界，品牌得到了法律的认可和保障。

图 1-1　济南刘家针铺的"白兔"商标

1.1.1.4　品牌的特征

关于品牌特征的描述有很多，主要体现在以下几个方面：

（1）**表象性**。品牌不具有独立的实体，它需要物质载体。品牌通过一系列的物质载体来表现自己，从而使自己有形化。品牌的直接载体有图形、图案、符号、文字、声音等，间接载体有产品的价格、质量、服务、市场占有率、知名度、美誉度等。没有物质载体，品牌就无法表现出来，更不可能达到品牌的整体传播效果。因此，企业都是通过整体的规划来设计品牌识别，以使其具有独特的个性和强烈的视觉冲击力，从而达到帮助消费者区别自己的产品的目的。

（2）**集合性**。品牌是一种象征，它把各种元素如商标、符号、包装、价格、广告风格、文化内涵等集于一身，形成完整的品牌概念。品牌以自身内涵的丰富性和元素的多样性向受众传达多样化的信息。企业把品牌作为区别于其他企业产品的标识，以引起消费者和潜在消费者对自己产品的注意。从消费者的角度来看，品牌作为综合元素和信息的载体，是搜寻的线索和记忆的对象。

（3）**价值性**。品牌所代表的意义、品质和它的个性特征具有某种价值。这种价值并不能像物质资产那样可以用实物的形式来表达，是人们看不到、摸不着的，在企业的资产负债上难以准确地体现出来，但它却能使企业的资产迅速扩大，为企业创造出大量的超额利润。

（4）**双重性**。品牌具有自然和社会文化双重属性。自然属性是产品的价值，包括质量、服务等能给消费者带来的实际使用价值。这部分属性是由产品赋予的。社会文化属性是消费者在自然属性之外，通过购买和使用产品而产生的社会文化层面的感受，如品味、自信等。这部分属性是由品牌文化赋予的。

1.1.1.5　品牌的分类

按照不同的标准，可以对品牌进行不同的归类。了解品牌所属的类别，有利于更好地认知品牌。本书将品牌主要的分类总结归纳，如图1-2所示。

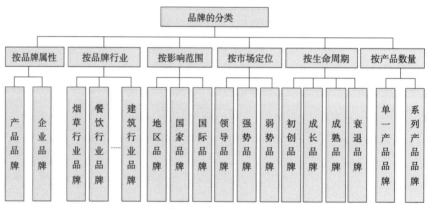

图1-2　品牌的分类

从属性角度看，品牌可以分为产品品牌和企业品牌。产品品牌是以产品闻名为特征的，如万宝路香烟、康师傅方便面都很知名，但制造商菲利浦·莫里斯公司、中国顶新集团则未必有人知晓。企业品牌是以企业闻名为特征的，如麦当劳、肯德基等。随着对品牌研究的普及和深入，品牌已不只局限于企业领域，非企业性质组织的品牌也越来越多地被提出，如学校、医院等，甚至将一个城市、一个地区、一个国家也看作是一种品牌。

从行业角度看，不同的行业有不同的品牌，有多少种行业，就有多少种行业品牌。如烟草行业有"骆驼""中华""芙蓉王"等；餐饮行业有"肯德基""可口可乐""全聚德"等；汽车行业有"奔驰""丰田""红旗"等；电器行业有"松下""菲利普""美的"等；建筑行业有"布依格""清水""中国建筑""上海建工"等。

从影响范围角度看，按品牌被认知的广度和影响地域范围的大小，可以分为地区品牌、国家品牌和国际品牌。地区品牌是指被某一特定地区范围内的公众认知的品牌，其影响力和辐射力只是限于某一地区，如深圳的活力宝饮料、特美思香烟等。国家品牌是指被本国的公众认知的品牌，一般畅销本国，消费者对其熟悉度比较高，如茅台酒、长虹彩电、新飞冰箱等。国际品牌是被世界公众广泛认知的品牌，如微软、IBM、麦当劳等。

从市场定位角度看，按品牌的市场地位，可以分为领导品牌、强势品牌和弱势品牌。领导品牌在市场中有很高的知名度、美誉度和稳定的忠诚度，市场占有率远远高于同类产品。强势品牌对经营环境具有极好的适应性，具有能够持久地满足消费者需求的品牌个性，在市场中具有一定的知名度、美誉度和忠诚度，具有较为稳定的市场占有率。弱势品牌是知名度和美誉度低，市场占有率低，在市场竞争中居于劣势的品牌。

从生命周期角度看，品牌可以分为初创品牌、成长品牌、成熟品牌和衰退品牌。初创品牌是处于市场导入期的品牌，消费者对其的认知较薄弱，还没有占据一定的市场份额。成长品牌是指已经初步具有一定的知名度，品牌所代表的产品的销售节节攀升，所占有的市场份额迅速增长。成熟品牌是指已经有了很高的知名度、美誉度和忠诚度，市场份额趋于稳定的品牌。衰退品牌是指处于市场衰退期的品牌，品牌开始老化，忠诚度、美誉度和知名度逐步降低，市场占有率逐渐减少。

从包容产品数量的角度看，品牌可以分为单一产品品牌和系列产品品牌。单一产品品牌是指只包容一个产品的品牌。系列产品品牌是指一个品牌包容许多甚至是该名称公司下属的全部产品。

1.1.2 品牌管理

1.1.2.1 品牌管理的概念

"品牌管理"可以看作是一个衍生概念，由"品牌"和"管理"两个概念结合衍生而出。前面介绍了品牌的概念，下面再了解下管理的概念。

管理实践和人类历史一样久远，至少可以追溯到几千年以前。但把管理作为一门科学进行系统的研究，只是最近一二百年才开始的。虽然管理科学的研究已有一二百年的历史，但关于管理的概念，也还没有一个统一的界定。最近几十年里，国内外许多人根据自己的研究对管理进行了不同的定义。具有代表性的有以下几种观点：

管理是由计划、组织、指挥、协调及控制等职能为要素组成的活动过程。这是由现代管理理论的创始人法国实业家亨利·法约尔（Henry Fayol）于1916年提出的，并成为管理定义的基础。

管理是指通过计划工作、组织工作、领导工作和控制工作的诸过程来协调所有的资源，以便达到既定的目标。

管理是在某一组织中，为完成目标而从事的对人与物质资源的协调活动。

管理是由一个或者更多的人来协调他人活动，以便收到个人单独活动所不能收到的效果。

管理就是协调人际关系，激发人的积极性，以达到共同目标的一种活动。

管理是一种以绩效、责任为基础的专业职能。

管理就是决策。

管理就是根据一个系统所固有的客观规律，施加影响于这个系统，从而使这个系统呈现一种新状态的过程。

以上这些关于管理概念的观点，是从各个不同的角度描绘了管理的面貌。中国古代把管理定义为管辖与治理的总称。管辖是为了获取权力所进行的活动；治理是为了达到一定的预期目标，在其权力范围内开展的一系列活动。

实际上，品牌管理随着品牌的诞生而诞生。目前，品牌管理也没有形成公认的概念，国内外学者从不同的角度阐述品牌管理的含义。

凯勒（Keller）（1998）和卡普费雷（Kapferer）（1995）在分析了众多关于品牌管理的概念后，将品牌管理概括为：企业将认可的品牌策略纳入日常经营管理中的行为，称为品牌管理。他们认为品牌管理不是一次性的企业行为，而是一个持续的企业日常经营策略。

全球最大的综合性品牌咨询公司国际品牌集团（Interbrand）（2007）给出这样的定义，品牌管理实际上是指管理品牌的有形形态和无形形态。

英国特许营销学会（The Chartered Institute of Marketing）（2005）提出品牌管理就是企业管理者将经营组合运用于品牌的过程。

弗莱明（Fleming. J.）（2000）认为品牌管理也可以称为关系管理，它不是如何控制和操作的问题，而是如何使各个环节相互产生作用。

余明阳、姜炜认为，品牌管理是指有效运用各种有效资源，通过计划、组织、领导、控制等管理职能创立、维护、塑造品牌以使品牌价值最大化的过程。

综上所述，品牌管理是建立、维护、巩固品牌的全过程，是一个有效监管、控制品牌与消费者之间关系的全方位管理过程。只有通过品牌管理才能实现品牌愿景，最终确立品牌的竞争优势。品牌管理是基于建立、增进、维护与增强品牌的艺术、手段，使企业行为更忠于品牌核心价值与精神，从而实现品牌常青。品牌管理具有科学性、艺术性和系统性的特征，需要全方位、长期地进行。品牌管理是一项系统性工程，需要运用科学严谨的规律，站在战略管理的高度，持之以恒、统一细致地进行整合性规划，实现品牌核心竞争力的目的。

1.1.2.2　品牌管理的模式

品牌管理始于品牌已作为独立的概念被提出且以品牌为对象的管理活动已成为目的明确的管理活动。从国内外品牌管理实践来看，品牌管理经历了品牌职能管理、品牌经理管理和品牌整合三大阶段，相对应的品牌管理模式分别为品牌职能管理制、品牌经理制和品牌整合。

（1）品牌职能管理制。在西方，品牌职能管理制盛行于 20 世纪 20 ～ 50 年代，其主要做法是：在企业的统一领导、组织与协调下，品牌管理的职责主要由企业下属的各个职能部门分别承担；各个职能部门的负责人在各自的权力范围内行使对企业品牌的权利，承担相应的责任，履行相应的义务。在品牌职能管理制下，有关品牌的决策与计划都由各职能管理部门的负责人或者管理人员共同参与、研究制定、分别执行。如果企业内部分工合理、权责明晰，在职能管理制下就能够在相当程度上消除经验管理的弊端，使管理从经验化走向科学化，提高企业运作效率，进而有利于企业品牌形象的提高。但由于职能管理制下的品牌管理分别由若干个部门来完成，所以品牌管理组织形式的效果主要取决于各个部门之间的合作状况。由于企业内部各个职能部门的目标和利益不同，使他们在有关企业品牌发展的问题上难以形成共识。又由于各个职能部门是平行的机构，关于品牌问题的矛盾和冲突不可避免，甚至于相互拆台，使企业品牌受到严重损失。

（2）品牌经理制。由于品牌职能管理制的缺陷，人们在寻求新的品牌管理模式。在这种情况下，宝洁公司通过不断尝试和探索，形成了品牌经理制的品牌管理模式。品牌经理制就是企业为其所辖的每一子品牌都配备一名专门负责此品牌管理的品牌经理，由他来统一协调该品牌产品的开发部门、生产部门和销售部门，以及涉及该品牌管理的所有方面和整个过程。品牌经理制有利于加强各部门之间的沟通和协调，有利于品牌的准确定位及个性化，从而有利于维持品牌的长期发展。但品牌经理制也存在其固有的缺点，如每个子品牌分别做广告宣传，造成营销资源分散，费用开支较大；整体观念不强，面对同一消费群体，容易发生内部竞争；难以形成完整、统一、鲜明的企业形象；不利于品牌长期发展等。

（3）品牌整合。鉴于上述两种品牌管理模式各有不足，在品牌管理实践活动中，出现了品牌整合管理模式。品牌整合是近年来出现的一种新的品牌管理方法，是指为了维持和提高竞争优势，企业把品牌管理的重点放在企业品牌（或产品品牌）上；明确企业品牌（或产品品牌）与产品品牌（或企业品牌）的关系，使他们能够协调发展。品牌的整合管理包括两层含义：首先是树立公司的企业品牌；其次是在企业品牌和产品品牌之间建立良好的联系，使之相互支持，相互促进。具体来讲，品牌整合管理包括以下四个具体的层面：一是由企业高层管理者从战略的高度对品牌进行管理，而不是像以往那样，将品牌交由处于较低层次的品牌经理进行分散管理；二是把企业内部众多的品牌——从高层的企业品牌到底层的产品子品牌相互关联起来，使他们能够相互支持，成为一个有机的整体，而不是处于各自为战的状态；三是在企业拥有的众多品牌中，将更多的资源投向企业品牌的建设，减少独立品牌的数量，以保证整个品牌体系能够有一个统一的形象；四是认为建立企业品牌的关键就是使企业品牌能够代表品牌的实质，并且这种品牌实质能够在产品品牌中得到体现并传达给企业的相关利益人，如股东、员工、代理商、经理人、消费者等，获得他们的认同和支持。

1.1.3　品牌管理的流程

品牌管理是一项系统工程，牵涉到环境与资源、战略和策略、内部和外部等多方面问题。很多学者对品牌管理问题进行了思考，提出了不尽相同的品牌管理流程。以下简要介绍一些影响较大的品牌管理流程。

1.1.3.1　切纳托尼的八步品牌管理流程

英国著名品牌学教授莱斯利·德·切纳托尼（Leslie de Chernatony）在《品牌制胜：从品牌展望到品牌评估》一书中，将品牌管理概括为八个步骤。

（1）品牌展望。品牌展望分为三步：首先是预测品牌未来的环境和趋势；其次是明确品牌目标；最后是确定品牌价值观，即公司所持有的一种持久的信念。

（2）组织文化。组织文化是一种"粘合剂"，不仅能够激励员工，将员工凝聚在一起，还能提高股东对品牌的信任水平，提高品牌业绩。

（3）品牌目标。品牌经营理念要有方向感，这种理念要转化成明确的目标。品牌目标包括长期目标和短期目标，长期目标指导短期目标的制定，短期目标是为了实现长期目标。

（4）审查品牌环境。有五个环境因素可能促进或阻碍品牌的成功，分别是公司、分销商、竞争者、消费者和宏观环境。其中，公司的环境属于内部环境，分销商、竞争者、消费者的环境属于微观环境。微观环境与宏观环境的区别在于，前者是某个具体品牌所面临的影响，后者是整个行业要面临的影响。

（5）品牌本质。品牌特征、利益、感情回报、价值观、个性品质等概念根据"手段—目标链理论"（The Means-End Chain Theory）叠加而成为一个品牌金字塔，该金字塔有助于理解品牌本质，即品牌的核心概念。

（6）内部实施手段。对公司内部进行品牌传播有两条途径，分别是注重功能性价值的机械主义途径和注重情感性价值的人文主义途径。机械主义途径包括价值链分析、外包战略、核心竞争力和服务流程；人文主义途径包括员工价值观、员工授权和相互关系等。

（7）寻找品牌资源。品牌原子模型由用来表现品牌本质的八个元素组成，包括特色名称、所有权符号、功能能力、服务元素、降低风险元素、法律保护、速记符号和象征特征。

（8）品牌评估。品牌是多维的实体，因此需要多维的指标进行评估。这些指标又分成内部评估和外部评估。

切纳托尼品牌管理流程的特点是强调品牌的战略意义，如品牌展望、组织文化、品牌目标、环境分析等都是战略层面的内容。但该流程没有对品牌本身的传播和提升赋予足够的重视。

1.1.3.2　斯科特·戴维斯的十一步品牌资产管理框架

美国学者斯科特·戴维斯（Scott Davis）提出应从资产的角度重新考虑品牌管理途径，认为要将品牌当成资产进行管理以获得利润最大化，让品牌资产经营成为利润驱动器。他提出的品牌资产管理框架分为四个阶段十一个步骤。

（1）第一阶段：制定品牌愿景。该阶段的目的是明确品牌的战略目标和财务目标，包括一个步骤：品牌愿景的要素。制定品牌愿景的目的是使高层管理者明确，在未来三到五年内，他们期望品牌帮助企业达到怎样的目标。品牌愿景包括如下内容：品牌含义、目标受众、品牌优缺点、品牌的财务和战略目标。品牌愿景必须与企业战略和企业愿景相结合。

（2）第二阶段：确定品牌图景。这一阶段的目的是在竞争和机遇并存的大环境下，了解消费者对品牌的看法和认知。具体包括三个步骤：一是明确品牌形象。品牌形象包括品牌利益联想和品牌个性，通常用描述性词语来表述。通过市场调查确定品牌形象，有助于企业清楚地认识品牌在市场领域中的象征意义以及顾客对品牌价值的认知程度；二是明确品牌契约。品牌契约是企业对消费者做出的承诺，以及消费者对这些承诺的认知程度。承诺一经做出，必须在 18 个月内把它变成现实，否则将会失去顾客的信任；三是立足品牌构建消费者模型。通过消费者模型，企业将会清晰地了解消费者品牌购买决策的过程和影响因素，还可以了解消费者对品牌和竞争者的看法。

（3）第三阶段：**制定品牌资产管理战略**。这一阶段的目的在于立足为品牌制定正确的战略目标。具体包括五个步骤：一是为了成功而定位。定位能使本品牌在诸多竞争品牌当中脱颖而出。好的定位能为品牌指明正确的方向，是品牌营销策略正确与否的决定因素；二是延伸品牌。在确定品牌定位之后，需要考虑品牌界限以及品牌延伸的可能范围。由此不仅可以发现品牌的潜力，而且能判断品牌愿景里所建立的增长目标的可行性。原品牌将支持新产品的推出，而品牌延伸也进一步强化品牌定位；三是宣传品牌定位。品牌定位宣传涉及的是选择怎样的信息传播组合工具，以最大限度地达到品牌愿景；四是利用品牌实现渠道影响最大化。品牌越强势，企业控制渠道的能力就越大，受制于渠道的可能性就越小；五是溢价定价。品牌的竞争优势将支撑定高价，以提升品牌资产的价值。当然，这要视品牌形象和定位而定。

（4）第四阶段：**支持品牌资产管理的文化**。这一阶段的目的是保证品牌资产战略的实施。具体包括两个步骤：一是衡量品牌投资回报。品牌投资回报可以从定性和定量两个角度进行衡量。定性角度建立在与品牌相关联的市场感知与购买行为基础上，而定量角度建立在财务和市场的基础上；二是建立基于品牌的文化。品牌资产战略需要基于品牌的组织来管理和实施，也需要高层管理者的领导、员工的参与以及内部沟通和培训。

斯科特·戴维斯所提出的四个阶段十一步品牌资产管理流程思路很清晰，从战略到策略都有较为详细的介绍，甚至连渠道、定价都有涉及，因此对管理者来说非常适用。不过，仍然有一些遗漏，如品牌符号的设计、品牌组合的管理等。此外，第十一步当中，品牌内部沟通应该早于外部传播展开，才会使得品牌传播更有效率。

1.1.3.3 凯勒的战略品牌管理流程

凯勒（Keller）教授在经典之作《战略品牌管理》一书中，提出了战略品牌管理的流程。

（1）识别和确立品牌定位和价值。首先要清晰地理解品牌代表什么以及应该如何定位。品牌核心价值是品牌所具有的抽象联想（属性和利益）的集合体，是品牌的 DNA 和灵魂。而品牌定位的目的是占据消费者脑海当中的位置，使得企业的潜在利润最大。

（2）计划和执行品牌营销活动。品牌营销的目的在于创建品牌资产，即建立消费者能够充分感知，且产生强有力的、偏好的、独特的品牌联想的品牌。建立的思路有三条：品牌元素（Brand Elements）、整合品牌传播（Integrated Brand Communications）、次级品牌联想（Secondary Brand Association）。品牌元素是能够使品牌差异化的描述性信息，如名称、标志、象征物、包装、口号、音乐等；整合品牌传播指产品、价格、分销、传播等构成的 4P 营销组合；次级品牌联想是由与品牌有关的一些节点或信息而产生了对品牌的联想，如企业、原产地、代言人、联盟、赞助等。

（3）评估和诠释品牌业绩。评估和诠释品牌业绩对了解品牌营销计划的效率非常重要，而品牌价值链就是一个有效的工具。通过品牌价值链可以追踪品牌价值的产生过程，这有助于公司更好地了解品牌营销支出和投资的财务影响。

（4）提升和保持品牌资产。品牌资产管理涉及那些与更广阔和更多元化的品牌资产视角相关的活动，包括多品类品牌管理、品牌延伸管理、品牌的长期管理、跨越地理界线的品牌管理等。

凯勒的战略品牌管理流程没有考虑品牌愿景、组织文化和环境分析等内容，而是聚焦在品牌的规划、创建、评估和提升上。这使得凯勒的观点在品牌建设方面更为专业和翔实。一个值得商榷的问题是，第四阶段的任务也能对品牌资产产生贡献，因此应该放在品牌资产评估之前才更合理。

1.1.4　品牌管理的意义

　　传统的企业管理中心是产品经营，而产品经营的重心是产品的生产；企业的资本经营管理是以资本运作为其重心，最大限度地实现资本增值是其首要任务；品牌管理的重心则是提高品牌竞争力，塑造强势品牌。产品管理的目的是通过对产品的生产和销售的管理以达到利润最大化，对生产成本、资源配置、资本的保值均很少考虑；资本管理的目的是为了实现资本的保值增值，要达到这个目的，企业领导者和管理者要不断地对资本存量做调整，使资本有尽可能高的回报率；品牌管理的目的则是提高品牌的竞争力，厚积品牌资产，增强品牌对内外部资源的控制和利用能力。

　　品牌管理是企业管理理念和理论随时代演进的必然产物，是当代企业管理的重中之重。可以说，20 世纪 90 年代中期以来，中国经济总体上已处于供大于求或供求平衡的状态，消费者需求更趋个性化，加之国内市场日益与国际市场融为一体，市场竞争越来越激烈，中国进入了品牌竞争时代。在品牌竞争时代，品牌管理对企业的价值主要体现在以下几方面。

　　（1）品牌管理是企业管理的时代选择。品牌管理作为一种全新的企业管理方式，是市场经济发展到信息化、全球化时代的产物。随着工业经济向全球化信息经济的过渡，企业将以品牌及品牌管理为核心，通过知识而不是金融资本或自然资源等来培植竞争力和竞争优势。品牌管理使企业有可能摆脱自身金融或自然资源的制约，从而获得持续发展，因而具有强大的生命力和广阔的前景。

　　（2）品牌管理可以增强企业品牌的竞争优势。与各种促销手段相比，品牌的竞争力更为持久和稳定。相比产品而言，品牌的生命没有必然的衰退过程，我们现在所熟知的许多品牌都已具有相当长的历史，如雀巢咖啡、可口可乐、吉利等，虽然其产品已经历改良或替换，但这些品牌在各自的市场依然处于领先地位。从中我们可以看出，拥有良好品牌的企业常能成为市场的领导者。这种领导地位一旦建立起来，巨大的市场份额、优势的竞争地位、与消费者强大的品牌亲和力以及高额的市场利润就会随之到来。品牌还可以增加企业经营的稳定性，拥有良好品牌的企业更具有吸引投资、聚集人才、改进科技、扩大规模、开拓市场的能力，品牌可成为企业抵抗竞争的有力工具。

（3）品牌管理可以增强企业品牌的获利能力。首先，品牌支持高价位，一般而言，品牌产品比同档次普通商品的价格高出 20%~80%，甚至超出几倍、十几倍。品牌产品之所以能够支持较高的价位，主要是品牌产品可以传达出品质优良的信息，让消费者对其产品的质量和稳定性放心。其次，品牌也是创造产品附加价值的最主要的源泉。由于企业的科技水平日渐趋同，产品功能性质方面的差异逐渐缩小，消费者对产品功能性的认知越来越模糊。当产品竞争在质量、价格、售后服务等因素上再难有突破时，文化这种非物质因素一旦融入品牌的核心价值，那么品牌产品的附加值就会大大增加，附加值使品牌与众不同，并为品牌所有者带来高额利润。

1.2　建筑业企业

1.2.1　建筑业企业的概念

建筑业企业是指依法自主经营、自负盈亏和独立核算，从事建筑商品生产和经营，具备法人资格的经济实体。住房和城乡建设部印发的《建筑业企业资质管理规定》对建筑业企业范围做了这样概括：建筑业企业是指从事土木工程、建筑工程、线路管道设备安装工程的新建、扩建、改建等施工活动的企业。

在国民经济建设中，建筑业企业的任务就是在不断提高工程质量、缩短工期和增进效益的基础上，全面完成承担的建设任务，并为满足社会扩大再生产、改善人民生活条件做出贡献。

1.2.2　建筑业企业管理特点

　　建筑业企业的生产对象为土木工程、建筑工程等，其生产的组织和技术，生产经营管理都具有与一般企业不同的技术经济特点。所以，研究建筑业企业的生产经营特点，首先必须了解和掌握建筑产品本身的特点和建筑产品生产的特点，进而挖掘出建筑业企业管理的特点。

1.2.2.1　建筑产品本身的特点

　　建筑产品即建筑物与构筑物本身的主要特点，直接关系着建筑业企业管理的特点和内容。建筑产品的主要特点是：

　　（1）产品地点固定。任何建筑工程即建筑产品，都是在选定的地点建造和使用的，不能移动，与当地的土地不可分割。许多建设工程，如地下建筑、道路、隧道等，其本身就是土地不可分割的一部分。

　　（2）产品体形庞大。无论是综合的建筑产品（许多单项工程所组成的一种综合生产能力）还是单项工程，其体形和工程量都很大，功能复杂，需要大量物质资源，占据广阔的空间。

　　（3）产品类型多样。社会对建筑产品的要求是多种多样的，如生产性建筑的不同生产工艺的要求，生活性建筑的不同用途和功能的要求，以及建在不同的气候区、不同地质条件下的建筑物在其规模、结构、型式和基础处理等方面的多种多样性。

1.2.2.2　建筑产品生产的特点

　　建筑产品本身所具有的地点固定、体形庞大和类型多样的三大主要特点，导致建筑生产组织、技术和经济活动产生如下一些特点。

　　（1）生产流动性。这是由于建筑产品的地点固定所决定的。不像工业产品那样，完全在固定的工厂、车间内进行生产，建筑产品生产是工人、机械围绕同一产品的不同部位、同一现场的不同项目、不同现场不同地区间的流动作业。

　　（2）生产单件性。这是由于建筑产品的固定性和多样性决定的。建筑产品不像一般工业产品那样在一定期间里进行批量生产，有着统一不变的工艺流程和规程，而是针对具体的建设工程，进行单独设计、单独施工。即使采用标准设计，由于建筑产品所在地点的气候、地质和资源条件不同，也要对地基基础、材料、施工组织设计和施工方法等做出适当的修改，从而带来一系列单件性的特点。

（3）生产周期长。这是由于建筑产品体形庞大和产品固定所引起的。体形庞大，占用劳动力、材料和资金就多，而且，固定在一个地点，其工作面有限，再加上生产程序、顺序的约束，容纳的劳动力就有最大的限度。因此，生产周期必然要长，必然要长期占用和消耗人力、物力和财力，直到产品的最终完成，才能为社会提供有用的生产或生活资料（即建筑产品）。

（4）露天作业。建筑产品体形庞大，一般多在露天进行生产，受季节、气候、地质、自然条件变化的影响，对此须采取相应的防寒、防暑、防雨、防风、防洪、防渗，以及地下、水下、高空作业等特殊措施。

（5）机械化自动化水平较低。这是由于建筑产品本身的三大特点所引起的。与一般工业产品生产相比较，建筑生产机械化、自动化水平提高较慢，手工作业较多，劳动强度大，劳动条件艰苦。因此，必须加强劳动保护和安全作业，重视人的作用和对人的组织工作；同时要尽可能加快推进建筑工业化的步伐。

（6）协作关系复杂。由于前述的一系列特点，建筑生产涉及面广，协作关系多。在企业内部，要在不同时期、不同地点和不同产品上组织多工种综合作业；在企业外部，要同建设单位（业主）、勘察设计单位，各专业施工企业，材料、运输、机具租赁企业，铁路、道路、水、电、环保、劳动、财政、银行、公安等部门和单位协作配合，从而具有广泛的社会综合性。

1.2.2.3　建筑业企业管理的特点

建筑产品本身和建筑产品生产的一系列技术经济特点，直接影响着建筑业企业的生产经营管理，使之产生如下的特点。

（1）生产经营业务不稳定。由于建筑产品多样化，同一时期不同用户对建筑产品的种类要求就有很大的变化，对建筑业企业来说，其生产经营业务将是不稳定又不固定的。为此，就要求建筑业企业善于预测社会经济发展趋势，以及固定资产投资规模、方向和产品种类，具有与社会需求相适应的应变能力。

（2）**管理环境多变。** 这表现为自然环境（包括地点、地质、气候等）多变和社会环境（包括地区社会经济条件，如邻里居民、地方劳动力、地方材料、地方运输、地方服务等协作条件）多变。在中心城市，上述各种有关建设的信息资料较完善，组织分包、劳务、材料、运输等比较方便，而在新开辟地区和边远地区，就有许多不便。因而建筑生产经营工作不易有预见性和可控性，许多工作要因地因时因环境制宜。

（3）**基层组织人员变动大。** 主要是由于任务不稳定、产品多样化、环境多变等原因，引起直接领导生产活动的项目经理部结构和人员，随不同产品和不同时间而产生变化，不同产品、不同季节的各种资源需用量和工种比例都有很大的不同，难以组织有节奏的、连续的均衡施工。

（4）**特定的投标承包方式。** 建筑产品的生产，多是预约生产，以合同形式承包的。除了部分指定承包以外，多数是在建筑市场上通过投标（指定投标、公开投标、议标、阶段投标等）而承揽生产任务的。在招标投标中，往往是一家用户多家竞争，而且十分激烈，因此须有适宜的竞争策略。

上述这些特点，一是说明建筑业企业管理比一般工业企业管理更艰巨复杂，更有加强与改善的必要；二是说明建筑业企业必须结合这些特点，运用企业管理的基本原理，有针对性地解决管理中的一系列问题。加强建筑业企业品牌管理，就是其中的一项重要内容。

1.2.3　建筑市场运行特点

建筑市场是我国整个市场体系的重要组成部分，是具有特殊交易形式——招标投标的相对独立的市场。建筑市场主体包括业主、承包商以及中介服务机构。业主是指建设发包单位，是投资者，在建筑市场中处于招标（买方）的地位。承包商是勘察设计单位、工程施工单位和材料设备供应单位，在建筑市场中处于投标（卖方）的地位。中介服务机构是指工程咨询单位、工程监理单位、建筑工程法律事务所和仲裁机构等，在建筑市

图 1-3　建筑市场体系

场中处于服务的地位，主要从事项目的可行性研究、组织招标、制定招标文件、审核标底、代替业主实施工程管理、解决合同纠纷等工作。建筑市场的客体是指建筑市场买卖双方交换的对象，既包括有形产品又包括无形产品。建筑市场的主体、客体，加之保证市场秩序、保护主体合法权益的市场规则和法律制度等，就构成了建筑市场体系。如图 1-3 所示。

由于采用招标投标这种特殊的交易形式，与日用品消费市场相比，建筑市场的运行机制具有如下特点：

（1）需求不稳定。由于建筑产品的需求量受国家经济发展趋势、固定资产投资规模以及投资方向的影响，在经济形势发展较好的时期，需求量会大幅度增长；在经济调整时期，需求量会急剧减少。因此，对任何一家建筑业企业而言，准确地预测某类建筑产品的需求量，显然是很困难的。

（2）期货交易性。建筑产品各不相同，需要单独设计、单独施工，不可能批量生产。发包方在建筑产品生产之前，以招标方式向一个或一个以上的承包商提出自己对建筑产品的要求，承包商则以投标的方式提出各自产品的报价，通过承包商之间在价格和其他条件的竞争，决定建筑产品的生产单位，双方签订合同确定承发包关系。建筑市场交易方式的特殊性在于交易过程在产品生产之前开始，是一种期货交易形式。

（3）生产与交易的统一性。从工程建设的咨询、设计、施工任务的发包开始，到工程竣工、交付使用和保修终了为止，发包方和承包方的各种生产和交易活动，以及相关的商品经营活动，都是在建筑市场中进行的，生产和交易活动交织在一起。

（4）社会性。建筑产品的生产和交易都具有一定的社会性，由于建筑产品关系到人民生命财产的安全、城市规划和环境保护以及国家经济的发展，涉及社会公众利益，这个特点决定了作为公众利益代表的政府，必须加强对建筑产品的规划、设计、交易、开工、建造、竣工、验收和投入使用的管理，以保证建筑施工和建筑产品的质量和安全。

（5）不确定性。建筑产品的生产周期长，需要几个月到若干年。这么长的时间里，政策、市场中产生的生产资料要素的价格也会发生变化，要求建筑产品的价值分阶段实现，即按照工程合同办理各个阶段的交易活动，最终实现交易关系。由于建筑市场的期货交易形式和交易的长期性，使得建筑市场在招标投标和履约过程中，存在一定的风险，具有不确定性。

（6）区域性。建筑产品具有固定性，一旦建成，就可供长期使用。对于生产者来说，要根据总体规划来确定建筑产品的生产地点；对于需求者而言，一旦选定了拟建建筑产品的地点，就不能随意改变。这意味着他们之间在一定范围内才能进行交换，具有区域特征。

1.3　建筑业企业品牌

1.3.1　建筑业企业品牌的含义

建筑业企业品牌属于品牌概念范畴，建筑业企业品牌即是建筑业企业为在市场竞争中获得优势地位而塑造的品牌。建筑业企业品牌是建筑业企业的综合象征和价值工具。表象上建筑业企业品牌是识别一家建筑业企业产品与服务的象征符号，本质上是建筑业企业对相关资源要素的整合运用，期望客户对品牌产生良好的综合印象或合作体验，进而增进与建筑业企业的感情，目的是实现提高建筑业企业的市场竞争能力和获利能力。

品牌已成为企业参与市场竞争的一种强有力的武器，不仅能促进一个企业的发展，改变一个行业的前景，一些强势品牌甚至能深深根植于整个民族的心智，成为民族文化的一部分。相比消费品生产和销售企业，建筑业企业品牌发展是相对缓慢的。随着建筑市场竞争的不断加剧，建筑业企业也将目光投向品牌，逐渐重视品牌对企业发展的作用，加强了品牌建设工作，建筑业企业品牌的概念也随之出现。如果说建筑业企业品牌最初只是一个区别性的标志，那么，现在及将来，建筑业企业品牌会成为客户的价值源泉。建筑业企业品牌凝聚着客户对建筑业企业的综合印象，其价值在于它在客户心中独特的、良好的、令人瞩目的形象。建筑业企业品牌不只是名称和标识，而是名称和标识能在客户心中唤起的对该建筑业企业的一切美好印象之和。这些印象既有有形的，也有无形的，包括社会的或心理的效应。

我国的建筑业企业历经计划型向市场型、粗放型向集约型的转变，已逐渐趋于成熟，企业之间的竞争也将由技术、管理和资金实力的竞争逐步过渡为以品牌为标志的综合实力的竞争，品牌建设得到了建筑业企业越来越多的关注。虽然建筑业企业已经认识到品牌对企业发展的重要作用，并纷纷提出要以塑造品牌来提升企业的知名度、竞争力和市场占有率。但实际上，目前我国建筑业企业的品牌建设在很大程度上还处于一种自发状态，具有很大的随意性和偶然性，没有形成一套完整的品牌管理体系。应该说，在计划经济向市场经济转型的过程中，我国建筑业企业在品牌建设上已经落后了。建筑业企业品牌管理发展缓慢与建筑业企业生产经营的特性有关。从建筑业企业生产经营的本质来说，其属于服务业。由于服务是一个过程，有其无形性、复杂性和异质性。所以，服务业品牌管理一直发展较为缓慢。

1.3.2　建筑业企业品牌的特点

品牌强调企业与消费者以及竞争者之间的关系。与其他行业相同，建筑业企业品牌基于品牌属性的特征主要表现在以下几个方面：

（1）建筑业企业品牌以客户为中心。建筑业企业品牌是一个以客户为中心的概念，没有客户就没有建筑业企业品牌。建筑业企业品牌的价值体现在建筑业企业品牌与客户的关系之中，强势的建筑业企业品牌具有知名度、美誉度和忠诚度是因为它能给客户带来利益，创造价值。并且，建筑业企业品牌的知名度、美誉度和忠诚度本身就是与客户相联系的，是建立在客户基础上的概念。

（2）建筑业企业品牌是企业的无形资产。建筑业企业品牌是有价值的，建筑业企业凭借强势品牌能够不断地获取利润。但建筑业企业品牌的价值是无形的，不像其他有形资产直接体现在资产负债表上。现在对建筑业企业品牌价值的评估还没有引起广泛的重视，更未形成统一的标准，但建筑业企业品牌是企业一项重要的无形资产已是事实。因为是无形资产，所以建筑业企业品牌的收益具有不确定性。

（3）建筑业企业品牌具有专属性。建筑业企业品牌专属性是指企业的商标一经注册，其他建筑业企业就不得再用。产品和服务可以被竞争者模仿，但品牌却是独一无二的。建筑业企业品牌在其经营过程中，通过先进的技术、良好的质量和优质的服务建立的品牌信誉，这种信誉一经认可，很容易形成建筑业企业品牌忠诚，这也强化了建筑业企业品牌的专属性。

由于工程项目建设招标投标是建筑市场交易的主要方式，所以建筑业企业与消费者和竞争者的关系较为集中地体现在招标投标的过程中。因此，工程项目的招标投标制度决定了建筑业企业品牌具有不同于其他行业企业品牌的特征。本文将建筑业企业基于行业的品牌主要特征分析概括如下：

（1）建筑业企业品牌主要表现为企业品牌和专业品牌。由于建筑市场的期货交易性，发包商和承包商通过招标投标确定建筑产品的生产单位，交易在前，生产在后，所以业主选择的不是产品，而是产品的生产单位。又由于建筑行业专业划分较多，且技术性较强，因此建筑业企业品牌是以其所擅长的专业品牌为支撑的。所以，建筑业企业的品牌价值主要体现于企业品牌和专业品牌，而非产品品牌。

（2）建筑业企业品牌主要基于企业信用。由于建筑产品投资大，造价高，加之期货交易形式和交易的长期性，使得发包商在选择承包商的招标过程中存在较大的履约风险。此种情况下，发包商在承包商的选择上除了考虑投标报价以及承包商的技术实力外，也很重视承包商的信用情况。

（3）资质对建筑业企业品牌具有重要作用。我国在工程建设领域实行承发包单位资质管理，我国现行的工程承包单位资质管理法规是住房和城乡建设部于 2018 年修改后发布施行的《建筑业企业资质管理规定》，所有从事土木工程、建筑工程、线路管道设备安装工程、装修工程的新建、扩建、改建等施工活动的企业均为资质管理的对象，建筑业企业在经营中要根据具有的资质等级来承接工程项目。所以，资质在很大程度上决定了建筑业企业在市场竞争中所处的地位。也可以说资质是企业人才、资金、业绩等在品牌上的综合反映。

（4）美誉度是建筑业企业品牌培育的重点。在综合评估法评标过程中，除了商务标评审和技术标评审之外，还有一项为信用档案。信用档案包括投标人和项目经理近年来信用、履约、业绩等情况，这些也是建筑业企业品牌美誉的主要内容。

（5）知名度和忠诚度对建筑业企业品牌的影响同样重要。现行的招标方式分为公开招标和邀请超标。《中华人民共和国招标投标法》规定，招标人采用邀请招标方式的，应当向三个以上具备承担招标项目的能力、资信良好的特定法人或者其他组织发出投标邀请书。所以，由于建筑市场的信息不对称性，知名度高的建筑业企业接受投标邀请的几率要大于其他企业。在分阶段项目的承接过程中，如果承包商在前期项目的建设上很好地实现了建筑业企业的品牌承诺，业主会优先将后续项目发包给这样的企业，这是品牌忠诚度在建筑业企业市场营销中的主要表现。

1.3.3　建筑业企业品牌的作用

1.3.3.1　品牌对建筑业企业的作用

（1）品牌是建筑业企业的一种无形资产，建筑业企业对其品牌享有知识产权。建筑业企业通过商标注册，可以保护品牌名称。作为知识产权，建筑业企业可以安全可靠地投资于品牌，进行系统的品牌建设，保证品牌的健康发展。

（2）品牌代表着建筑业企业的施工质量和服务能力，可以赢得客户的信任和好感。对某一建筑业企业品牌满意的客户很容易再次选择同一品牌的产品和服务，形成对某一建筑业企业品牌忠诚的客户群体，通过这一群体的口碑相传，进而形成建筑业企业品牌的信誉度和市场占有率。

（3）品牌可以使建筑业企业通过系统的品牌管理，确立其与众不同的风格与形象，使建筑业企业在市场中独树一帜。建筑业企业的施工技术和管理方式容易模仿，但品牌的特征是难以复制的。从这个意义上看，建筑业企业树立品牌形象是确保竞争优势的有力手段。

1.3.3.2　品牌对客户的作用

（1）品牌是客户选择建筑业企业的衡量标准之一。品牌向客户指明了哪些建筑业企业是值得信赖的。客户对不同的建筑业企业品牌会有不同的认识，品牌是客户选择建筑业企业的一种简单的标准和工具。

（2）品牌为客户节省选择成本。客户通过与特定建筑业企业品牌的合作，从而对该建筑业企业品牌产生信任，并指导其对建筑业企业的选择。因此，客户不需要再对如何选择建筑业企业获取更多的信息，做更多的分析，节省了时间和人力物力。

（3）品牌为客户降低合作风险。客户通过与建筑业企业品牌接触，建立起对品牌的信任，可以减小或消除客户与建筑业企业的合作风险。客户选择一家新的建筑业企业，就会承担由于建筑业企业履约能力和信用差异带来的风险。选择曾经合作过并满意的建筑业企业品牌，会降低这种风险。因此，品牌是客户应对风险的重要工具。

1.3.3.3　建筑业企业的品牌效应

建筑业企业品牌成为知名品牌或强势品牌后，其巨大的作用在于它的名牌效应，这种名牌效应主要表现在以下几个方面：

（1）建筑业企业品牌成为名牌后，在资源方面会获得社会的认可，社会的资本、人才等都会倾向名牌企业，甚至政策都会倾向名牌企业，从而使建筑业企业聚合人、财、物等资源，形成并发挥名牌的聚合效应。

（2）建筑业企业品牌成为名牌后，再积累、聚合了足够的资源，就会不断地衍生出新的产品和服务，扩展业务领域。名牌的衍生效应会使建筑业企业快速地发展，并不断开拓市场，占有市场。

（3）建筑业企业品牌成为名牌后，企业的凝聚力会有所提升。名牌企业良好的形象会使生活、工作在这样企业的员工产生自豪感和荣誉感，并能形成一种企业文化、工作氛围，使员工的精神力量得到激发，从而更加努力、认真地工作。

（4）建筑业企业品牌成为名牌后，就可以利用名牌的知名度、美誉度传播企业名声，宣传地区形象，甚至国家形象。

1.4 建筑业企业品牌管理

1.4.1 建筑业企业品牌管理的含义

1.4.1.1 建筑业企业品牌管理的界定

本书从管理学角度，对建筑业企业品牌管理加以界定：建筑业企业品牌管理是指建筑业企业品牌管理机构及人员，通过各项管理职能协调内外资源以使企业品牌价值最大化的活动过程。建筑业企业品牌管理的目标是实现企业品牌价值最大化，由建筑业企业品牌管理机构及人员协调各种资源共同来实现；品牌管理需要综合运用计划、组织、领导、控制等管理职能和方法。

1.4.1.2 建筑业企业品牌管理的概念模型

建筑业企业品牌管理涉及业主、公众、传播机构等各方，其概念模型如图 1-4 所示。

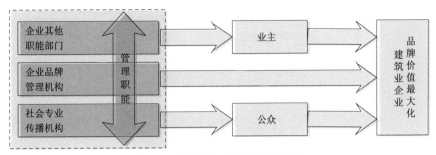

图 1-4　建筑业企业品牌管理概念模型

1.4.1.3　建筑业企业品牌管理的初衷和目的

如前所述，我国建筑市场存在着过度竞争问题，现行招标投标合理低价中标的评判原则虽然初衷是有利于降低建筑成本，防止招标投标领域的腐败问题，但实际运行中也会产生一些问题，主要是建筑业企业为了击败竞争对手而过度压低标价，中标后迫于成本压力而偷工减料者时有发生，这极大地影响了建筑产品的质量。另外，由于低价中标而无法完成工程建设，建筑业企业又要通过各种方式来达到变更设计、追加投资的目的，这既增加了交易成本，又在一定程度上诱发腐败行为。所以，业主通过招标投标选择建筑业企业时，不但要关心建筑业企业的报价，更应该关心建筑业企业的信誉，这对从整体上规范建筑市场、提升效益和效率是很关键的。这就要通过建筑业企业品牌来完成。建筑业企业品牌管理与建筑市场对建筑品牌的重视是相辅相成的关系。只有建筑业企业重视品牌管理，向建筑市场传达品牌信息，才能让业主切实感受品牌体验，认可品牌价值，从而信任品牌，选择品牌，这也是建筑业企业品牌管理的初衷和目的。

1.4.1.4　基于市场特征的建筑业企业品牌管理

建筑业企业品牌有两个方面的市场特征：

（1）理性功能。建筑业企业品牌的理性功能是指品牌表达出的建筑业企业的资质、管理能力、技术水平等，这些是建筑业企业品牌的基础，也是比较容易实现的。

（2）感性符号。建筑业企业品牌的感性符号是指品牌所蕴藏的能够满足客户心理需求的特质，例如某一建筑业企业品牌就是优质工程的象征，某一建筑业企业品牌就是高科技含量的象征，某一建筑业企业品牌就是绿色环保的象征，某一建筑业企业品牌就是以人为本的象征等等。这样，客户选择了某一品牌，也就选择了某一种心理满足和安慰。

　　建筑业企业品牌管理就是要有效整合品牌的理性功能和感性符号，并传达给目标客户，从而使目标客户做出正确的品牌选择，如图 1-5 所示。

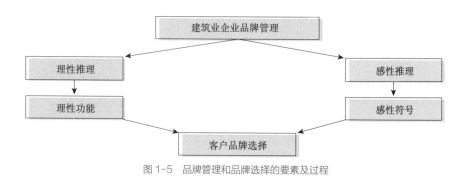

图 1-5　品牌管理和品牌选择的要素及过程

1.4.2　建筑业企业品牌管理的特点

　　建筑业企业品牌管理的特征除了受建筑业企业品牌特征的影响外，还与建筑业企业生产经营的特点密切相关。综合建筑业企业品牌的特征以及建筑业企业生产经营的特点，建筑业企业品牌管理具有如下特征：

　　（1）建筑业企业品牌管理的重点是培育企业品牌和专业品牌。由于建筑业企业生产经营的特点和品牌特质，其品牌管理的主要任务是通过制定品牌战略、设计品牌要素、品牌传播推广以及品牌维护等方法，巩固和提高专业品牌的影响力，提升企业品牌形象。

　　（2）建筑业企业品牌管理以创建品牌工程项目为基本着力点。工程项目是建筑业企业产品的表现形式，建筑业企业的品牌承诺最终要由工程项目的建设来实现，加之业绩对建筑业企业市场营销的重要作用，所以建筑业企业品牌管理要以建设品牌工程为基本着力点，以品牌工程彰显专业品牌，以专业品牌支撑企业品牌。

　　（3）建筑业企业品牌管理要注重品牌服务意识的建立。从本质上看，建筑业企业为业主提供的是一项服务，建筑业企业生产的过程是建筑业企业根据业主的要求，用自己的劳动生产出符合业主设计要求的有形的建筑产品的过程。由于建筑生产周期长的特点，在生产过程中建筑业企业要根据业主的要求调整生产活动，满足业主不断变化的需求。所以建筑业企业在生产经营过程中，只有注意加强与业主的沟通，树立服务意识，才能给业主留下良好的品牌体验，从而树立良好的品牌形象。

（4）建筑业企业品牌管理要加强对内外资源的协调。对于建筑业企业，在内部，要在不同时期、不同地点和不同项目上组织多工种综合作业；在外部，要同业主、勘察设计单位、专业分包商、材料供应商、政府、银行等许多单位和部门合作。所以建筑业企业品牌管理要协调好内外关系，创造良好的品牌成长环境；要充分利用各种有利资源，共同打造企业品牌。

1.4.3　建筑业企业品牌管理的作用

品牌管理作为一种管理模式，在其他行业已经获得了足够的重视和实验性的发展。在建筑业企业发展品牌管理最大的挑战是如何通过品牌化的管理来提升企业品牌竞争力，增加品牌资产的积累，防止品牌形象受损。概括说，建筑业企业品牌管理应发挥以下几项作用。

（1）确保建筑业企业品牌发展方向。一般来讲，建筑业企业品牌管理需将品牌未来发展的方向、业务领域和阶段性目标在建筑业企业的中长期发展规划中进行较为明确的预设，并且对品牌传播的主题和风格做出规定。在日常品牌管理活动中，一方面，品牌管理要通过有效的监控和调校来保证品牌的实际表现和发展与品牌规划相一致。另一方面，由于国内外经济发展形势、建筑行业发展态势以及建筑业企业内部资源的变化使品牌环境和品牌资源等背景发生变化，品牌管理也要根据变化的情况来调整品牌发展目标，使品牌发展符合客观实际。

（2）保证建筑业企业品牌形象的一致性。为保证建筑业企业品牌形象的统一，品牌管理需要制定一整套建筑业企业视觉识别系统、行为识别系统和理念识别系统。视觉识别系统、行为识别系统和理念识别系统构成了一套基本的识别管理准则，但并不能保证实际的品牌表现与其相一致。只有通过实时跟踪的品牌管理，才能借助全面的运营监控，使品牌运作各个环节始终与品牌识别规范保持一致，使品牌形象保持一贯的主题和风格，防止品牌形象分化。

（3）提高建筑业企业品牌资产价值。如同财务资产的管理，品牌资产的增值也需要懂得资产投资之道，知道应该何时进行品牌扩张，何时主动收缩品牌投资，何时加大投资，从而使品牌资产保值增值。建筑业企业品牌管理贯穿于建筑品牌的整个成长过程，可以及时按照品牌资产增值的要求对品牌的实际运作进行调整，以保持目标品牌对环境变化的敏锐反应能力，不断积累品牌资源，提升品牌资产的增值水平，防止品牌资源流失和品牌资产贬值。

（4）提高建筑业企业品牌抗风险能力。建筑业企业品牌管理也是面向建筑品牌经营风险的管理。缺乏系统的品牌管理支持，不仅会明显降低品牌资产的积累效力，更可能由于潜在危险的爆发使长期营造的品牌形象和长期积累的品牌资产毁于一旦。系统的建筑业企业品牌管理可以通过有效的监测、危机预警及处理等手段，规避和化解品牌发展过程中的风险，提高品牌抗风险的能力。

1.4.4 建筑业企业品牌管理的系统性

由前面建筑业企业品牌管理的含义和内容可以看出，建筑业企业品牌管理是涉及市场营销、项目管理、人力资源等各部门，上至企业最高决策层，下至项目员工的一项复杂的系统工程。因此，建筑业企业的品牌管理要以系统论为理论基础和指导思想，以联系的、发展的眼光来进行。

系统论认为，整体性、层次性、结构性、开放性等是所有系统的共同的基本特征。系统论的基本思想方法，就是把所研究和处理的对象，当作一个系统，分析系统的结构和功能，研究系统、要素、环境三者的相互关系和变动的规律性，并用系统观点看问题。建筑业企业品牌管理是一项复杂的系统工程，其系统特征主要体现在以下几个方面。

（1）建筑业企业品牌管理的整体性特征。建筑业企业品牌管理的目标是实现企业品牌价值最大化。建筑业企业品牌是一个整体性概念，这就使建筑业企业品牌管理具有明显的整体性特征。建筑业企业品牌管理作为建筑业企业管理的重要组成部分，从品牌关系而言是涉及所有品牌利益人的关系系统；从品牌机构全员参与的角度，既有高层决策，又有细部的努力和对细节的关注；从品牌价值链来说，涉及采购、生产、营销、财务、人力资源等价值链的各个环节；从品牌管理的范围而论，从最初的项目投标一直延伸至最终的工程结算及后期服务。从品牌战略的角度来看，建筑业企业品牌管理也是建筑业企业战略管理的重要组成部分，而战略管理所包括的战略分析、战略选择、战略实施的三个过程都呈现了整体性。首先，以建筑业企业远期发展方向或目标为出发点，这本身是建筑业企业发展整体性考虑的前提。其次，综合考虑了建筑业企业资源、环境等关系，并提出了匹配的要求，这是对建筑业企业这样一个开放复杂系统的科学认识，是对建筑业企业系统所包含的资源、环境、能力等子系统间达到协同、体现"整体大于部分之和"的内在要求。

（2）建筑业企业品牌管理的层次性特征。建筑业企业品牌管理也具有明显的层次性。就建筑业企业而言，根据建筑业企业生产经营的特点，针对企业不同的管理层面，建筑业企业品牌可以分为企业品牌、专业品牌、项目品牌，三者构成了建筑业企业的品牌层次结构。各层次间互相作用，紧密联系。这是由高级向低级分布的三个子系统，高一级子系统是下一级子系统的环境，同时低一级子系统为上一级子系统提供保障和支持，如表 1-1 所示。在建筑业企业品牌系统设计时，根据组织特性的差异，可以存在多种设计模式，如由高级子系统向低级子系统整合和低级子系统向高级子系统整合。

（3）建筑业企业品牌管理的结构性特征。建筑业企业品牌管理的结构性也就是有机关联性，它指的是建筑业企业品牌管理的各个部分是相互联结和相互作用的，并且具有固定性的形式特征。从管理实践看，建筑业

建筑业企业品牌管理的层次　　　　　　　　　　　　　　　　　　　　　　　　表 1-1

管理层次	目　标
企业品牌	创造良好的企业形象，清晰的外部沟通，一致的理论标准和协同效果
专业品牌	利用明确的专业品牌领导市场，努力扩大专业品牌影响力，获得规模经济效益
项目品牌	通过向业主提供优质的工程项目，来得到业主的认可，实现品牌价值的承诺

企业品牌管理中的各子系统或各元素并不是孤立和无序的，它们之间的互相影响和作用呈现一定的规律性，具有结构的有序性，产生的合力最终作用于品牌管理的实施效果。

（4）建筑业企业品牌管理的开放性特征。品牌管理具有开放性是因为它与环境存在物质、能量、信息交换的特性。尽管要确认建筑业企业品牌管理系统边界十分困难，但这不影响对建筑业企业品牌管理开放性的分析。建筑业企业实施品牌管理过程均需考虑企业资源、内外部环境的匹配。在制定品牌战略时，品牌管理者要对企业所处的环境和自身资源、能力进行综合分析评价，明确优势劣势，发现机会和挑战；在品牌管理实施时，除了对企业内部环境包括企业文化、组织结构、资源计划进行综合考虑外，还需监测外部环境的变化，及时调整品牌管理的内容和方式以适应这种变化。建筑业企业品牌管理保持开放性是为了适应环境的非系统性，为企业系统趋利避害、保护和发展自己提供可能性。所以建筑业企业品牌作为一个系统是向外界开放的，也是必须开放的。

1.5 建筑业企业品牌的形成机理

1.5.1 品牌形成机制理论分析

（1）生产力理论。品牌是商品经济发展到一定阶段的产物，品牌的产生标志着商品交换过程中理念的成熟。在生产力水平低下、社会产品并不丰富的时期，简单的商品交换中并没有品牌的出现。随着农业的发展，手工业从农业中分离出来，出现了手工业者，商品交换逐渐进入新的发展阶段。从第一次社会大分工到第一次工业革命，这一时期是品牌的孕育期；从第一次工业革命后期到 20 世纪末，这一时期是品牌的发展期；而以信息、知识为特征的后工业社会的来临，特别是科学、艺术、技术越来越多地介入到商品的生产、交换当中，品牌进入了快速发展时期。可以说，生产力的发展促进了市场经济的发展与繁荣，从而推动市场竞争的升级与加剧。消费观念、水平不断提升，商品种类丰富，消费空间不断被拉大，科技、文化、市场的发展促进生产力的泛化，由此，新的经济要素也不断被发掘、发现。品牌就是在这样的大环境中通过对新经济要素的运用、组合而获得了发展。所以从根本上说，品牌的产生是生产力发展的必然结果。

（2）不对称信息理论。不对称信息是指交易的一方拥有另一方不拥有的信息，甚至第三方也无法验证，即使能够检验也要花费大量的人力、物力、财力和精力，在经济上是不划算的。在商品交换中，卖方比买方拥有对商品更多的知识或信息，包括产品的质量、原料构成、性能、制作方法、用途、生产成本等，因而形成了一种卖方占有信息优势而买方处于信息劣势的不均衡状态。信息不对称会引起机会主义，即有目的地混淆、歪曲信息，从而产生交易的不确定性。通过获取信息能够减小不确定性，有助于买方更好地决策。但由于获取信息需要付出成本，而且越接近完全信息，所付出的成本就越大。因此，在交换过程中以"成本—利益"最优为原则，能够获得的信息是有限的。正如巴顿（Patton）（1981）指出，大量关于产品的信息能使消费者做出更好的购买决策，当关于产品的信息不可获得时，消费者的决策就不完全理性化。品牌作为买卖双方的信息媒介，以一种分散和规避风险的交易形式能有效解决交易双方之间存在的信息不对称状况。

（3）制度理论。所谓制度是指用来规范人类行为的规则，这些规则涉及人类的社会、政治及经济行为。换句话说，制度是社会游戏的规则，是人们创造的用于限制人们互相交换行为的框架。制度根据其形式可分为两种，即：由权力机关制定和实施的，由法律、法规和政策等组成的正式制度，以及由习惯、习俗和伦理道德规范等构成的非正式制度。值得注意的是，非正式制度对人类行为的影响可能更加广泛。借助于交易费用这个概念，新制度理论很明确地指出制度的功能就在于降低交易费用，一方面，它通过规范人们的行为，减少社会生活中的冲突和摩擦，以避免由此带来的效率损失；另一方面，它又可以使人们对未来形势形成较合理的预期，降低不确定性。制度提供的一系列规则由社会认可的非正式约束、国家规定的正式约束和实施机制所构成。在国家法律经济等正式规则和具体实施机制的环境下，品牌反映了一种非正式约束，这包括了价值信念、伦理规范、道德观念、风俗习惯等因素。在复杂的商品交换过程中，当消费者无法迅速准确和费用较低地做出理性判断的时候，他们便会借助于价值观念和习惯等来进行购买决策。所以品牌作为经济制度，有助于缩减交易双方所耗费的时间和成本，这也是品牌形成的决定性因素之一。

1.5.2　建筑市场信息不对称及对建筑业企业品牌形成的影响 ————

建筑市场主体包括业主、承包商以及中介服务机构，在交易过程中各主体间存在着信息不对称现象，主要是业主和承包商之间的信息不对称。如表 1-2 所示。

建筑市场信息不对称性　　　　　　　　　　　　　　　　　　　　　　　表 1-2

市场主体	信息优势	信息劣势
业主	自身的营造意图和财务支付能力	承包商的信誉、施工技术和能力、履约能力等
承包商	自身的技术实力、管理水平和施工能力	业主的营造意图和财务支付能力

业主和承包商之间的信息不对称主要体现在招标投标阶段和履行合同期间。在招标投标阶段，业主和承包商面对的信息环境是：业主更多地了解自己的建造需求，而对投标承包商的信息了解有限，如承包商的信誉、履约能力、技术实力和管理能力等；承包商对自身能力很了解，而对业主的营造意图和支付能力了解较少。在这种信息不对称的环境中，业主面临着"选择问题"。承包商为了使业主了解自己的信誉、履约能力、技术实力和管理能力等，需要通过各种证书、认证和企业素材等把相关信息传递

给业主，这些需要花费一定的成本；同时，业主为了选择承包商，也需要对承包商进行调查和评价，这也需要付出一定的成本。在履行合同期间，承包商比业主更了解自己的建造行为，如人员素质、材料质量、建筑方法和技术等。业主为消除这些信息不对称，需要通过各种途径进行了解和监督，也需要付出相应的成本。

由于建筑市场主体间存在着信息不对称，要消除信息不对称则需要支付一定的成本。信息具有层次性，越是深层次的信息，获得信息的单位成本就越大，也就是说，降低信息不对称的单位成本随信息不对称的程度的降低而逐渐增加。如图 1-6 所示。对于业主来说，通过获得信息能够减少信息不对称的程度，减少选择决策的不确定性。但是因为降低信息不对称的单位成本随信息不对称的程度的降低而逐渐增加，所以当获取一定信息量需要付出的成本极大时，业主会放弃对完全信息的追求，而在现有信息基础上做出选择。

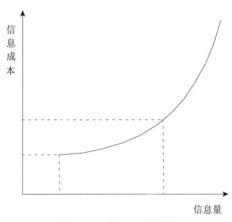

图 1-6　信息成本递增曲线

建筑业企业的品牌是企业资质、信誉、技术实力、管理能力和资金实力等的综合体现，具有巨大的信息整合功能。由于品牌的信息整合功能可以有效地传递信息，降低信息传递成本，从而减少业主和承包商间的信息不对称，所以，从建筑市场信息不对称的特征来说，建筑业企业品牌的形成和发展有其内在机制的要求。

1.5.3   建筑业企业品牌优势形成机理

　　品牌是一个市场化的概念，建筑业企业品牌之所以具有价值或者说可以为企业赢得更高的市场占有率和更多的利润，那是因为在市场竞争中品牌与其竞争者相比赢得了客户更多的认可，也就是此建筑业企业品牌相对于竞争者所具有的优势。如果建筑业企业品牌相对于竞争者没有优势可言，也就失去了存在的意义。所以，建筑业企业品牌形成的过程就是建筑业企业品牌竞争优势（简称品牌优势）形成的过程。根据品牌作用机理和建筑业企业品牌的特征，建筑业企业品牌的竞争优势主要表现为品牌的知名度、美誉度和忠诚度，以下就从这三个方面来分析建筑业企业品牌的形成机理。

1.5.3.1   建筑业企业品牌知名度形成机制

　　知名度是建筑业企业品牌优势形成的起点。建筑业企业品牌知名度的形成是关于建筑业企业品牌的信息在品牌拥有者及利益相关者之间传递和作用的结果。在建筑业企业品牌信息传递的过程中，建筑业企业品牌所有者、专业传播机构以及建筑业企业品牌利益相关者之间相互作用、相互联系、相互制约的形式以及建筑业企业品牌信息作用的原理和方式就是建筑业企业品牌知名度形成机理。

　　建筑业企业品牌拥有者对建筑业企业品牌知名度的形成起主导作用，其中，拥有者选择何种传播推广方式是建筑业企业品牌知名度形成的关键。建筑业企业品牌的传播推广是将建筑业企业品牌的相关信息按照建筑业企业品牌拥有者的意图编码、传播给品牌利益相关者，从而提高建筑业企业品牌的知名度和影响力，占领更多市场份额。在众多的建筑业企业品牌利益相关者中，最重要的利益相关者就是消费者。由于建筑业企业的生产特点，实质上建筑业企业有两个层次的消费者：建筑业企业的直接消费者是业主；间接消费者是完工工程的使用者或受益者，他们也是建筑业企业的实质消费者。如表 1–3 所示。

建筑业企业消费者分析举例　　　　　　　　　　　　　　　　　　　　　　表 1-3

业主 （直接消费者）	使用者或受益者 （间接消费者）	工程举例
政府	广大市民	市政工程
房地产开发商	购房者和用房者	商品房住宅、写字楼项目
投资者	社会公众	PPP 项目、BOT 公路项目
个人	个人	自用别墅项目

从建筑业的市场营销方式来看，建筑业企业的直接消费者是相对固定且数量较少的，但间接消费者是不固定且数量庞大的。从短期来看，业主对建筑业企业品牌的认知和是否接受，对建筑业企业品牌的市场表现起决定作用；但从长期来看，项目的使用者或受益者对建筑业企业品牌的认知和是否接受，对其市场表现将具有不可低估的影响。间接消费者对品牌的评价，影响直接消费者对品牌的评价，也就影响直接消费者对建筑业企业的选择。建筑业企业应该根据自身的特点，建立适合的建筑业企业品牌传播推广模式，双管齐下，使建筑业企业品牌信息的传播在两个层次的接受者上都产生良好的效果，达到形成建筑业企业品牌知名度的目的。建筑业企业品牌知名度形成机制如图 1-7 所示。

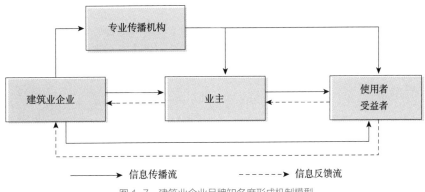

图 1-7　建筑业企业品牌知名度形成机制模型

1.5.3.2　建筑业企业品牌美誉度形成机制

美誉度是品牌获得消费者和社会公众的认可和赞许的程度以及积极的评价。对于建筑业企业品牌竞争优势的形成，美誉度较之知名度又加深了一个层次。建筑业企业品牌美誉度是品牌利益相关者在与品牌接触过程中所体验的品牌感受的反馈，它以品牌利益相关者满意度为基础。建筑业企业品牌利益相关者满意度是指其对建筑业企业品牌的期望值与品牌体验后对品牌的评估值相对比，形成的愉悦或不快的状态。建筑业企业品牌利益相关者满意度越高，就表明其感知的效果大于他的期望值越多，这会使其对该品牌有良好的评价，品牌赢得了较高的美誉度。相反，如果满意度低，则表明其感知的效果小于期望值，必然对该品牌有负面的评价。因此，满意度是决定建筑业企业品牌美誉度的最重要因素。

满意度主要基于如下理论：满意行为是顾客消费行为前后的一种因果关系过程，顾客在消费一项产品或服务之前，根据以往的消费经验和获取的信息会对该次消费有一个预期，满意水平取决于预期与消费之后实际感知之间的差距，如果实际感知超过了事先的预期，顾客就满意，正向差距越大，顾客就越满意；否则即不满意，并且负向差距越大，就越不满意。建筑业企业具有如下特殊性：企业往往以总公司为母体，以区域性分支机构和项目为主体；作业环境的流动性和多样性；产品的一次性或小批量；客户多为团体，其高层领导具有相对的决定权。建筑业企业品牌利益相关者满意度也主要直接体现为业主满意度。鉴于建筑业企业生产经营的特殊性，业主满意度主要取决于图 1-8 所示的六项因素。

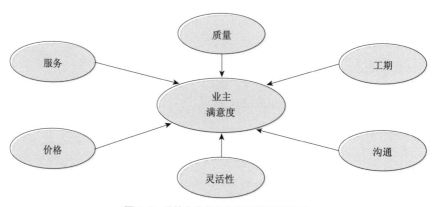

图 1-8　建筑业企业业主满意度的影响因素

根据建筑业企业品牌美誉度形成分析以及建筑业企业业主满意度分析，基于业主满意度的建筑业企业品牌美誉度形成机制如图 1-9 所示。

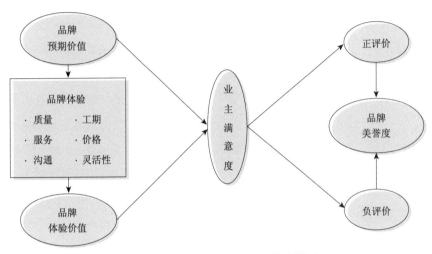

图 1-9　建筑业企业品牌美誉度形成机制模型

在与建筑业企业深入接触之前，业主根据各种渠道对建筑业企业的了解，会对建筑业企业形成一个预期价值。在业主与建筑业企业进行深入接触过程中，通过对建筑业企业的施工质量、工期、服务、沟通、价格和灵活性等诸多因素的体验，会形成对某一建筑业企业品牌的体验价值。当体验价值大于或接近于预期价值时，业主满意度则会较高；当体验价值小于预期价值时，业主满意度则会较低。当业主满意度较高时，会对该建筑业企业品牌做出正评价，有利于建筑业企业品牌美誉度的提升；当业主满意度较低时，会对该建筑业企业品牌做出负评价，不利于建筑业企业品牌美誉度的提升。

1.5.3.3　建筑业企业品牌忠诚度形成机制

通常可以把品牌忠诚度定义为对同一品牌购买的频率或相对购买量。品牌忠诚度也可以视为一种行为上和态度上的综合反映，品牌忠诚不仅表现为重复购买等行为忠诚，而且还包含了对一个品牌所持有的积极态度取向的态度忠诚。由于建筑产品生产的一次性或小批量的特点，有些人认为对于建筑业企业来说品牌忠诚度意义不大。其实不然，由于建筑产品价值量大、生产周期长以及交易在先生产在后的特点，使业主对待承包商的选择十分谨慎。又因为一项大的建筑工程可以分为若干个分项工程，一个项目的开发建设也可以分为若干期来完成。所以为了降低风险，业主会选择先将某项分项工程承包给一家认为值得信赖的建筑业企业，看其完成情况再决定是否将其他工程承包给这家建筑业企业。这就是建筑行业典型的品牌忠诚实例。建筑业企业从本质上来说属于服务业，而服务具有二重性，即作为结果的服务和作为过程的服务。因此，服务消费也具有相应的消费二重性，即消费者既关心服务的结果，也体验服务的过程。在建筑市场，业主对建筑业企业的忠诚度，往往受其同建筑业企业之间的关系密切程度影响较大，一旦建立起了良好的关系，业主也就很容易形成对建筑业企业品牌的忠诚。所以建筑业企业要以建筑产品消费的二重性为基础，构建良好的客户关系，增强业主对建筑业企业品牌的忠诚度。

关系产生的两个基本因素是利益和感情，双方在接触、互动和对话的过程中感知利益，产生感情，从而形成对双方之间的联系状态的认知。关系形成机制如图 1-10 所示。

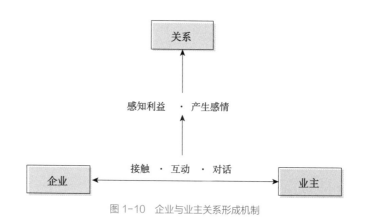

图 1-10　企业与业主关系形成机制

建筑业企业要与业主建立良好的关系，需要进行业主关系管理，就是常说的客户关系管理。根据建筑行业的特点，可以按业主需求将业主细分为经济先导型、关系先导型、技术先导型、政绩先导型、融资先导型和综合需求型六种类型。

综上，建筑业企业品牌忠诚度的形成是在品牌知名度和美誉度的基础上，在与业主接触的过程中，在保证业主满意度的基础上，通过系统的客户关系管理,通过提供优质的产品和服务,与业主建立长期的业务合作关系。建筑业企业品牌忠诚度形成机制如图 1-11 所示。

　　需要说明的是,建筑业企业品牌的知名度、美誉度和忠诚度是相互联系、相互促进,并呈层次递进的关系。知名度是美誉度和忠诚度形成的基础,美誉度和忠诚度又促进了知名度的提升,美誉度能加速忠诚度的形成,忠诚度又有利于美誉度的提高。建筑业企业品牌知名度、美誉度和忠诚度的形成是一个统一的、有机的过程,其中包括建筑业企业品牌的传播推广、业主满意度的提升以及业主关系管理的内容。

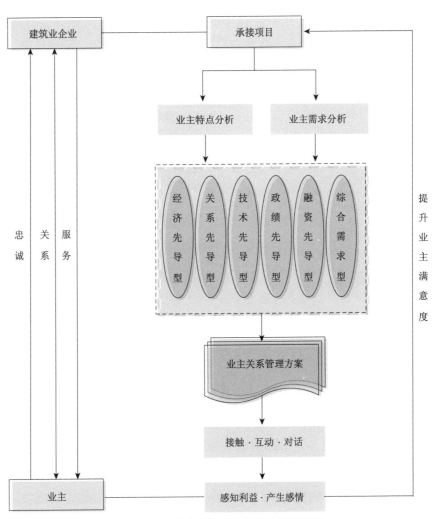

图 1-11　建筑业企业品牌忠诚度形成机制模型

1.6 建筑业企业品牌生命周期分析

1.6.1 建筑业企业品牌生命周期的构成及特点

建筑业企业品牌是一个市场化的概念，是在市场中与竞争者相比的竞争优势。研究建筑业企业品牌的生命周期也要以系统的、市场的思想来进行。根据现有的关于品牌生命周期的划分和建筑业企业品牌的特点，建筑业企业品牌生命周期可以划分为形成期、成长期、成熟期、衰退期四个阶段。

（1）建筑业企业品牌形成期的特点。形成期是建筑业企业品牌生命周期的第一个阶段。在这个阶段里，建筑业企业品牌经历了一个从无到有的过程。由于在这一时期，建筑业企业品牌才刚刚进入市场，品牌利益相关者刚刚开始接触此品牌，对其了解较少，品牌还没有知名度、美誉度和忠诚度可言。所以，在建筑业企业品牌的形成期，品牌相对于竞争者没有任何优势。在这一时期，建筑业企业品牌不能给企业带来任何收益，相反，品牌的传播和推广还需要大量的资金投入。

（2）建筑业企业品牌成长期的特点。在建筑业企业品牌形成期，通过品牌战略的制定以及品牌的传播推广，品牌开始具有了一定的知名度，美誉度也逐步开始形成。随着建筑业企业品牌知名度的提升和美誉度的形成，品牌在利益相关者意识中的地位逐渐提高。因此，建筑业企业品牌开始为企业带来了更多的市场和利润，并逐渐成为企业的核心竞争能力之一。这一时期，建筑业企业品牌相对于竞争者已经具有了一定的优势，而且这种优势还在迅速地增强。虽然处于成长期的建筑业企业品牌已经开始具有一定的竞争优势，但是这种竞争优势还不稳定。

（3）建筑业企业品牌成熟期的特点。经过成长期的发展，建筑业企业品牌已具有较高的知名度和美誉度，品牌理念及核心价值已经形成，并彰显于品牌利益相关者。这一时期，在建筑业企业品牌与利益相关者的接触和互动中，品牌利益相关者逐渐认可并接受品牌的理念和核心价值，对品牌形成了信任和依赖，即形成了对品牌的忠诚。建筑业企业品牌的忠诚度为企业带来了稳定的市场份额和利润来源，这一时期的品牌与竞争者相比具有了明显的优势。

（4）建筑业企业品牌衰退期的特点。建筑业企业品牌优势的形成也可以看作品牌利益相关者对品牌的消费。建筑业企业品牌能给企业带来超额收益，是因为市场对建筑业企业品牌有需求。根据经济价值原理，超额的收益会带来不断的市场供给。所以，处于成熟期的建筑业企业品牌，由于其具有竞争优势并可以为企业带来超额收益，必然会出现模仿者和替代者。建筑市场规模是既定的，彼长此消，品牌的竞争优势会随着模仿者和替代者的出现而逐渐下降，品牌进入了衰退期。处于衰退期的建筑业企业品牌，其知名度和美誉度会相对下降，忠诚度也逐渐下降。

1.6.2　建筑业企业品牌生命周期的发展模式

品牌生命周期是借助生命体生命周期来研究品牌各个发展阶段特征的一种研究模式，但品牌生命周期不是品牌宿命论。生命体必然会经历一个从初生到死亡的过程，这是由其内在的遗传基因决定的。品牌则不然，品牌没有内在地决定其必然消亡的因素存在。品牌的竞争优势可以因为竞争者的出现而逐渐失去；也可以依托专利、专有技术以及完善的品牌管理得以可持续发展；即使进入衰退期的品牌也可以由于品牌再定位、品牌重塑、品牌延伸等手段重获竞争优势。大量的关于品牌的故事都可以验证上述的说法。因此，建筑业企业品牌生命周期的发展模式可分为两类，即单周期模式和多周期模式。

（1）建筑业企业品牌单周期发展模式。单周期发展模式是指建筑业企业品牌发展只经历一个完整或不完整的生命周期。单周期发展模式如图 1-12 所示。

图 1-12（a）表示处于形成期的建筑业企业品牌因定位不准确等原因，没有形成竞争优势而退出市场；图 1-12（b）表示处于成长期的建筑业企业品牌因决策失误等原因，在没有形成稳定的竞争优势之前，就因失去竞争优势而退出市场；图 1-12（c）表示处于成熟期的建筑业企业品牌，由

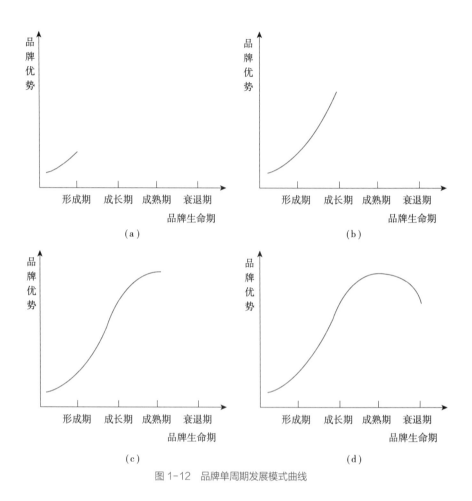

图 1-12　品牌单周期发展模式曲线

于竞争者无法模仿和替代或超前的品牌管理，保持竞争优势而持续发展；图 1-12（d）表示处于成熟期的建筑业企业品牌，由于模仿者和替代者的出现，没有保持住竞争优势而退出市场。

（2）建筑业企业品牌多周期发展模式。多周期发展模式是指建筑业企业品牌发展经历了一个以上的生命周期。建筑业企业品牌在进入衰退期后，企业通过对品牌的再定位、品牌重塑、品牌延伸等品牌管理手段，使品牌在市场中重新赢得竞争优势。结果有两种：不成功，建筑业企业品牌退出市场，即上述的单周期发展模式；成功，建筑业企业品牌就会进入新一轮的发展周期，并以此类推，则是建筑业企业品牌多周期发展模式。建筑业企业品牌多周期发展模式如图 1-13 所示。

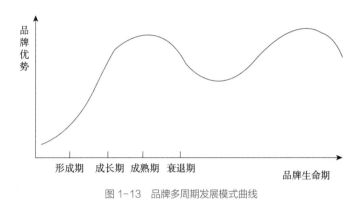

图 1-13　品牌多周期发展模式曲线

　　建筑业企业品牌是企业内部条件和外部环境多种因素共同作用的结果，所以建筑业企业品牌的发展模式不仅取决于自身的努力，还受建筑行业整体情况和宏观经济发展情况的影响。由于经济生活的复杂性，在实际运行中建筑业企业品牌的发展会呈现出多种多样的形式。建筑业企业品牌发展是否经历生命周期的每个阶段，以及每个发展阶段持续时间的长短都具有不确定性。上述两种建筑业企业品牌生命周期发展模式是针对建筑业企业品牌发展的一般情形而言，具有典型性和普遍性，但不能囊括所有建筑业企业品牌的发展情形。

2

第 2 章

建筑业企业
品牌管理体系

2.1 建筑业企业品牌管理组织架构 ——————————

2.1.1 建筑业企业组织结构的特点 ———————————

根据建筑业企业的特点和改革方向，实行董事会、经营管理层、项目经理部三级治理的组织结构是建筑业企业组织结构的主要特点。

（1）董事会是代表资产所有者行使资产管理和处置的决策机构，其主要职能就是要使公司的资产保值、增值、积累、发展和扩张，站在长远利益上为公司制定发展战略规划，选拔和聘用优秀的经营管理者，并进行授权、监督和检查。

（2）经营管理层受命于董事会，执行公司的发展战略，对日常的企业活动进行经营管理，实行总经理负责制。建筑业企业的管理特点是以项目管理为出发点和立足点。因此，经营管理层对外面向市场，开拓经营业务；对内主要是根据施工任务组建项目经理部，向项目经理授权，由项目经理作为企业经理的代表，负责施工项目的管理。

（3）项目经理部是代表企业履行工程承包合同的主体，是在项目经理的领导下，负责施工项目从开工到竣工的全过程施工生产的管理层。同时还有选择作业层，对作业层进行直接管理与控制的双重职能。

2.1.2 建筑业企业组织结构的主要模式 ———————

建筑业企业组织结构的主要模式有直线制组织结构、职能制组织结构、直线参谋制组织结构、直线职能参谋制组织结构、事业部制组织结构和矩阵制组织结构等。

（1）直线制组织结构。该模式的特点是建筑业企业的生产行政领导者直接行使指挥和管理职能，不设专门的职能机构，一个下属单位只接受一个上级领导者的指令。

（2）职能制组织结构。该模式的特点是在公司经理之下，设置专业分工的职能机构和职能人员，并授予相应的职权。这些职能机构和专业管理人员，在协助经理工作的同时，又在各自的业务范围内有权向下级单位或人员下达命令和指示。因此，下级领导人或执行人除接受经理的领导外，还必须接受上级各职能机构或专业管理人员的领导和指导。

（3）直线参谋制组织结构。该模式的特点是将建筑业企业管理机构和人员分为两类：一类是直线指挥人员，他们拥有对下级指挥和命令的权力，并对主管的工作全部负责；另一类是参谋人员和职能机构，他们是直线指挥人员的参谋和助手，无权对下级发布命令、进行指挥。

（4）直线职能参谋制组织结构。该模式的特点是在保持直线指挥的前提下，为了充分发挥专业职能机构的作用，直线主管授予某些职能机构一定程度的权力，以提高管理的有效性。

（5）事业部制组织结构。又称分权组织结构，是从直线职能参谋制转化而来的。其特点是在总公司领导下，按产品或地区设立经营事业部，各事业部都是相对独立的经营单位。总公司只负责研究和制定全公司的方针政策、企业发展总目标和长期计划，规定财务利润指标，对事业部的经营、人事和财务实行监督，不管日常的具体行政事务。各事业部在公司统一领导下实行独立经营，独立核算，自负盈亏。每个事业部都是一个利润中心，都对总公司负有完成利润计划的责任，同时在经营管理上拥有相应的权力。

（6）矩阵制组织结构。又称项目管理制组织结构。其特点是把按职能划分的管理部门和按产品或项目划分的小组结合起来形成了类似数学上的矩阵；每个产品或项目小组由项目经理和从各职能部门抽调的专业管理人员组成，项目完成后仍回原所属单位；每个项目经理在公司经理领导下进行工作，具有一定的责、权、利；各项目小组的成员受双重领导，既接受项目经理的领导，又同原职能部门保持组织和业务上的联系。

目前，事业部制和矩阵制两种管理模式较多地应用于大中型建筑业企业。

从实践来看，建筑业企业组织结构要具有灵活性的特征，为了适应经营环境多变、经营业务不稳定等特点，建筑业企业必须建立灵活、善于变化的组织机构。表现在企业的组织规模要依据市场的容量来变化，组织机构的形式要依据施工对象的特点和地点而定，基层劳动组织的形式要依据任务的性质和多少而定，人员的结构比例要依据施工实际需要来变化。

2.1.3 建筑业企业模块化品牌管理组织结构 ——————————

2.1.3.1 模块化组织结构的适用性

"模块"是指半自律的子系统，通过和其他同样的子系统按照一定的规则相互联系而构成的更加复杂的系统或过程。鲍德温（Baldwin）和克拉克（Clark）（1997）将模块化定义为通过每个可以独立设计并且能够发挥整体作用的更小的系统来构筑复杂的产品或业务的过程。由此可知，模块是一种管理复杂性的一般原理。通过将一个复杂系统拆分为分离的部件，它可以消除由于系统互相连接而难以管理的混乱状态。模块思想目前在社会科学中正变得越来越重要，已被应用于组织设计。模块化组织作为市场中一种新兴的制度安排，是随着企业模块化生产方式的不断深化而产生的资源配置形态。模块化组织由不同的子系统组成，各子系统之间通过设计规则紧密相连，这些设计规则包括确定构成要素及相互间信息传递关系的结构、规定各子模块联结协议的界面、检验模块是否符合设计规则的标准。根据建筑业企业品牌管理的主要特征以及组织结构的相关理论，基于系统论的模块化的组织结构是适合建筑业企业品牌管理的。建筑业企业品牌管理是一项复杂的系统工程，内容包括品牌战略的制定、品牌要素的设计、品牌的传播推广、品牌维护和品牌延伸等；从品牌涵盖范围来看，包括企业品牌、专业品牌和项目品牌多个层次；从品牌管理涉及的行为主体来看，既有品牌管理组织机构，又有企业其他部门、品牌设计咨询机构、广告公司等。

可分解的建筑业企业模块化品牌管理系统具备很多优点：建筑业企业模块化品牌管理组织结构通过良好的分工，能够快速、高效地处理复杂的品牌管理事务。建筑业企业模块化品牌管理组织结构有利于对并行作业的任务进行协调。由于每个模块内部开展的工作是独立的，所以从整体上降低了协调范围和难度。建筑业企业模块化品牌管理组织结构将品牌管理系统风险分解到各个相对模块中，从而降低了环境不确定性对品牌管理系统整体的影响。由于建筑业企业模块化品牌管理组织结构内部的模块相对于外部其他模块是独立的，因此模块可以单独从事创新活动，从而极大地提高了创新速度。

2.1.3.2　建筑业企业品牌管理组织结构的构建

建筑业企业品牌管理组织结构设计旨在设计出科学、合理的组织构成要素及结构网络，以便更好地维持组织的运转。对建筑业企业品牌管理组织结构框架的设计要以建筑业企业生产经营特点为基础，注重有利于建筑业企业品牌管理目标的实现。可将建筑业企业品牌管理组织结构划分为主导模块、专业模块和支持模块，在设计各模块之间的架构关系时注重保持各子模块独立运转，并维持组织结构的系统性和整体协作。如图 2-1 所示。

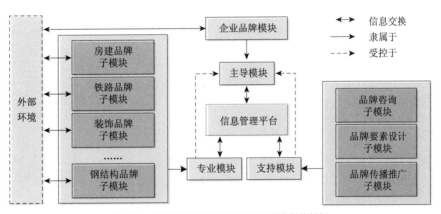

图 2-1　建筑业企业模块化品牌管理组织结构框架

主导模块是建筑业企业品牌管理的最高决策和管理机构，致力于建筑业企业整体品牌战略的制定和品牌运行的管理。根据建筑业企业情况，主导模块可设立企业品牌管理委员会，由企业决策层和管理层共同参与，并设置相应的办事机构，负责企业整体品牌管理相关工作。其主要工作职责是根据建筑业企业市场定位确定企业整体品牌形象，根据企业品牌管理需要制定品牌管理工作程序和制度等，并指导、监督各品牌管理子模块的工作。

专业模块是根据建筑业企业生产经营的特点，以各种专业施工能力为基础，以对接细分目标市场为目的而设立的品牌管理子模块。专业模块受控于主导模块，在企业品牌管理整体发展战略和管理框架下，独立运作本专业品牌的管理工作。所以，专业模块具有整体性和独立性的双重属性。根据建筑业企业专业品牌具体情况，专业模块可设置为专业品牌管理组，如果需要也可以设置次级子模块。

支持模块是针对品牌管理专业性而设计的子模块。由于对其较高的品牌专业能力和技术要求，支持模块可设计为"虚拟子模块"，由专业的品牌设计咨询公司和广告媒体充当，形成"可插入式子模块"。

信息管理平台是为了提高建筑业企业品牌管理各模块信息交换的效率，实现信息共享而建立的信息管理系统。信息管理平台提高了信息共享程度和信息传输速度，特别是简化了品牌管理模块单独拥有信息系统情况下造成的错综复杂的联系，增强了各模块之间的集成化程度，为解决信息孤岛现象提供了有效途径。更重要的是，这种模式可以有效提高协同决策的效率，为整个品牌管理系统的协调提供良好的支撑平台。如图 2-2 所示。

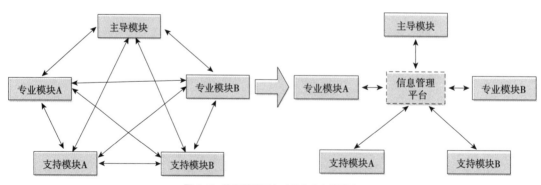

图 2-2　信息管理平台对信息共享的影响

概括来说，建筑业企业模块化品牌管理组织结构框架的特征和优点是：组织架构由主导模块、专业模块和支持模块构成，各模块又可由更小一级的模块组成。各模块既相互联系，又相互独立，为建筑业企业品牌管理工作达到统一、高效的最佳结合提供了组织设置保证。各专业子模块可根据发展情况增减，各支持子模块可以"按需装配"，从而实现建筑业企业品牌管理组织机构的动态组合。

　　建筑业企业品牌管理各模块内部的组织结构可以根据具体情况灵活设置，如"管理委员会"或"工作组"形式。与现代企业治理结构相适应，建筑业企业品牌管理组织机构也应该由决策层和执行层构成。建筑业企业成立品牌管理委员会作为品牌管理机构的决策层，设立品牌管理部作为执行层，其下分设市场调查、要素设计、传播推广、监督检查等功能模块。同时，建筑业企业品牌管理委员会通过协调企业各职能部门，共同开展品牌管理工作。从整体来看，品牌管理组织与企业其他职能部门又形成一种矩阵组织结构。如图 2-3 所示。

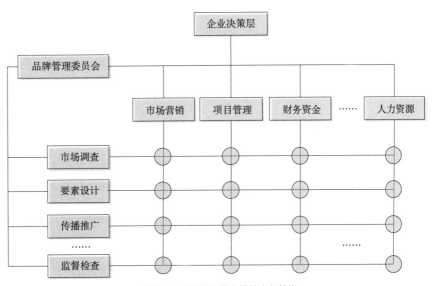

图 2-3　品牌管理能力模块内部结构

2.1.3.3　模块化品牌管理组织特点

　　建筑业企业模块化品牌管理组织结构作为一种新型的品牌管理组织形式，与传统的职能制和品牌经理制品牌管理组织结构相比，具有如下显著的特征：

（1）自治性——自主决策。自主决策是建筑业企业品牌管理子模块自治特征的体现。建筑业企业模块化品牌管理组织按专业模块和支持模块将品牌管理组织分为各个功能子模块，并把责任和权力在很大程度上直接移交给各个子模块，使其拥有对自身内部事务的决策权和控制权，在它们经营的特定层面上可以独立处理问题和应对环境变化。

（2）智能性——自我学习与更新。自我学习与更新是建筑业企业品牌管理子模块智能性特征的表现。建筑业企业品牌管理组织中的各子模块是具有决策智能的"自治"实体，每个子模块在运行过程中能进行智能活动，具有独立的分析、推理、判断、构思、决策和学习能力，可以设计自己的活动，通过不断学习来进行自我更新以适应动态环境的变化。

（3）合作性——单元相互协作。协作一方面可使劳动空间范围扩大，另一方面又可提高组织运行效率。建筑业企业品牌管理组织各个子模块并非享有绝对自治权，其运行和决策要受到品牌管理组织总体目标的约束，并根据相应的组织协调信息来适时地调整自身行为；同时，子模块之间紧密联系，每个模块可以请求其他模块执行某种运作能力，也可以对其他模块提出的运作要求提供配合性服务，通过为其他模块提供价值来实现自身的价值，进行相互合作支持品牌管理组织的总目标。

（4）可重构性——动态柔性。动态变化的环境使建筑业企业面临的不确定性和复杂性增加，建筑业企业品牌管理组织必须在经营和市场的混沌秩序中进行自我调整，以适应内部和外部的变化。当环境激烈变化或业务变化不可预测时，模块化品牌管理组织可以随时根据需要进行部分或整体重构。因此，其组织结构具有灵活性，可根据环境的变化呈现出动态变化的趋势。这种灵活、动态的组织关系，可增强建筑业企业品牌管理组织的抗干扰能力和柔性，在外部环境变化时，通过子模块调整和重构，使品牌管理组织整体与环境变化相适应。

2.2　建筑业企业品牌管理流程

2.2.1　建筑业企业基本业务流程特点

建筑业企业的生产经营活动主要是通过投标获得工程项目，经过施工建造形成建筑产品，从而获得收益。其基于项目的基本流程框架如图 2-4 所示。

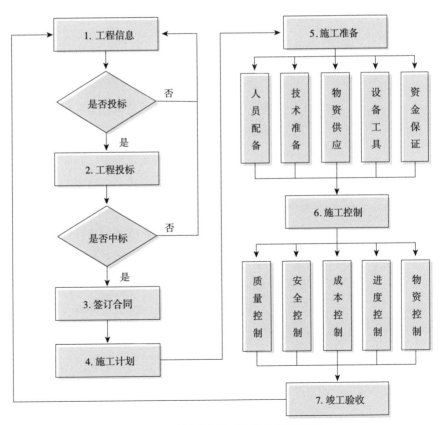

图 2-4　建筑业企业基于项目的基本流程框架

建筑业企业生产经营流程是围绕施工工程项目展开的，概括起来可分为投标签约阶段、施工准备阶段、施工阶段和竣工验收阶段。投标签约阶段主要工作是搜集整理有关信息，编制投标书，与招标人谈判，依法签订工程承包合同。施工准备阶段主要工作包括成立项目部，配备管理人员，编制施工组织设计，制定施工项目管理规划等。施工阶段主要是按施工组织设计的安排进行施工，在施工过程中做好动态控制，保证质量目标、进度目标、造价目标、安全目标的实现等。竣工验收阶段主要工作包括工程收尾，整理移交竣工文件，进行财务核算等。上述建筑业企业生产经营流程只是基本框架，各项业务流程还可以细分，如投标阶段就可分为工程信息获取、资格预审准备、现场勘察、方案设计、报价策略选择、标书制作等。

2.2.2　建筑业企业模块化品牌管理流程

2.2.2.1　模块化品牌管理流程设计的思想

前文基于模块化思想构建了建筑业企业模块化品牌管理组织架构，模块化品牌管理组织是由能力模块组成的，可以动态地组合，以适应客户需求的个性化和多样化。建筑业企业模块化品牌管理组织的快速反应能力，很大程度上依赖模块之间良好的沟通，这就需要适宜的流程来保证。建筑业企业模块化品牌管理组织强调打破信息交流的隔阂，使各方都能参与组织计划制订和决策。建筑业企业模块化品牌管理组织强调依据能力和职责分权，充分发挥各模块的能动性。模块化组织的流程是从辨识变化中的客户需求出发，设计所需要的能力模块，强调能力模块间的承诺关系。流程的形成和运作过程，实际上是由意识、解析、决策和实施四个阶段组成的循环过程。前两个阶段主要感知环境的变化并处理这些信息，以便为后续的反应提供决策依据。模块化组织在组织总目标的驱动下，各能力模块分散化决策，可迅速预测客户偏好的可能变化，进而重组能力模块组合。由此可见，用能力模块及其承诺关系描述流程更能突出能力模块的相互关系及其在整个流程中的责任，促进各能力模块从联系、变化发展和流程的观点将自己的目标与组织的目标保持一致。模块化组织流程的协调更依赖能力模块的信用，网络型虚拟组织的形成也是如此。

建筑业企业品牌管理组织作为整体运营的统一的系统，必须协调好能力模块的组合，这要通过模块化的品牌管理流程设计来解决，主要有以下两个方面：

（1）清晰地界定流程目标以及各能力模块在流程中的作用和责任分配，驱动能力模块意识到只有满足流程的要求，自己才能获得相应的收益。能力模块是为了实现组织的目标而设置的，要从上到下设计流程，其结构特点是扁平化、网络化和精简。

（2）能力模块要树立客户观点，通过信任机制和承诺管理使能力模块构成物流和信息流通畅的关系网络。实际上是把市场机制引入流程管理，提高能力模块的主动创造性和责任感，以承诺链为纽带把客户、合作者、内部能力模块联结成一个整体，提高建筑业企业品牌管理组织运作能力和应变能力。

2.2.2.2 模块化品牌管理流程模型的构建

从建筑业企业品牌管理的特点出发，可以建立面向角色的建筑业企业模块化品牌管理流程。模型体现为一定能力模块组合和层次性，它们之间是相对的"顾客—服务"关系，可以请求服务或提供服务，服务的价值大小由"顾客"评价，以此作为索取报酬的依据。就流程的主题而言，角色是一个具有多重性、协作性和层次性的抽象概念。这里所构建的建筑业企业面向角色的模块化品牌管理流程模型主要有三个特点：

（1）流程体系模块化的层次性。流程模型的层次性是与品牌管理组织结构的层次性相对应的。

（2）流程模型也是一个目标驱动系统，是多个相互独立的能力模块（角色）为完成共同的目标协同工作的系统。鉴于建筑业企业品牌管理目标的复杂性，往往会超越单一模块（角色）的有限理性，需要将目标逐层分解，以便实施目标管理，这也体现了流程的层次性。

（3）流程模型是按照建筑业企业品牌管理规则把品牌管理组织中存在多种关系的模块（角色）联结起来完成管理目标的过程，流程跨越了各模块（角色）。综上，品牌管理目标驱动的流程目标可分解为多个子目标，每个模块（角色）担负一定的责任，并与某个子目标相对应。

　　模块（角色）具有活动、服务、资源、目标、责任和信息等属性。如图 2-5 所示。

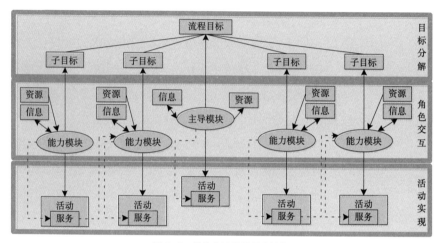

图 2-5　模块化流程的层次结构

　　根据建筑业企业品牌管理业务特征和控制节点，可以将品牌管理流程划分为战略管理、形象管理、传播管理、关系管理、危机管理和绩效管理六个子模块流程。品牌咨询机构、设计顾问公司和广告媒体公司在建筑业企业品牌管理的整体流程中的某个环节提供专业技术支持，建立相应的流程接口，使其成为流程的"插入式模块"。建筑业企业的其他职能部门在品牌管理的整体过程中既提供职能服务和支持，也进行相应的监督和检查，通过流程接口介入整体流程体系。建筑业企业模块化的品牌管理流程模型框架如图 2-6 所示。

　　建筑业企业模块化品牌管理流程是将整体品牌管理流程视作由多项分流程有机组合而成的整合系统，通过将品牌管理流程分解成标准化的运作规则和非标准化的运作参数进行模块细化，各分流程成为具有特定功能的子模块，在运作上具有相对独立性，通过标准化运作规则进行无缝整合以构建整体建筑业企业品牌管理流程。建筑业企业模块化品牌管理流程是一种系统组织方式，分流程构件是组建完整品牌管理流程序列的子模块系统，标准化的运作规则描述了子模块系统间耦接方式及作用强度等状态参数，对其后的运作方式具有决定性作用。一般在系统组建之初，即确定流程模

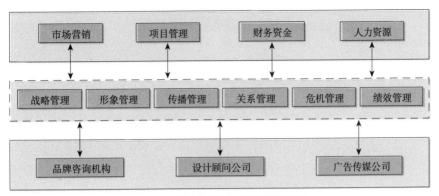

图 2-6　模块化品牌管理流程模型框架

块之初就基本确定框架，并综合各方建议予以修正，最终确定各项细则。建筑业企业模块化品牌管理流程的标准化运作规则如下：

（1）系统结构。确定品牌管理流程模块化分解时的整体结构、模块间的层次性关系（包括纵向的嵌套关系和横向的关联关系）以及建筑业企业品牌管理流程各子模块功能（即子模块运作时与系统整体或其他环境进行实物、服务、信息以及人员交换的程序、能力和绩效）概述。

（2）流程接口。详细描述建筑业企业品牌管理流程子模块如何相互作用，包括品牌管理各子流程如何进行信息的交流、业务的交接，交接中的过程手续、协议以及各子流程模块在对接中如何建立关联。

（3）模块标准。用于规范建筑业企业品牌管理子流程模块的运作效果，监督、检测模块是否与设计规则一致（即该模块能否在建筑业企业品牌管理整体流程中起到预定的作用）以及衡量一个模块相对于另一个功能相同的模块的比较性能。

建筑业企业模块化品牌管理流程的非标准化运作参数是指不对流程子模块自身以外产生影响的设计参数，可在标准化运作规则确立之后再做选择制定，一般由本流程模块内部根据标准化运作规则予以讨论制定，不需与本模块以外成员进行沟通和交流。非标准化运作参数是建筑业企业品牌管理流程模块化中创新动力的主要来源，它为模块在既定的标准化运作规则框架下自行计划、运作、优化提供了基础，形成该流程模块区别于其他模块的个性化特征。

2.3 建筑业企业品牌管理的协同运行 ————————————

建筑业企业模块化品牌管理系统各子系统具有高度的独立性，大型建筑业企业集团的品牌管理系统又具有多层级的特点。在这种情况下，协同管理可使建筑业企业各级品牌管理子系统在保持自治性的同时，也在企业总体品牌战略和发展目标的指导下统一行动，从而保证企业整体品牌价值最大化。

对建筑业企业品牌管理而言，协同管理就是为了提高品牌管理功效，充分发挥品牌效用，更加有效地实现企业品牌战略目标。主要体现在通过对建筑业企业品牌系统各子系统或要素进行协同，实现它们之间的优化组合与配置，促进系统在结构、功能等方面达到更优。可将建筑业企业品牌协同管理分为协同决策和协同实现两部分内容来研究。

2.3.1 建筑业企业品牌管理的协同决策 ————————————

2.3.1.1 建筑业企业品牌管理递阶优化决策

建筑业企业品牌管理各子系统之间的协同决策是建筑业企业品牌管理的本质要求。在建筑业企业品牌管理中，品牌战略的制定，品牌的定位、品牌的架构组合，各种品牌资源的分配和整合，企业品牌与各专业品牌的延伸等等，这些问题都需要在权衡系统整体利益和各子系统利益的基础上做出最优决策。建筑业企业模块化品牌管理系统既注重系统整体效益的最大化，同时也注重各子系统利益最大化的原则。因此，在建筑业企业模块化品牌管理系统中，协同决策既可以保证主导模块的主导决策地位，又能保证各子模块具有相对独立的决策权，通过相互影响、协同决策使建筑业企业品牌管理决策达到最优。所以建筑业企业模块化品牌管理系统决策问题是典型的递阶优化决策问题。

　　递阶优化决策问题最初是由布雷肯（Bracken）和麦吉尔（McGill）于1973 年提出的。随着社会的发展，客观实际问题的规模越来越大、结构越来越复杂、涉及的人越来越多，从而形成了一类多人的、呈递阶结构的、多目标的复杂大系统。递阶结构系统中的上层是领导，总揽全局起协调主导作用；下层是随从，在上层的决策限制下，独立决策使得子系统利益达到最大。其决策机制是：首先上层向下层宣布他的决策，该决策直接影响下层的可行集和目标函数，下层在该限制下将自己的最优决策反映给上层；下层的决策也影响上层的目标函数和可行集，上层再调整他的决策，直到上层的目标函数最优为止。

2.3.1.2　建筑业企业品牌管理二层递阶协同决策模型

　　以二层规划为基础发展起来的多层规划技术为解决具有递阶结构系统的协同决策优化问题提供了有效的手段和方法。二级优化问题虽然是多层决策系统的特殊形式，但却是最基本的形式。因为，多层系统是由多个二层系统复合而成的。因此，二层规划问题模型是解决多层递阶决策问题的基础。二层规划是解决二层决策问题的数学模型，是一种具有二层递阶结构的系统优化问题。由于决策系统大多数都可以看成二层递阶决策系统的复合，因此二层规划也是解决多层递阶系统协同决策的有效方法。

　　以处于建筑业企业模块化品牌管理系统第一层的主导模块（企业品牌）和处于第二层的子模块（专业品牌）组成的两级品牌管理决策为例，建立建筑业企业品牌管理协同决策的二层规划模型。二层规划模型由上层规划模型（P1）和下层规划模型（P2）组成。二层决策问题的一般决策过程为：上层首先给定一个决策方案，然后下层以这个决策为参量，根据自己的目标在可能的范围内选定一个最优决策，并将自己的决策反馈给上层，最后，上层在下层的决策基础上，在可能的范围内做出整体的最优决策。

　　建筑业企业品牌管理系统协同决策的上层规划模型（P1）可以描述为：

主导模块根据企业发展目标和现有资源限制，综合各专业子模块的资源占有及发展预期，制定企业整体品牌发展规划（上层决策变量），确定企业整体品牌架构组合，据此向各专业品牌分配资源（包括资金和政策等），使品牌管理系统整体收益最大（品牌价值最大化）。下层规划（P2）可以描述为：专业子模块根据上层决策，考虑自己的资源约束和发展潜力，确定自己的品牌发展规划（下层决策变量），选择扩张、维持还是退出，以获得收益最大化。

建筑业企业模块化品牌管理系统协同决策上层规划模型：

$$\text{P1：} \max F = \sum_{i=1}^{n} f_i(x^i, y^i)$$

$$\text{s.t. } \alpha^i \leqslant x^i \leqslant \beta^i \tag{2-1}$$

$$x^i \geqslant 0$$

$$i = 1, 2, 3, \cdots, n \ (n \text{ 为专业品牌个数})$$

其中，F 表示建筑业企业品牌管理系统总体收益，$f_i(x^i, y^i)$ 表示子模块 i 的收益，$i=1, 2, 3, \cdots, n$，n 为专业品牌个数。x^i 为上层决策变量，为非负数，代表分配给子模块 i 的资源（资金、政策等决策变量）。$\{\alpha^i, \beta^i\}$ 为分配给子模块 i 的资源的允许变动范围。y^i 为下层决策变量，表示根据上层决策变量，考虑自身能力与资源约束确定的专业品牌发展规划策略。

建筑业企业模块化品牌管理系统协同决策下层规划模型：

$$\text{P2：} \max f_i(x^i, y^i) = R_i(x^i, y^i) - C_i(x^i, y^i)$$

$$\text{s.t. } \chi^i \leqslant y^i \leqslant \delta^i$$

$$y^i \geqslant 0, \tag{2-2}$$

$$i = 1, 2, 3, \cdots, n \ (n \text{ 为专业品牌数})$$

其中，$R_i(x^i, y^i)$ 为专业子模块 i 的增值函数，$C_i(x^i, y^i)$ 为专业子模块 i 的成本函数。$\{\chi^i, \delta^i\}$ 为专业子模块 i 的下层决策变量（可投入资源）的变动范围，由子模块根据上层决策投入和自身的约束条件确定。

规划模型 P1 和 P2 组成二层规划模型是一类单目标二层非线性规划问题，可以采用遗传算法来求解。

2.3.2　建筑业企业品牌管理的协同实现

　　建筑业企业品牌管理协同实现就是在既定的品牌管理战略的指导下，通过对品牌管理系统各子系统和要素进行协同，在实现品牌战略过程中，加强它们之间的优化组合与配置，进而更加有效地利用资源，更加高效地实现建筑业企业品牌管理目标。建筑业企业品牌管理协同的实现要以协同思想为指导，综合运用管理方法、手段促使建筑业企业品牌管理系统内部各子系统或要素按照协同方式进行整合，相互作用、相互合作和协调而实现一致性和互补性，进而更好地实现系统决策，并使系统产生整体作用大于各要素作用力之和。建筑业企业品牌管理协同实现模式如图 2-7 所示。

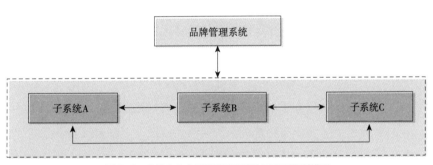

图 2-7　建筑业企业品牌管理系统协同实现机制模型

　　建筑业企业品牌管理协同实现具体可包括协同机会识别、沟通、资源整合和利益分配等几方面。

　　（1）协同机会识别机制。协同机会识别机制就是解决如何寻求协同机会，也就是建筑业企业品牌管理系统中哪些地方可能产生协同。识别协同机会在协同实现过程之中是非常重要的一步，只有及时准确地识别协同机会，才能围绕协同机会采取种种管理措施和方法，取得管理协同应有的效果。所以，识别协同机会是实现管理协同的突破口。

　　（2）双向互动沟通机制。沟通机制是指为使建筑业企业品牌管理系统各子系统或要素能更好地产生协同并使建筑业企业品牌管理系统发挥整体功能所采取的一切交流和沟通的方式。有效的沟通机制是建筑业企业品牌管理协同实现的保证。有效的沟通要建立有效的沟通方式。协同实现过程中，应提倡"双向沟通"的方式，因为"双向沟通"具有反馈信息传递的功能。它能在建筑业企业品牌管理系统内外产生互动性的信息交流与沟通，便于沟通双方了解协同对象的相关信息而进行协同。有效的沟通，可以使建筑业企业品牌管理系统内部人际关系和谐，有助于顺利进行管理协同，达成管理协同目标。沟通机制对整合系统管理目标和各要素在共同利益的一致性方面具有重要的作用，并且还有助于在协同实现过程中产生相互信任，便于降低协同成本，为更好地进行管理协同创造了条件。

（3）资源整合配置机制。资源整合配置机制既包括对建筑业企业品牌管理系统内部各子系统或要素的协调与配置，如市场调研、品牌要素设计、品牌传播推广等子系统之间的衔接和配合，以及资金、信息、技术、人力资源等要素之间的配置，也包括各专业子模块之间的合作和资源共享。整合的实质是最大化地挖掘建筑业企业品牌管理系统各子系统或要素的优势，弥补不足，使建筑业企业品牌管理系统因优势互补而产生整体功能效应。整合机制可以使协同要素更好地进行协同，改善或突破影响和限制建筑业企业品牌管理系统发展的瓶颈，实现建筑业企业品牌管理系统整体功能效应，并使协同要素发挥最佳的作用。整合的方式和程度将直接影响协同实现的效应和协同要素所创造的价值。

（4）多赢利益均衡机制。形成协同实现的关键点是，在评估有必要进行协同的基础上，建筑业企业品牌管理系统各子系统在协同目标一致的情况下，确定如何进行利益的合理分配。建筑业企业品牌管理系统各子系统通过管理协同实现各自单独无法实现的目标，通过协同使各子系统获得更大的利益是管理协同形成的利益机制的核心。对各个子系统来说，即使通过协同能实现管理协同目标，但对所获得的利益不能进行合理的分配，甚至看似总利益增加，但实际某个子系统所得利益下降或不变，也不能形成协同实现。因此，协调子系统之间的利益，实现互利、互惠、双赢与共同发展的利益机制将促进协同实现的形成，同时，也有利于系统的稳定和发展。

2.4　建筑业企业品牌管理的协调 ————————

2.4.1　建筑业企业品牌管理协调问题 ————————

2.4.1.1　建筑业企业品牌管理过程中各职能部门可能出现的问题

建筑业企业是由众多职能部门组成的，这些职能部门构成建筑业企业这个大系统的子系统。建筑业企业作为系统，有自己的特定目标，这些目标是全局性的，如追求利润最大化、追求企业的迅速扩张等。作为子系统的各个职能部门也有自己的特定目标，且子系统的目标是为系统目标服务的，具有从属性。但这并不意味着子系统的目标总是与系统目标完全一致，更不意味着各子系统的目标之间不存在矛盾。实际情况是，各职能部门为实现自己的目标而采取的措施常常会损害其他部门目标的实现或受到其他部门的制约，最终影响到企业整体目标的实现。

建筑业企业品牌是一个涉及建筑业企业整体形象的概念，建筑业企业品牌管理是一项具有全局性特征的管理工作，需要建筑业企业各职能部门的参与和合作。建筑业企业品牌管理的难度在于如何突破形象传播和识别管理的局限，充分调动组织内外的相关资源，使整个企业职能部门和相关成员的思维和行动保持一致，共同保证品牌战略目标的实现。在建筑业企业品牌管理过程中，有多项涉及各职能部门的管理内容，如施工项目管理、市场营销管理、形象传播管理，还有相关信息资源管理、财务资金管理和人力资源管理等。图2-8给出了在建筑业企业品牌管理过程中各职能部门可能出现的一些具体问题。

针对这些问题，为了实现建筑业企业整体品牌目标，需要就品牌管理战略、管理流程和品牌整体形象维护和提升等方面进行充分的协调，从而发挥出建筑业企业品牌管理部门与各职能部门协调工作的整合效应。实际上，由于各职能部门子目标和个体利益的影响，各职能部门和品牌管理部门之间很难自发形成上述状态，必然会有矛盾和冲突，亦即协调问题。建

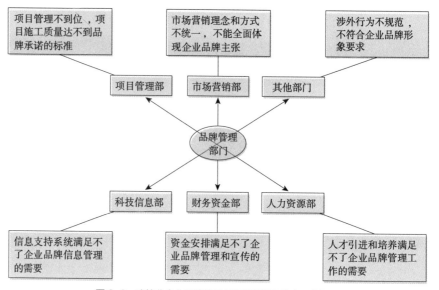

图 2-8   建筑业企业品牌管理各职能部门可能出现的问题

筑业企业品牌管理协调问题产生及其重要性的原因主要体现为职能部门信息自主性和建筑业企业品牌管理组织依赖关系的从属性两个方面。

2.4.1.2   建筑业企业职能部门的信息自主性

建筑业企业职能部门的信息自主性是指职能部门之间由于一些原因不能完全共享信息，但为了提高企业的整体业绩，它们愿意进行一定的信息交流。企业职能部门的信息自主性是客观存在的，可能的原因有：一是企业规模过大或职能部门在地域上的分散化使得信息共享在技术上的难度太大或成本太高；二是由于专业分工或知识领域的不同，各职能部门无法完全理解或运用其他部门的信息；三是组织行为学上的一些原因，如由于个人价值观和事业取向上的差异所带来的文化冲突；四是组织设计和机构无效，由于组织结构与项目工作流程不匹配，给信息沟通造成一定的困难。

由于职能部门的信息自主性，建筑业企业品牌管理组织作为建筑业企业的职能子系统相对于其他职能部门也存在信息自主性，可将其具体表现总结如下：一是由于建筑业企业以项目为基本组织形式，点多、面广，生产经营具有高度的离散性，这给品牌管理系统传递有关品牌的各项信息增加了很大的难度。二是建筑业企业品牌管理既涉及有形资产，又涉及无形资产；既有理念上的，又有行为上的。品牌战略的制定、品牌要素的设计、品牌的传播推广等都有专业的方法和技术。这使其他职能部门在对有关品牌信息的正确理解上有一定的困难和障碍。三是建筑业企业品牌管理塑造和推广的品牌价值观是企业的一种经营理念，它也是指导企业员工行为的标准，品牌与企业文化相融共生。所以，品牌信息顺利、正确地传播需要相关人员在价值观上的认可。由于各职能部门管理人员专业背景和成长环境的差异，所以在价值观和事业取向上难免存在差异，并因此带来文化冲突。

2.4.1.3　建筑业企业品牌管理组织依赖关系的从属性

组织成员关系可概括为三种模式：流动关系、匹配关系和共享关系。流动关系是一个活动产生的资源被另一个活动使用，形成了下游活动对上游活动的依赖；匹配关系是两个不同的活动共同产生资源；共享关系则是资源同时被多个活动使用，产生了资源在各个活动之间分配的依赖关系。

如果从依赖关系的强弱来说，流动关系中处于下游的部门对处于上游的部门依赖性最强。建筑业企业品牌管理部门与其他部门的依赖关系模式如图 2-9 所示。

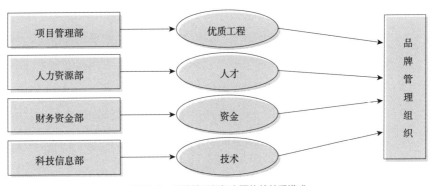

图 2-9　品牌管理组织主要依赖关系模式

从图 2-9 可以看出，建筑业企业品牌管理组织处于与其他职能部门流动关系的下游。工程质量是建筑业企业品牌的基石，优质工程是建筑业企业塑造良好品牌的基础，所以品牌管理工作依赖于良好的项目管理；建筑业企业品牌管理工作需要优秀的专业人才，这依赖于人力资源部门的人才引进和培养；建筑业企业品牌管理需要成本支出（如广告费），这又有赖于财务资金部门的资金支持；建筑业企业品牌管理信息的传递和高效管理流程的建立需要信息管理系统和工作平台的支撑，这就依赖于科技部门的工作支持。所以，建筑业企业品牌管理组织在与企业其他部门的依赖关系上具有从属性的特征，也就是建筑业企业品牌管理工作的开展需要使用其他职能部门的工作所产生的资源。

综上所述，鉴于建筑业企业品牌管理工作的全局性和重要性，又由于品牌管理组织的依赖关系从属性，所以在建筑业企业品牌管理的过程中会产生大量的协调问题。

2.4.2　建筑业企业品牌管理协调方式

2.4.2.1　建筑业企业品牌管理角色交互

角色是指演员扮演的剧中人物，社会学中将角色定义为与社会地位密切联系的、对应于一系列角色期望的、有赖于个体认知和实践能力的一套行为模式。根据角色的含义，在建筑业企业品牌管理系统中，角色应该具有相应的权利和义务，同时也是一套行为模式。建筑业企业品牌管理涉及各职能部门的管理项目中，如施工项目管理、市场营销管理、形象传播管理，还有相关信息资源管理、财务资金管理和人力资源管理等。为了使品牌管理融入企业的日常运营实务，各相关职能部门要达到相互协调的效果，在每项品牌管理运营中，需要明晰和规范相应职能部门的角色，以及他们的职责、任务和相互关系。建筑业企业品牌管理角色交互模型就是为了解决这些问题。

2.4.2.2　基于工作流程的建筑业企业品牌管理信息共享

建筑业企业职能部门信息自主性是影响部门间工作协调的主要原因之一，实现建筑业企业品牌信息组织间共享是实现品牌管理协调的基础。组织间共享信息的价值可以用获得信息前后效用函数的变化来测度。在决策理论中，效用指的是：决策问题的各可行方案有多种可能的结果值，反映结果值对决策者价值和作用大小的量值。由于信息价值的存在和作用，建立建筑业企业品牌管理信息传递和共享模型对于协调企业各职能部门共同开展品牌管理工作具有实际意义。借助通信技术、网络技术和共享数据库等信息技术，职能部门活动之间的协调主要靠信息处理来完成。从信息技术角度来看，企业部门间信息高效传递和共享是可以实现的。所以，部门间信息传递和共享实现的效果如何在很大程度上取决于工作流程中信息流的传递模式。因此，建立基于工作流程的建筑业企业品牌管理信息共享模型的关键就是规划和设计出高效合理的品牌信息流程。

如图 2-10 所示，流程是一个信息处理和交流的系统，由信息处理和沟通工具支持下执行相关活动的参与者集合组成。流程是参与者之间协作产生的交互链，他们之间依赖信息，所以流程在一定程度上表现为信息流。参与者之间的信息流一般是双向互动的，多个职能部门参与者为完成共同的品牌管理目标协作的过程，他们之间存在前驱、后继和契约关系。在基于工作流程的品牌管理协调过程中，品牌管理机构与职能部门之间的关系分为通信、合作和协同三个递增层次，其中通信是合作的基础，协同又是以合作为基础的。从系统观点来看，合作中参与者的目标是相互促进的，即建筑业企业品牌管理组织向品牌管理目标前进，也有利于其他职能部门接近目标，因此他们可以共同实现企业目标。职能部门间的协调是一项复杂问题。每个职能部门有不同的目标，他们活动的一致性需要冲突管理技术支持。

根据数据或信息共享的方式，基于流程的建筑业企业品牌管理职能部门之间的协调可以分为控制协调和数据协调。控制协调依赖流程的业务逻

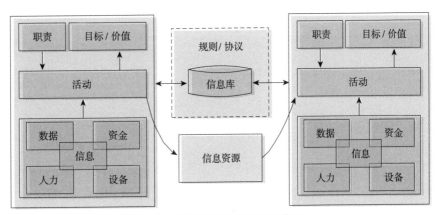

图 2-10　基于角色交互的信息传递模型

辑，可以利用工作流管理系统等流程管理系统实现自动化的协调。数据协调是信息共享的一种方式，不强调流程环节之间的直接交互，可以利用共享数据库的方式实现，这对于减轻某些数据、信息或知识密集环节的负荷特别重要，信息共享是职能部门参与者之间协调的基础。

建筑业企业品牌信息交互的目的是在增加职能部门了解品牌管理目标和过程的同时，也减少各职能部门与品牌管理机构之间的分歧，最后得出被各职能部门所接受的满意解。因此，要进行有效的品牌管理协调，必须保证两点：一是在信息流协调过程中各方的分歧在不断减少，即全局决策变量是在不断收敛的；二是要确定在何种情况下，已得到满意解，可以停止协调。这就需要品牌信息在品牌管理机构和各职能部门间交互传递，如图 2-11 所示。建筑业企业品牌管理机构首先将有关信息传递给各职能部门，各职能部门收到信息后，经过处理（做出相应决策和行动）的信息反馈给品牌管理机构，品牌管理机构再根据各职能部门的信息反馈调整决策和行为，将新的信息传递给各职能部门，如此往复，直到实现品牌管理的既定目标。

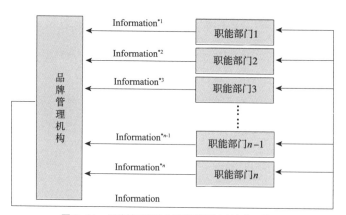

图 2-11 品牌管理机构与职能部门信息流交互模型

2.4.3 品牌管理职能部门间协调基础

（1）部门之间相互信任。相互信任是互惠互利的需要，更是建筑业企业品牌管理职能部门间协调行为不可缺少的基础。由于建筑业企业品牌管理机构的高效运作和管理目标的实现有赖于与职能部门的信息沟通、知识共享和相互信任行为，而各职能部门有着自身的利益目标，在合作的过程中，会自觉或不自觉地产生习惯性的防卫心理和行为，从而为合作设置障碍。信任的合作机制可以有效降低管理事务的处理成本，使各成员在充分小的摩擦成本的状态下进行合作、交流，防范投机行为，而且还能实现专用资源、隐喻信息与知识的共享，并降低对未来的不确定性，促使企业内部资源更合理地运用。建立建筑业企业品牌管理协调中的信任机制，品牌管理机构是关键。品牌管理机构要着力建立高度信任的品牌文化理念，创造一个有利于协调运转的良好氛围，从而降低单元之间的协调工作量，并促使各职能部门以灵活的方式相互调整并适应彼此的合作态度和行为。

（2）部门之间相互协商。协商主要是指建立和完善通过协商的方式来解决可能产生的品牌管理机构与职能部门之间的冲突，以最终顺利实现品牌管理的目标。建筑业企业品牌管理机构与各职能部门的合作关系不能完全依靠组织行政命令强制执行，而是应本着信任的文化理念，在平等的原则基础上，通过相互协商制定合作协议进行相互协作。协议是一个由合作各方达成的具有约束效力的文件。根据协议的规定，各职能部门在一定的条件下向品牌管理机构提供配合性服务，品牌管理机构依靠其他职能部门提供的配合性服务来完成任务并实现品牌管理目标。

（3）制定相应的规范。规范是指通过建立一些制度性措施，并依靠行政命令和层级监管来维持品牌管理机构和各职能部门的协调运作。规范在相对稳定及相对简单的环境下可以产生良好的效果，但是在环境高度动荡复杂的情况下会产生协调滞后、信息偏差、抑制积极性及主动性发挥的弊端。因此，对于建筑业企业品牌管理协调而言，规范只能起到一定的辅助作用。建筑业企业品牌管理规范机制主要包括两个方面：一是机构协调。即通过设置协调人员进行协调。各职能部门根据自身需要可以选派专门的人员作为品牌管理协调者，与各职能部门的协调人员组成非正式的协调机构。由于各协调人员掌握的技能和知识各异，通过其活动可以实现品牌管理活动的协调。此外，协调机构也可以处理一些较为具体的事务，帮助指导品牌管理运营活动。二是制度协调。针对品牌管理工作，制定一些标准、规章制度或各职能部门都认可的惯例当作规范来执行，这样可以大大减少品牌管理协调活动和协调工作量，有利于品牌管理相关组织的高效运转。

3

3

第 3 章

建筑业企业
品牌战略管理

3.1　建筑业企业品牌战略管理概述 ———————

3.1.1　建筑业企业品牌战略管理的含义 ——————

　　"战略"一词，原来是军事方面的术语，指的是将帅的智谋、筹划以及军事力量的运用。我国古代著名军事著作《孙子兵法》即是一本有关战略战术思想的集大成之作。普鲁士军事理论家卡尔·冯·克劳塞维茨（Carl Von Clausewitz）认为战略是为了达到战争的目的而对战斗的运用，后来这一定义被广泛采纳。第二次世界大战以后，西方各国皆把恢复和发展经济作为国家和社会的头等大事，一些企业家自觉或不自觉地把军事战略思想和战略规划运用到具体的商战中来。20世纪60年代，美国企业管理学家伊戈尔·安索夫（H.Igor Ansoff）首先将战略运用于企业管理中，针对日益复杂的企业管理进行统筹规划和协调指导。此后，美国最大的电脑制造商IBM公司依靠先进的产品和服务战略在激烈的市场竞争中力挫群雄；其他公司纷纷效仿，制定品牌发展战略；企业发展战略的制定已经成为塑造和管理强势品牌的头等大事。多项案例表明，制定了正确的发展战略的强势品牌，其经营状况的各项指标均良好；而没有制定发展战略的品牌，其经营状况的各项指标上升缓慢，而且经常在经营中出现波动。

　　所谓品牌战略就是企业为了提高自身的市场竞争力，围绕产品的品牌所制定的一系列长期性的、带有根本性的总体发展规划和行动方案。

　　不同的企业对品牌战略的制定有所不同，一般来说，品牌战略大概由以下三个方面构成：品牌定位、品牌架构组合以及相应的品牌个性设计。品牌定位是指在消费者认知及消费体验中确定品牌的位置。定位既是一个概念，也是一个过程，是把品牌提供给消费者的过程。定位更多时候是一个品牌的外在表现，就是向外界表达品牌的特征和个性。品牌定位实际上就是确定产品或服务的特色并把它与其他竞争者做有效区分。品牌架构组合是指企业内部品牌要素的数目与产品之间的对应、排序、组合的方式。随着市场竞争的不断加剧，品牌竞争也更趋多元化与复杂化，消费市场的分割已经创造出多元化的脉络，这就造成了品牌经营者为了适应市场的变化而建立起品牌组合与架构系统。品牌个性是将品牌视为一个人，让其具有鲜明、生动的个性特征，在品牌推广中与消费者进行深入、持久、密切的互动。

深入理解品牌战略管理的含义还需先了解品牌战略思想和品牌战略规划两个相关概念。品牌战略思想是综合性的，它包含直觉和创造精神。品牌战略思想的成果是品牌的整体概貌，是品牌发展愿景，所以品牌战略思想对品牌发展的阐述不可能太精确。例如可口可乐一百年来之所以依然有旺盛的生命力，应该归功于其品牌战略思想：买得起、买得到、愿意买。可口可乐的这一战略思想在当初只是一个未来发展的方向性的概貌，而在经营过程中如何体现这一战略思想则属于战略规划问题。正确的品牌战略思想对品牌的长远发展至关重要，但品牌战略思想经常不能被及时地认识、完善地规划和具体地实施。品牌战略思想也不是对品牌发展的异想天开，它必须被品牌机构所认可、接受，这要通过艰难的过程来实现。品牌战略规划是关于分析的，要将品牌战略目标分解到各个具体的操作步骤之中，然后对各个实施步骤进行程序化和规范化，使它们尽量地能够自动实现。除此，品牌战略规划也要详细地阐述每一步骤与其产生的结果。品牌战略规划的过程是收集管理层从各个方面得到的信息，然后将其融入品牌发展方向的远景规划之中。

3.1.2 建筑业企业品牌战略的构成

不同的建筑业企业对品牌战略的制定可以有所不同，一般来说，建筑业企业品牌战略由以下几个方面构成。

（1）**战略目标**。战略目标是建筑业企业品牌战略的主要内容，它是指建筑业企业在一定时期内预期在品牌管理方面所要达到的理想成果。战略目标是一个战略的核心，其他内容都围绕这一核心开展。

（2）**战略重点**。一般来说，建筑业企业在一定时期内所确定的品牌发展战略目标是多方面的，由于相对于发展需求，企业资源总是有限的，不可能平均使用力量，通常是通过重点，以点带面来达到既定目标。因此，在确定品牌战略目标的同时，需要确定实现这一战略目标的重点。战略重点的确定应在综合考虑各种因素之后，把那些能起到以点带面作用，或者突破一点就能解决其他问题，或某些主要环节、薄弱环节作为战略重点来考虑。

（3）战略步骤。战略步骤是建筑业企业在确定品牌战略目标和重点之后，对于各种计划措施或任务进行的时间方面的战略规划安排。这种战略性的确定仍然是粗略的，通常以较长的时间单位进行战略步骤的安排与实施。在建筑业企业品牌战略的实施过程中，战略步骤一般以阶段性的形式出现，即在某一战略期内，确定经过若干阶段达到某一战略目标。

3.1.3　建筑业企业品牌战略的特征与作用

3.1.3.1　建筑业企业品牌战略的特征

建筑业企业品牌战略具有全局性、长期性、导向性、风险性、相对稳定性和创新性等特征。

（1）全局性。建筑业企业品牌战略是建筑业企业为了创造、培育、利用、扩大品牌影响，提高价值而采取的各项具体计划或方案的指南。品牌战略解决的不是局部或个别问题，而是全局性问题。其中需要的战略意识、战略思想和战略眼光，就是从全局出发，掌握整体的平衡发展，不拘于局部或眼前的利益。建筑业企业品牌战略的制定需要通观全局，对各方面的因素和关系加以综合考虑，注重总体的协调和控制。

（2）长期性。长期性主要体现在品牌战略是未雨绸缪、变被动管理为主动管理的谋略以及相应对策，它不是针对目前的问题所采取的就事论事式的解决问题的方案，而是着眼于品牌的未来发展和永续经营，目标是塑造强势品牌。因为品牌战略具有长期性的特征，所以在品牌管理实践中如果品牌的短期利益与品牌战略有所冲突时，应该牺牲短期利益而着眼于品牌的长期发展。

（3）导向性。由于建筑业企业品牌战略是站在全局高度上制定的宏观总体规划，从而决定了对其下属的各种具体措施和活动计划具有导向作用。在规划实施期内，所有的具体行动都要与品牌战略的总体要求相一致，如有背离，必须及时调整。

（4）风险性。风险性主要源于品牌战略内外环境的变化。科学技术的突飞猛进和全球化趋势的不可阻挡，任何一个品牌都处在瞬息万变的环境当中，因而，基于对内外部环境变化趋势预测基础上的品牌战略带有很大的风险性。

（5）相对稳定性。相对稳定性是指品牌战略涉及面广，是品牌发展的大方向，所以成效不可能立竿见影，在短期内实现，因而品牌战略必须具有一定的稳定性。但是品牌战略不是一成不变的，要随着内外部环境的变化而不断调整，使其发展方向与内外部环境相一致。

（6）创新性。创新性主要指品牌战略与竞争对手相比，在自己的核心优势和核心竞争力基础上要具有创新性的东西。制定品牌战略是一个创新的过程，每一个企业的自身条件不同，所处的市场环境以及面对的竞争对手也不同，必须有针对性地制定战略，才能取得好的成效。

3.1.3.2　建筑业企业品牌战略的作用

（1）正确的品牌战略可使品牌塑造和经营管理具有稳定性，减少风险。建筑业企业所面临的竞争日趋激烈，外部环境多变，建筑业企业品牌管理的不确定性日渐增强。建筑业企业通过制定和执行品牌战略，以不变应万变，事先经过周密和科学的环境分析和自身优势及竞争力评估，确定品牌发展的远景目标，努力实施，即使外部环境发生一定的变化，也可迅速进行调整和修正，但是正确的发展战略方向不能动摇。品牌战略能够使建筑业企业在不确定的环境中把握自己，相对地避免外部环境的不利影响，使品牌平稳健康地发展，而不至于出现朝令夕改的局面，从而减少品牌塑造和管理的风险。

（2）正确的品牌战略可以使建筑业企业自如地迎接市场的挑战，争取竞争主动权。建筑业企业品牌的生存和发展很大程度上基于竞争对手的生存和发展状况。如果建筑业企业能够在发展战略及其实施中强有力地培养自己的核心竞争优势，就能立于不败之地。

（3）正确的品牌战略可使建筑业企业的经营管理更加规范，使建筑业企业以最有利于自身永续经营的生存和发展方式规范自己的行为。建筑业企业品牌战略也对品牌管理工作予以规范，使建筑业企业品牌的经营和管理行为与品牌的长期发展相一致。

3.2 建筑业企业品牌战略管理的过程 ————————

建筑业企业品牌战略管理的过程是指建筑业企业品牌战略的分析、选择、实施、评价和调整等过程。建筑业企业品牌战略管理过程的每一个环节都必须关注品牌机构的实力和核心竞争力、外部环境状况和发展趋势、业主需求的变化等。建筑业企业塑造强势品牌要特别注意对自身条件的客观评估、对外部环境的科学监测和对目标业主的准确把握。建筑业企业品牌战略管理过程围绕强化建筑业企业品牌塑造和管理这一核心目标展开，以确保建筑业企业品牌战略顺利贯彻执行。

3.2.1 建筑业企业品牌战略分析 ————————————

（1）内部条件分析。建筑业企业品牌战略管理的内部条件分析主要包括宗旨和资源两个方面。每个建筑业企业都要确立企业宗旨，明确企业经营管理的最终目的。在企业宗旨的指引下，建筑业企业还要确立一个统一的战略思想，从而确定建筑业企业品牌战略思想，向人们说明本企业从事什么样的事业，明确企业所能提供的产品或服务的范围。所以，建筑业企业宗旨分析对建筑业企业品牌战略管理至关重要。另外，建筑业企业品牌战略的实现是需要以建筑业企业所拥有的资源为基础的。建筑业企业在制定品牌战略之前要认真分析企业现实拥有哪些资源、可以有效整合利用哪些资源、实现品牌战略需要哪些资源等等。进行资源分析，就是要摸清企业的技术、资金、人才和经营管理水平等情况，这些都是制约品牌发展的主要因素。

（2）外部环境分析。对建筑业企业的外部环境进行分析的目的是准确地把握外部环境的现状、未来变化和发展趋势及其对建筑业企业的影响。建筑业企业品牌管理受诸多环境因素的影响和制约，比如国家的经济发展态势、货币政策、利率汇率、投资就业等，还有行业发展阶段、技术发展水平等，以及国际政治外交背景等。外部环境分析时特别要关注与实现建筑业企业品牌战略目标直接相关的具体环境。具体环境由对建筑业企业品牌管理绩效产生积极或者消极影响的关键要素组成，如建筑行业发展情况、建筑技术发展水平、客户和潜在客户群体、材料商、分包商以及竞争者等。建筑业企业的具体环境和一般环境在很大程度上限定了品牌管理者的可选择性，外部环境是建筑业企业品牌管理行为的主要制约因素，外部环境分析也就成了品牌战略规划过程的关键要素。

（3）SWOT 分析。在进行外部环境分析之后，要进行 SWOT 分析，评估建筑业企业可能获得的机会和面临的威胁，识别建筑业企业的优势和劣势。机会是建筑业企业的外部环境现状以及未来的变化趋势中对品牌战略管理有益的、积极的、有促进作用的因素。建筑业企业如果能够把握和利用机会，就能增强品牌的竞争力，获得竞争优势。威胁是建筑业企业的外部环境现状以及未来的变化趋势中对品牌的管理和发展有消极的、不利的、负面作用的因素。建筑业企业如果不能有效地回避或恰当地处理品牌危机，就会削弱品牌的优势和竞争力，甚至使品牌毁灭。外部环境的现状和变化趋势对于一个建筑业企业品牌来说究竟是机会还是威胁，在一定程度上取决于建筑业企业能够整合的资源和采取的措施是否得当。即使处在同样的外部环境中，由于各个建筑业企业能够整合利用的资源有差别，采取的措施不一样，可能对某些建筑业企业是机会，而对某些建筑业企业则可能是威胁。进行建筑业企业的外部环境和机会与威胁分析，就是将外部环境变化趋势中对品牌管理有战略影响的各种因素尽可能全面地一一列举出来，计算或评估这些因素出现的可能概率，再分析它们对品牌管理的正负面影响。优势是指建筑业企业与其竞争者相比较所具有的竞争力，它是自己有而竞争对手没有的独特能力。劣势是指建筑业企业与其竞争者相比在某些方面的缺点和不足。进行优势与劣势分析，首先要对建筑业企业本身进行系统分析，列出影响品牌战略的内部因素，再对这些因素进行考察和评价；其次要与竞争者进行优势劣势对比分析；再次要把相关外部因素考虑进来，如客户因素等。

3.2.2　建筑业企业品牌战略选择

　　建筑业企业品牌战略分析是为战略选择提供依据的，而品牌战略选择是要确定建筑业企业品牌应采取的战略类型。建筑业企业品牌战略可分为发展型战略、稳定型战略和紧缩型战略。

　　（1）发展型品牌战略。发展型品牌战略是建筑业企业以发展战略为指导，将建筑业企业品牌向新市场、新专业和新行业拓展，从而扩大建筑业企业品牌的覆盖面和竞争力。建筑业企业品牌管理的目标是将品牌做大做强，所以发展型战略是建筑业企业品牌战略的积极选择。建筑业企业的发展型品牌战略主要通过品牌的区域扩张、品牌的专业扩张和品牌的行业扩张来实现。建筑业企业品牌的区域扩张是指在同一品牌旗帜下，通过扩大此品牌的营销区域，扩张品牌的市场范围和区域影响。根据建筑业企业品牌的覆盖区域不同，可以将建筑业企业品牌分为区域品牌、全国品牌和世界品牌。因为建筑业企业有较强的地域性特征，所以一般来说建筑业企业品牌的发展历程是首先在一个具体的区域占领市场，待稳定以后，再扩大区域营销，发展为全国品牌，乃至世界品牌。建筑业企业品牌的专业扩张是指通过同一建筑业企业品牌下增加专业品种，从而增加品牌市场占有率的扩张方式。建筑业企业品牌的专业扩张实际上就是在建筑业企业品牌定位明确的前提下，通过扩张专业领域达到扩张品牌规模的扩张方式，如某一从事房建的建筑业企业进入到铁路建设、港湾建设等。建筑业企业品牌的行业扩张是指某一建筑业企业品牌通过进入建筑行业之外的新行业来增加品牌规模的扩张方式。随着建筑业企业的不断发展，建筑业企业的专业扩张可能会超出建筑行业领域，如建筑业企业从总承包到BOT经营，再到单纯的投资业务，以此类推到其他行业，这就是建筑品牌的行业扩张。

　　（2）稳定型品牌战略。由于建筑经济具有明显的周期性特征，所以任何建筑业企业品牌都不可能保持长时期的高速发展。当一个建筑业企业品牌经过了一定程度的发展和扩张之后，就会面临一个自身发展的临界点，如由地区品牌发展到全国品牌，由全国品牌发展到世界品牌。鉴于建筑业企业品牌自身发展需要经历量变到质变的积累过程，外部环境的变化也需要建筑业企业主动采取稳定的战略，巩固已取得的经营成果，避免出现下滑，为将来的持续发展创造有利条件。所以，建筑业企业稳定型品牌战略主要有两个方面的战略目标：一是巩固阶段性的发展成果；二是争取在建筑经济的衰退期自身品牌不至衰退。建筑业企业选择稳定型品牌战略后的主要任务是巩固现有的目标客户，维持品牌现有的地域覆盖面和专业覆盖面。

（3）紧缩型品牌战略。紧缩型品牌战略是指建筑业企业由于内外部环境和条件的变化而处于不利的局面，而建筑业企业又不能通过自身的努力在短期内改变这种局面，只能避开威胁、保存实力，以期未来的发展。紧缩型品牌战略是当建筑经济处于下行周期或者建筑业企业自身处于资源短缺期时必须采取的战略。建筑业企业紧缩型品牌战略一般是减少品牌营销区域和专业范围。比如伊拉克战争期间，我国建筑业企业大多选择退出伊拉克市场，这就是一种紧缩型品牌战略。

应该指出的是，稳定型品牌战略和紧缩型品牌战略并不是消极地不思进取和后退，而是根据建筑业企业品牌的内外部环境和条件变化而采取的积极措施，其目的同样是为了建筑业企业品牌的长远发展。另外，三种品牌战略也不是绝对的划分，特别是对于大型建筑业企业集团来说，也许三种战略同时存在于不同的业务领域。

3.2.3　建筑业企业品牌战略实施

建筑业企业品牌战略制定固然重要，但品牌战略实施同样重要。一方面，一个良好的品牌战略仅是品牌战略成功的前提，有效的品牌战略实施才是品牌战略目标顺利实现的保证。另一方面，如果建筑业企业没有能完善地制定出合适的品牌战略，但是在品牌战略实施中，能够克服原有品牌战略的不足之处，那也有可能最终达至品牌战略的完善与成功。

建筑业企业的品牌战略管理必须重视战略规划，在掌握充分的信息的前提下，首先要确定战略规划的指导原则，组织具有战略思想的策划团队。建筑业企业品牌战略规划首先要确定品牌定位于何种业务，或者以何种业务为核心经营的业务；然后确定建筑业企业生产经营能力与竞争对手的差异性在哪里，能向客户贡献哪些超额价值。在建筑业企业品牌战略规划过程中，建筑业企业的战略领导层需要提出和评价不同的品牌战略选择方案，确定在品牌总战略指导下相互协调一致的各级战略体系，这些战略必须能够最佳地整合利用建筑业企业所有资源，充分利用环境所赋予的机会。建筑业企业品牌战略能否实现，还要看品牌战略能否正确地、切实可行地去实施。建筑业企业领导层的能力和魄力是品牌战略成功实施的关键因素，建筑业企业的中层和基层管理者对高层所制定的品牌战略实施的主动性、积极性和正确性也很重要。建筑业企业品牌战略在实施过程中不仅依赖领导层和管理层自己的身体力行，更重要的是采取科学的领导和管理方法，发挥广大员工包括项目人员去实现战略。

建筑业企业品牌战略在实施的过程中，要根据品牌战略目标对品牌战略实施情况进行持续的评价，看其是否符合品牌战略目标的发展方向。也要根据情况不断地进行调整。建筑业企业品牌战略调整就是根据建筑业企业情况的发展变化，即参照实际的品牌表现、变化的品牌环境、新的思维和新的机会，及时对所制定的品牌战略进行调整，以保证品牌战略对企业品牌发展和品牌管理进行指导的有效性。包括调整公司的品牌战略愿景，以及公司品牌战略的执行等内容。

3.3　建筑业企业品牌定位

3.3.1　建筑业企业品牌管理多层结构特点

建筑业企业模块化品牌管理系统是一个既追求系统整体利益最大化，又注重各子系统利益最大化和利益诉求的多层次的品牌管理系统。建筑业企业模块化品牌管理系统中，系统内集权和分权是协调统一的，每个模块都是集权和分权的统一体。系统的权力并不是集中于上层管理层，而是分散到每个模块之间。建筑业企业模块化品牌管理组织是随着市场竞争的变化而变化的，要求各子模块直接对市场需求的变化做出反应，而不是通过科层方式的一系列系统内部的命令对市场做出反应。建筑业企业模块化品牌管理系统对客户与市场的需求反应要具灵活性、针对性和弹性，要求系统内部每一模块成为一个具有"自组织"特性的相对独立经营主体，具有自我生存、自我演化和自我进化的特性。因此，从系统的观点出发，以建筑业企业品牌管理系统集成和自治相统一的管理思想对品牌运作进行协同管理，有利于达到全局最优化效果。

建筑业企业模块化品牌管理系统是一种典型的具有多层递阶结构的运行系统，其递阶结构主要表现在：

（1）建筑业企业模块化品牌管理系统呈现"金字塔"形结构，包括主导模块、子模块、次级子模块，分别对应企业品牌（企业集团）、专业品牌（专业子公司）和项目品牌（施工项目）。如图 3-1 所示。

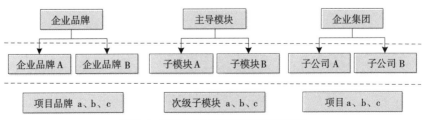

图 3-1　建筑业企业品牌管理系统递阶结构

（2）建筑业企业模块化品牌管理系统是有整体目标的系统，如品牌战略、品牌定位、品牌架构组合、品牌延伸等，构成品牌管理系统递阶结构的全体决策者的目标应是彼此协调的。

（3）建筑业企业模块化品牌管理系统中不同层级上的决策单元之间有往返的信息交换，但向下的信息有优先权，主导模块对子模块具有信息优先权，较低层级（各子模块）要在上级所传递信息（决策）基础上反馈自身信息（决策）。

（4）建筑业企业模块化品牌管理系统递阶结构中，决策者所处的级别越高，越关心较长时期的目标。

3.3.2 品牌定位与建筑业企业品牌定位

3.3.2.1 品牌定位

"定位"一词的基本意思是确定方位；确定或指出的地方，确定场所或界限（如通过勘察）；用三角测量方法确定位置。1969 年，阿尔·里斯（Al Ries）和杰克·特劳特（Jack Trout）在美国营销杂志《工业营销》上首次将定位这一概念引入市场营销领域。1979 年，阿尔·里斯和杰克·特劳特又合作出版了第一部论述定位的专著《广告攻心战略——品牌定位》，首次将定位策略上升为系统的定位理论。对于定位在市场营销领域的含义，阿尔·里斯和杰克·特劳特提出，定位是针对现有产品的创造性的思维活动，它不是对产品采取什么行动，而是指要针对潜在的消费者的心理采取行动，是要将产品定位在顾客的心中。

品牌定位是品牌战略的核心。品牌定位是指建立一个与目标市场相适应的品牌形象的过程，在这个过程中要准确而有效地表达出品牌所能提供的价值，使目标消费者正确理解和认识某一品牌有别于其他品牌的特征。品牌定位既是一个过程，是在消费者头脑中形成积极、持久、独特的品牌联想和增加品牌资产的过程；同时品牌定位又是一种状态，是消费者头脑中存在的对品牌特性的认识和印象。

需要说明的是，品牌定位并非一成不变，它是一个不断调整和优化的过程。这是因为，第一，没有任何一个品牌仅通过一次过程就能完成准确的市场定位，成功的品牌定位需要经历反复过程才能实现。第二，影响品牌定位的因素是不断变化的，随着企业的运营发展、顾客需求的变化，以及产品自身的技术改进等，企业必须对品牌定位进行及时调整，以适应变化。当然，品牌定位调整过于频繁也不可取。第三，来自其他方面的变化和威胁，也经常促使品牌定位过程的调整，如新的竞争者进入、行业结构的变化等。总之，随着营销环境的变化，品牌定位必须具有适应性。

辨析品牌定位的含义自然会涉及市场定位。目前对市场定位概念的理解是企业及产品确定在目标市场上所处的位置。可以认为，市场定位强调的是企业根据自身情况选择目标消费者的过程，而品牌定位是企业根据自身情况选择目标消费者，进而将此通过各种方式传达给目标消费者，让目标消费者了解企业的产品或服务的特质，在消费者心中建立起品牌固定的位置，使之成为目标消费者的首选品牌。市场定位是从企业到目标消费者的单向过程，而品牌定位是从企业到消费者再从消费者到企业的双向过程，强调的是企业和目标消费者之间的沟通和交流。所以，品牌定位是对市场定位的深入和扩展，含义更丰富。

3.3.2.2　建筑业企业品牌定位

建筑业企业品牌定位是指在对市场进行调研和细分的基础上，发现或创造建筑业企业品牌的差异点，借助传播渠道建立与目标客户的需求相一致的策略行为。实际上就是希望客户感受该建筑业企业品牌不同于其他竞争者品牌的一种方式。建筑业企业品牌通过定位可以使其产品和服务在客户心中占领一个有利的位置，获取一个无可替代的地位。建筑业企业品牌定位是细分市场、选择目标市场活动的延续与发展。一方面是站在建筑业企业的角度通过品牌定位来选择客户，也就是选择目标市场；另一方面则要从客户的角度让建筑业企业的产品和服务有一个清晰的形象和特色，从而使客户对建筑业企业品牌有一个深刻的记忆。

建筑业企业的生产经营过程是按照业主的意志和要求进行建筑施工，提供的是一种服务。面对广阔的市场和激烈的竞争，建筑业企业应该明确任何一家建筑业企业都无法为所有客户提供产品或服务。从总体上看，建筑市场客户数量大、分布广，并且对承建商的要求也存在较大差异。因此，总会有竞争者在为某些特定客户为细分目标市场提供建筑服务方面处于优势地位。所以，建筑业企业不应到处去与人竞争，不应无原则、无目标地与优势力量抗衡而使自己处于不利地位，或者分散自己的资源而影响整体效益。建筑业企业应确定最具吸引力和发展前景且本企业可以提供有效服务的细分市场。这就要求建筑业企业进行品牌定位。从这个意义上说，建筑业企业品牌定位就是根据自身资源和能力，分析自己能够提供什么样的服务、选择什么样的客户，然后把这些信息传达给目标客户，并使他们认可。例如，某一建筑业企业根据自身的资源和能力情况，确定了"大业主、大项目"的战略，而有些建筑业企业将目标锁定在中小客户和中小项目，这就是针对客户和项目规模的一种品牌定位；有些建筑业企业将目标客户定位在全国范围，而有些建筑业企业将目标客户定位在个别省份，这就是针对经营生产范围的一种品牌定位。以此类推，针对专业、针对建设方式等等都可以有不同的品牌定位。需要明确的是建筑业企业品牌定位的重点不是对自己的企业做些什么，而在于了解潜在的客户需要什么，潜在客户的需要才是建筑业企业品牌定位的终极目标。

3.3.2.3　品牌定位的层次

杰斯帕·昆德（Jesper Kunde）在其所著的《公司精神》一书中提出了一个品牌精神模型，认为品牌定位可以分为五个层次，如图 3-2 所示。在品牌精神模型中，横坐标为品牌价值，纵坐标为顾客的品牌参与度。品牌

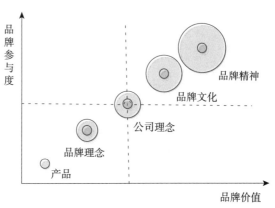

图 3-2　品牌精神模型

价值的高低与顾客的品牌参与度是成正比的，顾客的品牌参与度越高，品牌价值就越大，品牌在市场上的地位也就越强大。

（1）**产品**。产品是品牌定位的最低层次，此时品牌只是产品的一个名字，其功能也只停留在标识上。

（2）**品牌理念**。品牌理念是品牌定位的第二层次。此时品牌的情感价值已经显现，品牌建设成为建立和维持竞争优势的关键。

（3）**公司理念**。公司理念是品牌定位的第三层次。公司与品牌相关的所有要素都要保持一致、和谐，即品牌与公司之间是有机联系的，公司的各方面都要纳入到品牌定位过程中来。在该层次，要让消费者感觉到他所购买的品牌来自于一个具有统一核心理念的公司。

（4）**品牌文化**。品牌文化是品牌定位的第四层次。在该层次，意味着品牌已经获得了强有力的市场地位，并且靠文化元素创造了市场进入壁垒。

（5）**品牌精神**。品牌精神是品牌定位的最高层次，意味着品牌在消费者心目中已经成为一种信仰，消费者对该品牌具有高度的忠诚感。

杰斯帕·昆德认为，品牌定位只要进入到品牌文化和品牌精神阶段，就意味着品牌已经进入了"品牌天堂"。

3.3.3　建筑业企业品牌定位的要点

建筑业企业品牌定位要从企业自身、消费者和竞争者三个方面来考虑，这三者相辅相成，难以截然分开，只有将三者综合起来，才可能确定出比较完善有效的品牌定位。围绕这三者，建筑业企业品牌定位要关注以下几个问题。

（1）**注重企业特点**。注重企业特点是建筑业企业品牌定位的基本要求。一家建筑业企业在市场上处于什么位置，适合什么样的业主，必须要有明确的目标。目前，我国建筑业企业数量巨大，建筑业企业同质化问题较为严重。而从整个建筑市场来看，客户的需求是多样化的，如有些客户看重建筑业企业的技术，有些客户看重管理能力，有些客户看重投融资能力等等。在竞争激烈的建筑市场，如果建筑业企业不注重挖掘和发挥自身特点，而是贪大求全，结果可能是疲于奔命地面对众口难调的客户，每个都差不多，但每个又都差一点，结果收效甚微。相反，如果建筑业企业把握自己的特点，瞄准一个特定的目标市场，集中资源，反而会取得较大的收效，也比较容易和竞争对手错开。

（2）**明确竞争优势**。建筑业企业如果具有独特的竞争优势，并且这种竞争优势是竞争对手所不具备的，这将有助于在市场竞争中取胜。建筑业企业品牌定位就是要抓住自身的竞争优势，并把这种竞争优势明确地传达给潜在的客户。建筑业企业品牌定位的目的是确立自己在潜在客户心中的位置，让潜在客户遇有相关需求的时候，自然地第一位就想到这个品牌。例如，一说到超高层建筑，大家就会想到某一建筑业企业；一说到钢结构施工，大家又会想到某一建筑业企业。这就是通过明确竞争优势而达到了建筑业企业品牌定位的目的。

（3）**找准目标客户**。建筑业企业的品牌诉求是什么样的客户群体，一定要有准确的目标，最好不要胡子眉毛一把抓。建筑产品单一合同额高，所以建筑业企业的客户数量较少。建筑业企业的客户大体上可分为以下几类：从单位性质来划分，有政府部门客户、事业单位客户、国有企业客户、合资企业客户、外资企业客户和私人客户等；从客户从事的行业来划分，有金融行业、制造业、房地产业、教育业等；从客户分布的区域来划分，有国内、国外；从工程体量划分，有大客户和中小客户。不同的客户对建筑业企业有不同的要求，所以建筑业企业在确定品牌定位的时候也要有所区分和考虑。

3.3.4　建筑业企业品牌定位的策略

建筑业企业品牌定位的前期，要在正确分析自身资源和能力的基础上，初步确立目标市场和竞争优势；而在品牌定位的后一阶段，要进一步确定以何种方式向目标市场传达这种竞争优势，制定能被目标客户接收并接受的信息传播方案。这些信息中突出什么内容，要以怎么样的方式和途径发布出去，需要不同的品牌定位策略。建筑业企业品牌定位策略要以客户的满意为出发点，建筑业企业品牌定位策略应是长期性和具有竞争性的。

3.3.4.1　建筑业企业品牌定位应注意的问题

建筑业企业决定品牌定位时，要注意这样几个问题：

（1）建筑业企业品牌定位对于客户而言必须是能感受到的，如果不能让客户作为评定建筑业企业产品和服务品质的标准，定位就失去了意义。

（2）建筑业企业品牌定位一定要以企业真正的优点为基础，如果品牌信息与实际情形不一致，客户就不会相信这家建筑业企业，自然不会选择这家建筑业企业。

（3）建筑业企业品牌定位一定要突显竞争优势，这是赢得潜在客户的关键，也是建筑业企业品牌定位的关键。建筑业企业品牌定位与建筑业企业优势劣势分析密切相关，一家建筑业企业不可能每个方面都很强，所以建筑业企业品牌必须发挥扬长避短的功能，抓住一项或几项最能强化的特点，而不是求全责备地试图去表现建筑业企业所有的方面。

3.3.4.2　建筑业企业品牌定位的主要策略

（1）**资质定位**。资质定位是指建筑业企业根据企业具有的资质进行品牌定位。我国建筑业企业是按照其拥有的注册资本、专业技术人员、技术装备和已完成的建筑工程业绩等条件申请资质，经审查合格，取得建筑业企业资质证书后，方可在资质许可的范围内从事建筑施工活动。因此，资质是建筑业企业品牌定位的基础和关键。建筑业企业要根据企业资质序列、类别和等级进行品牌定位。例如具有施工总承包、专业承包和劳务分包的建筑业企业就适合不同的市场和客户，满足建筑市场上不同的需求。

（2）**专业定位**。专业定位是指建筑业企业根据企业的专业优势进行品牌定位。建筑业企业生产经营的特点是专业性较强，建筑单位的工程项目按专业不同可分为建筑工程、安装工程、桥梁工程、铁路工程、水电工程等等。较强的专业性使建筑业企业很难在所有专业上都具有竞争优势，所以建筑业企业应该集中资源在某一个或某几个专业上形成竞争优势。建筑业企业品牌定位可以依据专业优势并彰显专业优势，这样才能突出特点，赢得相关专业领域客户的信任和接受。

（3）**客户定位**。客户定位是指建筑业企业的品牌定位与某一客户或某一类客户联系起来，以此让客户对本企业产生独特的知觉和更多的信赖。建筑业企业的客户按不同的分类标准有不同类型。不同类型的客户对建筑业企业有不同的要求，所以建筑业企业在确定品牌定位时如果能够有所针对，有的放矢，在赢得目标客户上就会更有把握。

（4）利益定位。利益定位是指建筑业企业根据能为客户提供的一项或几项特殊利益来进行品牌定位。建筑业企业的客户需求特点也有所不同，有经济先导型、技术先导型、政绩先导型、融资先导型、综合需求型等。建筑业企业在进行品牌定位时，如果根据自身情况突出能够提供的特殊利益，会对有相关利益需求的客户形成较大的吸引力，从而赢得客户。

（5）竞争者定位。竞争者定位是建筑业企业通过使用一个或几个竞争者作为参考来进行品牌定位。如果客户已知道竞争品牌，建筑业企业可以通过分析与竞争品牌的比较优势，在自身品牌定位时突出与竞争品牌的比较和关系。竞争者定位又可以分为三种情况：对抗定位，即紧逼竞争者，向其正面进攻；跟随定位，即避实击虚，与竞争者适当拉开距离；补充定位，即避开竞争者，定位于市场空白或缺口。

3.3.5　建筑业企业品牌定位的误区

建筑业企业品牌定位对品牌发展很重要，是品牌管理的关键环节。由于建筑业企业对品牌定位认识的偏差，以及在实施过程中的操作失误，导致建筑业企业品牌特性淡化，在市场中缺乏持续的竞争力，定位发挥不了应有的效果。具体来说，建筑业企业在品牌定位时，要避免以下几个误区。

（1）品牌定位缺乏一致性。客户对建筑业企业品牌的深刻印象是通过企业长期的、一致的营销活动而获得的。如果建筑业企业受短期利益驱使，频繁变换品牌定位，只会让客户对建筑业企业及其品牌的认识越来越模糊，看不到品牌的坚持和特色，并由此而摒弃这样的品牌。

（2）品牌定位缺乏系统性。建筑业企业品牌定位要考虑多方面的因素。要结合企业的长期战略目标，同时还要借助各种营销手段，并通过长期的策划与维护，才能逐步建立起强势品牌。这是一个长期的过程，必须立足全局，通盘考虑，做整体规划。如果品牌定位缺乏系统性，忽视营销组合等方面的协调统一，品牌定位就不可能获得成功。

（3）品牌定位缺乏特性。建筑业企业在进行品牌宣传时往往希望将所有的优势都传递给客户，并坚信这样可以更多地获得客户的认可，赢得客户。事实上，这种求全定位往往会让客户产生怀疑，或对品牌形象认识模糊，反而使品牌定位的初衷不能实现。这就是品牌定位缺乏特性的结果。所以，即使建筑业企业品牌真的具有诸多优势，建筑业企业也应该根据目标市场的需要，集中宣传某一个方面或某些方面。

3.4　建筑业企业品牌架构

3.4.1　建筑业企业品牌架构的含义

3.4.1.1　建筑业企业品牌架构及其判定因素

建筑业企业品牌架构是指建筑业企业内部品牌要素与企业和专业业务之间对应、排序、组合的方式。简单说是品牌名称与企业和专业业务之间的排列组合。

一家建筑业企业拥有一系列现有品牌和一些潜在的新品牌。那么这些品牌是作为一个独立个体推向市场，还是把它们纳入一个统一的品牌架构，需要企业做出选择。决定品牌架构有两方面的判定因素：一是品牌的目标市场，看目标市场的相似度或差异性；二是品牌定义，品牌所表达的价值和客户的期望价值之间的相似度或差异性。

3.4.1.2　建筑业企业品牌架构的相关概念

研究品牌架构的这些问题需要明确和借助几个相关的概念，即专业品牌（产品品牌）、子品牌与标记、身份品牌和公司品牌。

（1）**专业品牌（产品品牌）**。每个专业（产品）都有一个各自独立的品牌名称，一个企业可能同时经营很多个品牌，但每个品牌都视为一个拥有独立名称的独立个体，并单独进行管理。对于公司整体而言，专业品牌（产品品牌）的管理方式效率不会很高，但每个品牌都可以针对一个特殊的客户群体，同时每个品牌的定义都是独一无二的。

（2）**子品牌与标记**。指在同一个大品牌下有多个拥有不同标记的小品牌。子品牌与标记一般是企业面对存在差异的客户提供不同专业的服务（不同的产品），但又需要他们之间可以分享一些共同的价值，或者要把现有服务或产品的价值注入到新的服务或产品中。

（3）**身份品牌**。是在专业品牌（产品品牌）名称前加上母公司的名称。使用身份品牌可以清晰地告诉客户某项服务或某个产品来自的母公司，这比单个品牌的权威性会大大增加。

（4）**公司品牌**。是以公司为整体作为一个品牌来管理，公司品牌可以覆盖不同的服务、产品，也可以覆盖不同的商业领域。

3.4.2　建筑业企业品牌架构的确立

关于品牌架构如何确立，即企业原有品牌和新品牌如何推向市场。一般情况目标市场越相似，品牌定义越相似，就需要一个公司品牌，这样可以提高效率，实现规模经济。如果目标市场没有什么相似之处，品牌诉求所表达的价值又存在明显差异，那么就需要使用单独的产品品牌。如图3-3所示。

确定合理的品牌架构可以使品牌管理发挥最大效用，每种品牌架构都有自身的优点和缺点。如专业品牌（产品品牌）可以针对一个特殊的客户群体，可以有独特的品牌定义，某个品牌的危机不影响其他品牌。公司品牌可以节约管理成本，通过将统一的公司价值应用于一系列不同的服务和

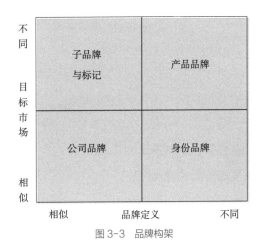

图 3-3　品牌构架

产品，以及不同的商业领域和市场，公司可以获得非常积极的合力。但公司品牌下的某种服务或产品危机，也会影响整个品牌的形象，甚至带来品牌危机。子品牌与标记、身份品牌的情况介于专业品牌（产品品牌）和公司品牌之间，也各有优点和缺点。所以，建筑业企业在确定品牌架构时，要根据实际情况，充分考虑各种影响因素。

3.4.3　建筑业企业品牌架构的类型

建筑业企业根据品牌的目标市场和品牌定义的不同情况，在专业品牌（产品品牌）、子品牌与标记、身份品牌和公司品牌中会做出不同的选择和取舍，形成企业不同的品牌结构。建筑业企业品牌结构类型主要有以下几种：

3.4.3.1　单一品牌架构

单一品牌架构也可以叫作统一品牌架构，是指建筑业企业提供的服务（生产的产品），即使是不同种类的服务（产品）也统一使用同一个品牌。这种品牌架构往往是品牌对应所有的服务（产品），所有的服务（产品）都采用同一品牌。

（1）采用单一品牌结构的优点。一是能向客户展示建筑业企业统一的形象，有利于提高企业品牌知名度；二是所有服务（产品）共用同一品牌，可以节省品牌设计和品牌推广等方面的费用，从而减少建筑业企业在经营品牌方面的总开支；三是在企业品牌已赢得良好的市场信誉的情况下，再推出新业务，能使新业务较快进入市场，有利于企业新业务的拓展。

（2）采用单一品牌架构的缺点。一是企业要承担很大的风险，由于企业各种业务表现出共生的特性，一旦同一品牌下某种业务出现问题，就可能波及其他种类的业务，从而影响企业所有业务的声誉和整个品牌的形象；二是所有业务都使用同一品牌，容易造成客户难以区分公司的强项业务，使客户不易做出抉择。

（3）采用单一品牌架构的条件。建筑业企业要采用单一品牌架构需要满足一定的条件。一是这种品牌在市场上已获得一定的信誉，具有较高的知名度和美誉度，并被消费者所接受；二是采用单一品牌的各种产品在产品质量、市场价格和目标市场上具有一致性，即产品形象一致、市场定位一致，不会引起客户心理冲突。

3.4.3.2　复合品牌架构

复合品牌架构是指赋予同一种业务（产品）两个或两个以上品牌。根据两个复合的品牌所处的层次不同，一般可将复合品牌架构分为主副品牌架构与联合品牌架构两种架构。

（1）主副品牌架构。是指业务（产品）品牌与企业品牌共用。即建筑业企业将不同种类的业务（产品）分别采取不同的品牌，并且在这些专业（产品）品牌名称前加上企业品牌。采用主副品牌的优点：一是建筑业企业拓展新业务启用主副品牌架构，可以节省品牌管理费用，增强营销效果；二是可以使不同种类的业务（产品）显示出不同的特色，使各品牌保持自己相对的独立性。

（2）联合品牌架构。是指两个或两个以上企业经营合作、联营、兼并等，对联合经营的业务（产品）使用两个企业品牌并列的品牌命名方式。联合品牌架构具有如下优点：一是两个或更多品牌有效合作，优势互补，相互借势，以此提高品牌的影响力和接受程度；二是如果合作双方来自不同的国家或地区，可以使品牌具有更广阔的市场。

3.4.3.3 多品牌架构

所谓多品牌架构是指建筑业企业在同类业务（产品）使用两种或两种以上品牌的架构。

（1）多品牌架构的优点。一是有利于扩大市场占有率，多个建筑品牌同时参与市场竞争，所获得市场份额总和一般会超过单一品牌的市场份额，使企业获得较高的市场占有率；二是有利于提高建筑业企业抗风险能力，采用多品牌架构能较好地分散风险，避免因某个品牌问题而过分损害企业利益。

（2）多品牌架构的缺点。一是品牌管理费用高，每个品牌的维持和发展，企业都必须付出巨额的品牌管理费用；二是因品牌数量过多，过于分散，重复建设，难于树立建筑业企业整体形象；三是建筑业企业多个品牌之间或多或少会存在同业竞争问题，在一定程度上影响企业整体利益。

3.5 建筑业企业品牌个性

3.5.1 建筑业企业品牌个性的相关概念

3.5.1.1 个性

个性（personality）一词来源于拉丁文"persona"，原指古希腊、罗马时代的喜剧演员在舞台上戴的面具，用于表现剧中人物的身份和性格特征，后来被心理学家用来表示人生舞台上个体所扮演的社会角色的心理和行为。

对于个性的解释，不同的学者从哲学、伦理学、法学、教育学、心理学等不同的研究角度有着不同的看法。菲利普·科特勒（Philip Kotler）从营销学的角度出发，将其定义为："个性是指一个人所特有的心理特征，它导致一个人对他或她所处的环境相对一致和持续不断的反应。"一个人的个性通常可以用自信力、控制欲、自主性、社交能力、保守和适应能力等反映其性格特征的术语来加以描述。

3.5.1.2　品牌个性

关于品牌个性，也有诸多定义。下面介绍有代表性的几种。

品牌研究专家大卫·艾克（David A. Aaker）指出，品牌个性是品牌所联想出来的一组人格特性。

实务界专家林恩·阿普绍（Lynn Upshow）认为，品牌个性是指每个品牌向外展示的个性，是品牌带给生活的东西，也是品牌与现在和将来的消费者相联系的纽带。它有魅力，也能与消费者和潜在消费者进行情感方面的交流。

品牌个性研究的知名学者詹妮弗·艾克（Jennifer Aaker）给品牌个性的定义是：与品牌相连的一整套人格化特征。品牌个性既包括品牌气质、品牌性格，又包括年龄、性别、阶层等排除在人格、性格之外的人口统计特征。与产品相连的属性倾向于向消费者提供实用功能，而品牌个性则倾向于向消费者提供象征性或自我表达功能。

总的来说，品牌个性就是使品牌具有人的特征，是品牌通过其在各种营销活动中表现出来的类似于人的个性，使消费者有了与品牌进行情感交流和建立关系的可能性。

3.5.1.3　建筑业企业品牌个性

建筑业企业品牌个性就是建筑业企业品牌的特点和内涵，是品牌深层次的表现。建筑业企业品牌个性可以从品牌和客户两方面来了解。从品牌角度看，建筑业企业品牌个性是建筑业企业期望通过沟通所要达到的目标，是其期望的品牌形象。这是把设计好的品牌个性传播给客户的过程。而在客户角度看，建筑业企业品牌个性是客户对既定的品牌个性的感知、认可能力的实现，是客户对品牌的感受、想法与行动，这是把品牌个性通过客户进行再现的过程。

　　每一个建筑业企业品牌都应该有它的个性，这种个性表现为它与其他建筑业企业品牌之间的区别，也就是它所具有的与众不同的内涵以及满足特定客户需求的独到之处。建筑业企业品牌是客户眼中的产品和服务的全部，是各种要素集合起来所形成的建筑业企业的总体认识。建筑业企业品牌客户不同于建筑业企业的技术特点、管理特点等，它更包含了客户对建筑业企业的情感因素。

　　建筑业企业品牌个性可以通过建筑业企业品牌特征集中表现出来。建筑业企业品牌特征可以划分为几个层次：品牌的品质特征、品牌的能力特征、品牌的表象特征。品牌的品质特征是品牌的核心特征，是品牌的精神实质，是品牌所追求的精神境界，是品牌特征的精华之处，是品牌在客户心目中独特的感觉。这是一个建筑业企业品牌区别于其他建筑业企业品牌的最根本的特征要素，是品牌的灵魂所在。建筑业企业品牌的能力特征是对品牌起到支撑作用的企业能力，如技术能力、管理能力等，主要体现在建筑业企业的产品和服务上。建筑业企业品牌的表象特征是指品牌名称、品牌标志、品牌图案等使品牌特征形象更加生动、丰满的感官要素。

3.5.2　建筑业企业品牌个性的特征

　　建筑业品牌个性一般应具有如下特征：

　　（1）稳定性。一般来说，建筑业企业品牌个性都需要保持一定的稳定性。因为稳定的品牌个性是持久占据客户心理的关键，也是品牌形象与客户体验相结合的共鸣点。如果品牌没有内在的稳定性及相应的行为特征，那么客户就无法辨别品牌的个性，自然就谈不上与客户的个性需求相吻合了。同时，客户也不会主动地选择这样的品牌，它最终会在客户心目中失去品牌的魅力。

　　（2）差异性。从根本上来说，建筑业企业创造品牌个性的目的就是帮助客户认识品牌、区别品牌，最终接纳品牌。品牌个性可能最能代表一个品牌与其他品牌的差异性。在众多的建筑业企业中，许多建筑业企业品牌的定位差异不大，而个性却给了品牌一个脱颖而出的机会，并在客户脑海里保留自己的位置，以展示自己与众不同的魅力。

（3）排他性。如果建筑业企业的品牌个性引起了客户的共鸣，得到他们的接纳，它就会表现出强烈的排他性，并建立起品牌的"防火墙"，使竞争对手无法模仿，形成独特的竞争优势。这有利于品牌可持续的经营。

（4）一致性。在品牌时代，建筑业企业品牌可以充分表现真正的自我形象，表达企业的真实追求。它给每个企业提供了展示个性的机会。只有在品牌个性这种外在的一致性与客户个性一致的情况下，客户才会主动选择。否则，就很难打动客户。

3.5.3 建筑业企业品牌个性的价值

建筑业企业品牌个性可以说是其品牌特征最重要的组成部分。它具有以下四个方面的重要价值。

（1）人性化价值。品牌个性的精髓是品牌人格化。它使建筑业企业提供的原本没有生命的产品和服务变得具有人性的特征，使客户能消除戒备心理，从而拉近了客户与品牌之间的距离，甚至让客户产生某种亲切感，更加容易接受企业的产品和服务。独特而鲜明的品牌个性能够吸引客户的注意力，并在其心中占据一定的位置。当客户决定购买某类产品或服务时，他当然会选择那个具有他所欣赏的、个性的品牌，因为在做出购买决定之前，这个品牌的个性已经把他征服了。

（2）购买动机价值。这是建筑业企业品牌个性的又一重大价值。明晰的品牌个性可以解释在众多的建筑业企业品牌中客户选择购买某个品牌的原因，也可以解释他们拒绝其他品牌的理由。品牌个性让本来毫无生气的品牌具有人的个性，赋予了客户一些精神化的东西，这使得品牌在客户的眼里变得鲜活起来，超越了产品和服务本身的物理属性。正是品牌个性时时通过各种途径所传递出来的个性化的内容，让客户能够根据自己所喜欢的个性，来挑选具有相应的品牌个性的产品和服务，从而不再选择其他的品牌。

（3）差异化价值。品牌个性是品牌的人格化表现，最能代表一个品牌与其他品牌的差异性。差异性是现今品牌繁杂的建筑市场上最重要的优势来源。一个品牌没有其独特之处，就很难在市场上脱颖而出。如今还有很多企业在一味追求产品和服务的差异性，而忽视了品牌的差异性。殊不知，在科技高度发达的今天，这种建立在产品和服务上的差异性很难长久保持，极易被模仿和剽窃；而由品牌个性建立起来的差异则会深入用户的意识里，并提供了最重要、最牢固的差异化优势。

（4）情感感染价值。建筑业企业品牌个性反映的是客户对品牌的感觉或品牌通过各种途径传递给客户的感觉，它主要来自情感方面，而少部分来自逻辑思维。品牌个性具有强烈的品牌感染力，它能紧紧地抓住客户潜在的兴趣，不断地与他们进行情感方面的交流与转换。这种感染力随着时间的推移会形成强大的品牌推动力，使用户成为该品牌的忠实拥护者。这也是品牌个性的重要价值所在。

3.5.4　建筑业企业品牌个性的来源

建筑业企业品牌个性是客户对品牌人格化的评价，是由外而内的。建筑业企业品牌个性可以来自于与品牌有关的领域中的任何一个角落，以下是建筑业企业品牌个性来源的几个比较重要的方面。

（1）产品自身的表现。建筑业企业的任何品牌行为都要围绕着它所提供的产品和服务展开，这是品牌活动的核心和最主要的载体。企业提供的产品和服务本身的发展随着其在市场上的发展而逐渐为人们所了解，而客户也可从产品和服务的发展中形成对品牌的看法，即品牌的鲜明个性。

（2）品牌的使用者。建筑业企业品牌的个性也可以来自品牌的使用者。每个品牌都有一群经常使用的客户，久而久之，这群客户的个性也就会附在产品上，逐渐成为品牌的个性。

（3）品牌代言人。通过品牌代言人也可以塑造建筑业企业的品牌个性。通过这种方式，企业可以将代言人的个性传递给品牌，这有助于品牌核心价值的塑造。

除了这些来源外，建筑业企业品牌个性还可以来源于企业形象、企业领袖、广告风格等多个方面。

3.5.5　建筑业企业品牌个性的塑造

要想成功塑造一个建筑业企业品牌的个性，具体的方法有多种多样。但要寻找出一种适合每个企业的固定模式来建立品牌个性又是非常困难的，因为每个品牌都会有自己不一样的背景、资源和特色等。然而，在品牌个性塑造过程中，仍有一些共性的东西，了解了这些共同点，对于建筑业企业塑造品牌个性能起到有效的指导作用。

3.5.5.1　建筑业企业品牌个性塑造的原则

建筑业企业在塑造品牌个性的过程中应遵循以下四个原则。

（1）持续性原则。建筑业企业品牌个性是客户对品牌由外而内的整体评价，它的形成是一项长期的、系统的工程。稳定的品牌个性是持久地占据客户心理的关键，也是品牌形象与客户经验融合的要求。品牌个性如果缺乏持续性，就会使客户无法认清品牌的个性，自然也就无法与客户自己的个性相吻合，而且他们也不会选择这样的品牌。保持品牌个性的持续性，可以从内容和形式两个方面入手：从内容上讲，品牌个性的内在特质及其内涵、对目标客户价值观的理解等，要始终保持一致；从形式上讲，品牌的形象和设计、传播的方式和风格，也要尽量保持持续性，具体的图文音色可以更换，但设计的精髓和灵魂以及体现出的个性风格、气质要尽量保持连续性。长期的持续性也可以有效地防止其他品牌在短期内克隆成功。

（2）独特性原则。每个成功的建筑业企业品牌都是独特的、与众不同的、唯一的。独特新颖制造了差异化，这样的事物总是很容易让人记住。品牌个性作为品牌的独特气质和特点，同样也必须具有差异性.如果与竞争品牌雷同，就会丧失个性，无法发挥品牌个性的巨大魅力。当然也要注意到，独特不是奇特，不是为新而新、为奇而奇；个性只是手段，不能特意为了个性的独特性，而选择与客户个性格格不入的一些离奇、古怪的个性，这样的标新立异是毫无价值的。所以，要评价一个品牌个性的独特性是否有效，就要看它是否能成功地打动目标客户，引起情感的共鸣。

（3）人性化原则。建筑业企业品牌个性的树立是一个浇灌情感的过程，人性化的品牌能够使目标客户产生某种情感，而此时的品牌不再是缺乏生命的产品和服务，而是客户的亲密伙伴和精神上的依托。

（4）简约原则。有的建筑业企业为了能让品牌有更好的表现，让其品牌有十多个个性特点，这其实是一个错误的做法。品牌个性过多、过于复杂，会使企业很难面面俱到地表达众多的个性，这样反而容易把客户搞糊涂。一个品牌究竟应该有多少个性特点，没有什么标准答案。一般来说，最多不应该超过七八个，但最好能重点建立三四个个性特点，并使之深入人心。

3.5.5.2　塑造建筑业品牌个性的要点

建筑业企业要建立强有力的品牌个性，应该努力做好以下几项工作，这些工作在品牌管理的日常工作中，应该占有优先地位。

（1）进行分阶段的目标分析，确定品牌现在的情况是怎样的。

（2）了解客户和潜在客户，确认品牌发展的机会在哪里。

（3）将具有优势的品牌特性与各种相关的品牌要素联系起来。

（4）让品牌特征贯穿全部可能与品牌相关联的渠道。

（5）使品牌管理工作加入到相关联的各种营销计划中去。

3.5.5.3　塑造建筑业企业品牌个性的步骤

建筑业企业品牌特征的塑造工作需要用全局的观点设计一个适当的品牌计划，并使品牌计划顺利实施并产生预期效果。建筑业企业品牌个性塑造步骤如下：

（1）评估品牌现状。建筑业企业塑造品牌个性，首先要有目的地对品牌的优缺点进行分析，客观地分析品牌各相关要素。品牌现状分析可以搞清楚塑造品牌特征时可利用的因素，也可以找出存在的问题及原因。品牌现状分析包括以下几方面的内容：一是品牌内部环境分析，主要分析营销人员和管理人员的努力程度和责任感，以及他们对品牌的了解和态度；二是市场环境分析，主要分析市场中影响品牌的各种因素，如经济状况、市场竞争态势等；三是细致地描述和评价品牌当前的特征，如品牌名称、品牌标志、品牌定位等，对品牌特征进行总体的概括。

（2）客户分析。建筑业企业要关注客户的特征，确定他们会怎样看待建筑业企业品牌，把客户特征与建筑业企业品牌个性联系起来。分析客户的过程，建筑业企业要从多个方面动态思考，尤其要注意客户对建筑业企业品牌的期望。做好客户分析，一是要通过定性和定量研究的手段，收集客户的信息；二是分析典型客户的特点和需求。

（3）品牌定位。品牌定位是品牌个性的指南，它指向品牌最能发挥作用的地方，能够帮助建筑业企业确定潜在客户。建筑业企业品牌标榜什么，从品牌定位中最能反映出来。

3.6 建筑业企业品牌延伸

3.6.1 建筑业企业品牌延伸的背景

建筑业企业品牌延伸是技术进步及市场经济不断发展和完善的必然产物。

（1）产品生命周期的缩短。当今社会，技术发展迅速，产品技术更新加快，任何企业都很难保持长久的技术垄断优势。今天还是新的技术，不久以后就可能过时了，这就使得企业需要不断地进行技术更新，推出新产品。产品生命周期的缩短引起了一系列的矛盾：一是新产品要被市场接受并不断扩大市场份额，需要培育自己的品牌优势，但著名品牌的培育又难以在短期内完成；二是产品生命周期的缩短增加了品牌培育的风险和代价，甚至出现品牌刚创立而产品就马上进入衰退期的尴尬境况；三是如果其他企业采用品牌延伸推出新产品，本企业通过创立新品牌推出新产品，其他企业就会迅速占领市场，这使本企业十分被动，而且新品牌也难以立足。为解决产品生命周期缩短所带来的矛盾，品牌延伸逐步被企业所接受，并成为企业的最佳市场策略之一。

（2）发挥品牌资产效应需要做品牌延伸。随着人们对品牌认识的加深，品牌已被作为一项资产来看待。品牌资产作为虚拟资本具有很大的价值波动性。如果对品牌资产保护或处理不当，会导致品牌资产的大幅贬值。只有对品牌资产进行精心呵护并不断创新，才能确保品牌资产的保值和增值。品牌延伸是实现品牌资产保值、增值的有效手段之一。建筑业企业品牌是以产品和服务为物质载体，如果不对产品和服务进行更新，随着原产品和服务的衰退和消灭，品牌就会随之衰退和消亡，品牌资产也会贬值，甚至会丧失。

3.6.2　建筑业企业品牌延伸的含义

许多学者从各自的角度，对品牌延伸提出了自己的看法。营销大师菲利普·科特勒（Philip Kotler）认为，品牌延伸是指"公司决定利用现有品牌名称来推出产品的一个新品目"；凯文·莱恩·凯勒（Kevin Lane Keller）将品牌延伸定义为"一个公司利用一个已建立的品牌推出一个新产品"；卢泰宏认为，品牌延伸是指借助原有的、已建立的品牌地位，将原有品牌转移，使之用于新进入市场的其他产品或服务（包括同类的和异类的），以及运用于新的细分市场之中，达到以更少的营销成本占领更大市场份额的目的。

参照上述定义，可以将建筑业企业品牌延伸理解为将现有的著名品牌或者具有市场影响力的品牌使用于其他新增的不同业务（产品）。随着全球经济一体化进程的加速，建筑市场竞争越来越激烈。建筑业企业间同类业务（产品）在技术方面的差异逐渐缩小，这就需要外在的其他因素来体现业务（产品）的内在品质，好的品牌形象就是最行之有效的方法。因此，建筑业企业进行业务（产品）扩张，在推出新业务（产品）时，可以考虑适当使用品牌延伸策略，从而达到事半功倍的效果。如图3-4所示的建筑业企业品牌战略类型，可以更好地理解品牌延伸策略中业务（产品）与品牌的关系。

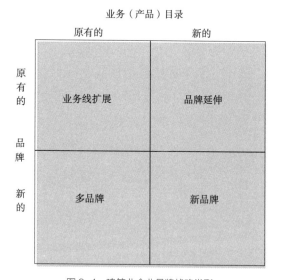

业务（产品）目录

	原有的	新的
原有的 品牌	业务线扩展	品牌延伸
新的	多品牌	新品牌

图3-4 建筑业企业品牌战略类型

建筑业企业品牌存在形成期、成长期、成熟期和衰退期，也有其生命周期规律。而品牌作为建筑业企业的无形资产，是企业的战略性资源。有效利用品牌资源并延续品牌生命是建筑业企业的一项重大的战略任务。品牌延伸一方面在新业务上实现了品牌资产的转移，另一方面，新业务重新充实了品牌的内涵，增加了品牌的价值，延续了品牌生命。

3.6.3 建筑业企业品牌延伸的类型

建筑业企业品牌延伸根据品牌延伸领域与原有品牌领域相关程度可以概括分为如下三种类型：

（1）同业延伸。同业延伸是指建筑业企业品牌延伸的新领域与原有领域处于同一行业内的品牌延伸行为，如从事房屋建筑工程的建筑业企业延伸到铁路工程、港口工程等，一般发生在建筑业企业品牌的高速成长期。同业延伸由于新领域与原有领域在业主构成、资源要求、管理模式等方面的重合度和相似性很高，所以较为容易实现。通过品牌延伸，建筑业企业可以充分利用已经建立起来的品牌声誉吸引原有的客户和潜在客户选择自己的新业务（产品），从而扩大品牌领域，提高企业市场占有率，优化业务结构，提升获利能力，释放品牌潜力，使其获得进一步成长。

（2）相关延伸。相关延伸是指建筑品牌延伸的新领域与原有领域处于相关行业内的品牌延伸行为，一般是建筑业企业向产业链上下游的延伸，如建筑业企业延伸至房地产开发、建材、物业等领域。相关延伸的新领域与原有领域在资源要求、管理经验等方面具有一定的相似性，所以也较为容易实现。建筑业企业通过相关延伸可以使品牌获得更广阔的发展空间。同时，建筑业企业通过相关延伸可以有效整合产业链，实现全产业链价值，提高企业品牌的整体竞争力。虽然相关延伸的新领域与原有领域有一定的关联，但在延伸初期，相关业务还不是建筑业企业所擅长的，容易受到竞争者的攻击，存在一定风险。同时，相关延伸也会分散企业现有资源，对原有的业务也会有一定的影响。所以，建筑业企业在进行相关延伸时，要充分做好可行性研究。

（3）异域延伸。异域延伸是指建筑业企业品牌延伸的新领域与原有领域完全不相关的品牌延伸行为，如建筑业企业向金融、机械、物流等业务的延伸。异域延伸的新领域与原有领域在资源要求、管理经验等方面完全不同。所以，即使是强势品牌，也较难利用品牌声誉在新业务领域内快速获利，反而有可能影响其在原有领域内的品牌形象，削弱品牌竞争力。建筑业企业如果进行品牌异域延伸，一定要慎重。

3.6.4　建筑业企业品牌延伸的准备工作

建筑业企业品牌延伸是一把双刃剑。品牌延伸成功可以使建筑业企业的新业务（产品）迅速占领市场，从而扩大建筑业企业规模，分散建筑业企业经营风险。如果品牌延伸不当，则会影响品牌形象，使品牌个性淡化，增加品牌管理风险等。所以，建筑业企业进行品牌延伸，一定要做好充分的准备工作。主要有以下几个方面：

（1）品牌延伸领域价值分析。建筑业企业在进行品牌延伸之前要对新的领域进行基本的评价，并以此从大体上判断品牌延伸是否可行。一方面要分析新领域的相关要素，包括该领域的市场规模、市场集中程度、成长速度、发展前景、细分市场情况等。另一方面要分析企业自身情况和品牌符合度，从而判断新领域是否适合品牌延伸进入。需要分析的因素包括行业属性、专业延展性、资源共生性、进入门槛、学习成本等。

（2）品牌延伸风险评估。建筑业企业品牌延伸风险评估应注意三个方面的风险，即品牌风险、财务风险和机会风险。所谓品牌风险是指建筑业企业品牌延伸可能造成的品牌定位泛化、业务（产品）代表性模糊、品牌相关性弱化、品牌忠诚度下降等，从而影响品牌整体形象和竞争力。所谓财务风险是指建筑业企业品牌延伸虽然旨在运用品牌杠杆迅速获得延伸效益，但由于有时需要大量的财力支持，可能造成现金流吃紧，致使企业整体财务恶化。所谓机会风险是指由于未能及时延伸或者延伸时间失当等原因，造成品牌延伸目标未能在预期时间内完成，资源配置和使用效率低下，错失其他成长机会。鉴于建筑业企业品牌延伸可能存在的风险，因此，在进行品牌延伸前要充分分析评估各种可能风险的大小，以更好地规避风险。

（3）品牌延伸目标设定。建筑业企业品牌延伸要有明确的目标，总体目标要可以分解和量化，要有实现目标的可行性分析，设定阶段性的延伸目标以便及时检查。如果品牌延伸目标随意、模糊、多义，品牌延伸也必定不会获得成功。

（4）品牌延伸资源支持。建筑业企业品牌延伸作为一项重大的品牌扩张工程，需要大量的资源支持才能实现。根据建筑业企业品牌延伸的不同类型，品牌延伸所需要的支持资源也是不同的。同业品牌延伸由于延伸的新领域与原有领域紧密相关，资源和资产共享性极高，因此所需要支持的资源相对较少，一般情况下，只需要一定的财力和人力资源配备就可以满足品牌延伸的需要。但是异域品牌延伸，不仅原有的品牌资源延用性低，也面临很多不确定性，延伸难度较大，所以需要给予充分的资源配置。品牌延伸资源配置一定要根据延伸类型来进行，否则要么会过量配置资源，导致资源闲置或浪费，降低资源利用效率；要么资源配给不足，导致品牌延伸停滞不前，失去最佳切入和成长时机。

4

第 4 章

建筑业企业
品牌形象管理

4.1　建筑业企业品牌形象管理概述 ———————

　　品牌定位的成功是建筑业企业打造品牌的第一步，是企业选定的通向成功的方向，但创造一个吸引潜在客户的品牌形象才是品牌真正走进客户心理，并在和竞争对手的对抗中取得胜利的关键。

　　品牌形象是广告界广泛流行的一个概念。它曾因解决了产品同质化给市场营销带来的难题而风靡 20 世纪 60 年代。至今，这个概念也并未失效，相反，它仍被当作品牌经营的一种通俗代号，这说明它是品牌经营的重要基础。品牌形象的创造和形成基本上是基于心理和传播的结果。因此，这个概念更为广告界所重视。相对于依靠产品属性的"硬销"策略，品牌形象代表着一种更为细腻、微妙的"软销"策略。相关研究已经证明，品牌形象与品牌资产息息相关，积极的品牌形象是驱动品牌资产的重要成因。

4.1.1　品牌形象的概念 ———————————————

　　虽然品牌形象的概念早已提出，但营销研究者们还没有建立起一个关于品牌形象的稳定、统一的概念。受市场和媒体环境变化的影响，一些代表性的定义自 20 世纪 50 年代以来不断变化，总体上反映出对品牌形象认识的不断深化。

　　20 世纪 50 年代，理论界最初并没有对品牌形象下定义，它是包含在品牌的定义中的，人们对品牌形象的认识基本上着眼于影响品牌形象的各种因素上。

　　1978 年，利维（Levy）提出，品牌形象是存在于人们心智中的图像和概念的群集，是关于品牌知识和对品牌主要态度的总和。由此可看出，与产品自身相比，品牌形象更依赖于消费者心智中对品牌的解释。此时，对品牌形象的认识开始走向心理学。

1984 年，雷诺茨（Reynolds）和古特曼（Gutman）提出，品牌形象是在竞争中使一种产品或服务差别化的含义和联想的集合。他们列举了品牌形象操作的几个途径：一般的特征、情感或印象，产品的认知、信任度和态度，品牌个性、特征和情感之间的联系。

1985 年，著名品牌大师瑟吉（Strgy）认为，假设产品具有个性形象，就像人一样，那么这些个性形象不是单独由产品的物理特征所确定的。至此，对品牌形象的认识进入到品牌个性的层次。

1986 年，帕克（Park）等人提出，品牌形象是产生于营销者对品牌管理中的观念，任何产品在理论上都可以用功能的、符号的或经验的形象定位。因此，品牌形象应被当作是一种品牌管理的方法，而不仅仅是广告策略。

1991 年，大卫·艾克（David A. Aaker）提出了品牌产权的概念。它是一个与品牌相连的品牌资产与负债的集合，它的名称、符号得以附加或减除一个产品或者服务对其所属公司或消费者所提供的价值。通过符号，品牌形象被看作是品牌资产的一个组成部分。

4.1.2　建筑业企业品牌形象管理的含义

建筑业企业品牌形象是指在客户及社会公众心目中对一个建筑业企业品牌综合认识后形成的全部认知、看法和综合评价。一个建筑业企业品牌的形象如何，会直接影响到企业的生存和发展。因此，树立良好的品牌形象，是建筑业企业至关重要的任务。

建筑业企业品牌形象的构成，可分为三种表现形式：一是物质表现形式。主要包括建筑业企业办公设施、设备、施工质量、环境、标志、装饰、资金实力等。对一般建筑业企业来说，其中最重要的是施工质量，它是树立建筑业企业品牌形象的核心，是给人的第一印象；二是社会表现形式。包括建筑业企业职工队伍、人才阵容、技术力量、经济效益、工作效率、工作作风、公众关系、管理水平等。其中最重要的是员工素质；三是精神表现形式。包括建筑业企业的信念、价值观念、道德水准、口号精神等。

建筑业企业品牌形象管理是指建筑业企业为树立良好的品牌形象，实现企业品牌战略，根据品牌形象的现状和目标要求，对建筑业企业品牌形象进行有效管理的一种活动。

4.1.3 建筑业企业品牌形象要素的构成

建筑业企业由于面对的社会关系非常复杂，其品牌形象体现于多个方面，因而包含了诸多要素。这些要素构成了一个有机联系的系统，每一个要素都会对企业形象产生影响。建筑业企业品牌形象要素一般可以概括为以下几类：

（1）施工现场形象。建筑业企业生产经营管理的特点决定了建筑业企业品牌形象策划的重点在施工现场，施工现场是建筑业企业的窗口，施工现场主要包括文明施工、质量、安全、工期、环保等因素。

（2）名牌工程形象。包括获奖工程数量、有影响工程数量等。

（3）技术形象。包括技术优良、设备先进、较强的研究开发能力等。

（4）市场形象。包括经营布局、经营结构，高、大、精、尖、特工程的数量，对业主服务周到，善于宣传广告，国际竞争力强等。

（5）风气形象。包括具有清洁的形象，具有现代感，公司风气良好，和蔼可亲等。

（6）员工、经营者形象。包括优秀的企业管理者、员工素质等。

（7）综合形象。包括企业声誉、公司刊物、办公环境、企业股票得到广大市民的认购、公益性活动等。

4.1.4 建筑业企业品牌形象管理的原则

（1）整体性原则。建筑业企业品牌形象管理应从企业内外部环境、组织实施、传播媒介等方面综合考虑，做到理念、行为和外在表现的一致，以利于品牌形象管理的实施。具体而言，建筑业企业品牌形象管理要适应企业内外部环境，符合企业长远的发展战略，实施时具体措施要配套合理，避免因某一环节的失误而影响全局。

（2）以客户为中心的原则。建筑业企业品牌形象管理的目的是让公众特别是客户接受和认可，所以建筑业企业品牌形象管理要以客户为中心。以客户为中心要做到以下几点：一是进行准确的市场定位，了解目标市场；二是努力满足客户需要；三是尽量尊重客户的行为习惯；四是正确引导客户观念，坚持自我原则。

（3）新颖性原则。建筑业企业品牌形象，特别是视觉形象，要力求构思新颖，造型美观，既要有鲜明的特点，与竞争品牌有明显的区别，又要切实反映企业的特征。

（4）内涵性原则。建筑业企业品牌应该有独特的含义和解释，建筑业企业品牌形象管理应该将品牌的独特内涵体现出来，唤起客户和公众的联想。

4.1.5　建筑业企业品牌形象管理的重点工作

建筑业企业品牌形象管理需要对企业面临的客户及社会公众的需求和利益进行分析，而建筑业企业所面临的客户及社会公众是多层次和多方面的，各类客户及公众对于建筑业企业的利益要求也是不一致的。建筑业企业对于这些客户及公众不能面面俱到，要有所选择，有所侧重，要明确品牌形象管理的一般规律与特殊情况之间的关系，关注本企业所面对的主要客户及公众是哪些，通过对主要客户及公众的调查，寻找品牌形象不足之处，发现影响品牌良好形象建立的最主要因素，从而确定品牌形象管理的战略重点。

建筑业企业品牌形象管理可以通过建立一套完整的企业识别系统（CIS，简称 CI，英文全称是 Corporate Identity System）来实现。

企业识别系统（CIS）主要由理念识别（Mind Identity，简称 MI）、行为识别（Behavior Identity，简称 BI）、视觉识别（Visual Identity，简称 VI）三部分组成。CIS 的核心是 MI，它是整个 CIS 的最高决策层，为整个系统奠定了理论基础和行为准则，并通过 BI、VI 表现出来。有人把 CIS 比作一棵树，用以形容三者之间的关系：MI 是树根，BI 是树枝，VI 是树叶，以上三部分有机结合，密切关联。它们的分项功能不同，目标一致，都以塑造出富有个性的企业形象，以获得内外公众的认同和提高企业的竞争能力为总目标。

4.2   建筑业企业理念识别

4.2.1   建筑业企业理念识别的含义

企业理念识别是 CI 开发实施的一个关键，能否开发成功一个完善的企业识别系统，主要依赖企业对理念识别的理解和建立。因为企业经营理念的认定与完善，是整个企业识别系统的基本精神所在，也是整个系统识别运作的原动力。经由这种内在的动力，影响企业内部的活动与制度、组织与管理、教育与培训等动态过程，再由组织化、系统化、标准化的视觉识别的传播，才能达到塑造企业形象的目的。

建筑业企业理念识别是企业文化的经典概括，它是在充分反映社会、文化和管理未来趋势的基础上，对企业长期积淀的精神财富和对未来发展追求进行的理性升华，用以规范企业日常的行为和管理，关注和指导企业长远的发展。理念识别包含企业宗旨、经营方针、企业精神、企业价值观及形象口号等内容，是品牌形象定位与传播的原点，在品牌形象管理中具有重要的核心地位，它对企业发展以及整个建筑业企业的品牌形象管理具有重要的指导意义。

企业理念是由思想、观念、心理等因素经长期的影响、积淀而逐步形成的一种内含于企业生产经营中的主导意识，这种意识的形成和发展受到民族文化、民族精神、社会形态、时代特点、行业政策、市场环境，以及企业自身情况等各方面的深刻影响。因此，企业理念是隐含于企业发展过程中，长期形成的一种深层心理定势。建筑业企业理念的定位、创意和设计，要以对理念识别内涵、功能、内容的深入认识和理解为基石，以社会经济、政治、文化为参照，依据时代和建筑行业特点、宏观经济环境和建筑市场环境，以及企业的具体情况，策划企业独具特色、内蕴深厚、能够发挥凝聚力和向心力功能的企业理念识别系统。

4.2.2　建筑业企业理念识别的功能

　　建筑业企业理念是企业发展的精神支柱和动力之源，是企业取得良好经营业绩的关键。建筑业企业理念识别是企业行为的依据，是企业精神的具体化、理论化，它明确无误地为企业指出其奋斗目标和行为准则，成为企业发展和进步的行为指南。建筑业企业理念识别的功能主要体现在五个方面：

　　（1）导向功能。即通过能够体现员工经济利益的企业目标和发展方向，引导员工的价值取向和行为选择，把员工的一切行为引导到企业所确定的目标方向上。它从根本价值取向上为企业行为和员工行为提供导向。一方面，理念识别规定着企业行为的价值取向，其核心内容是使企业经营及其他各种活动保持有机统一的一个重要因素；另一方面，理念识别直接引导、调节和规范企业员工的个人行为，使其规范化、系统化和程序化，符合企业的职业化需求。

　　（2）凝聚功能。成功的建筑业企业理念是企业精神和价值观的高度概括和浓缩，也能融合员工的理想、信念、作风，培养和激发员工的职业意识，使其在精神和感情上与企业结下牢固的纽带，增强员工对企业的归属感。当员工以企业理念为核心来展开行动的时候，就会产生巨大的向心力，从而促进企业的发展。

　　（3）激励功能。建筑业企业理念中的宗旨、方针、目标、价值观是企业员工的最高目的和原则，可以使企业的每一分子感到一种原动力、激励力量。在企业理念的感召下，把自己紧紧地和企业联系在一起的员工会自觉地产生与企业同舟共济的信念。企业理念这种启发、激励员工潜在的热情、干劲、能力与智慧的功能，可以充分地调动企业员工的积极性，这是企业活力的源泉。

　　（4）约束功能。建筑业企业理念是员工的共同信念、共同追求、共同利益孕育而成的一定精神蕴涵和文化氛围。在这种环境中工作的企业员工会潜移默化地受到熏陶与制约，所以全体员工必然能形成一种共同的意识，自觉地用它来约束和规范自己的言行。每个企业都会有成文的或约定俗成的规章制度等，这是企业理念的制度化和具体体现，对员工的思想和行为起着约束作用。理念的约束作用是一种"软约束"，是一种由心理约束起作用的对行为的自我管理。

（5）辐射功能。成功的建筑业企业理念是共性和个性、时代特性和企业独特性的高度统一，其经济和社会效益的发挥，不仅对企业发展作用巨大，而且通过各种渠道的传播，会辐射影响到其他企业，为其学习借鉴，从而引领其他企业树立正确的理念，塑造良好的企业形象。理念识别辐射功能的存在对企业进步，乃至人类社会的发展都起到不可估量的作用。

4.2.3　建筑业企业理念识别的内容

4.2.3.1　企业宗旨

（1）企业宗旨的含义。企业宗旨（有时也称企业使命）是企业经营的最高目的，是理念识别策划的首要内容。任何一个企业都有自己的经营目的，所不同的只是不同企业往往具有不同的经营目的而已。企业经营目的大体分为三个层次：第一层次是经济目的。任何一个建筑业企业为了自身生存和发展，必然要以实现其经济效益为目的，把追求利润最大化作为最基本的使命之一，没有这一使命，建筑业企业就会失去发展的动力；第二层次是经济、社会目的。企业全部的活动除了追求经济效益外，还要实现社会效益。建筑业企业是社会整体中的一部分，必然要为社会的发展承担一定的责任，完成应有的义务。只是追求利润而逃避社会责任的企业，最终都难以在社会上立足；第三层次是经济、社会、文化目的。企业不仅追求利润和社会效益，而且更注重文化建设，并把建立独特的企业文化、管理文化作为企业的第一任务。因为企业深知，文化建设一旦相对完成，就可以成为社会财富，为社会所广泛采用。从这个意义上讲，文化建设的意义甚至远远大于企业向社会所奉献的产品和服务。

（2）企业宗旨的定位。企业宗旨实质上体现的是企业存在的社会功能和社会价值，企业宗旨的定位其实就是对企业的"事业领域"加以确认，要解决的问题很单一，即明确企业究竟是"干什么的"。企业的经营者要把自己所经营的企业提升到社会事业的高度。因为产品和服务是短暂的，而社会基本需求和广大客户则是永恒的，企业经营必须被看成是一个客户需求满足的过程，而不仅是一个物化产品生产的过程。只有提高到这样的高度，企业才会有使命感，决策才会有前瞻性，企业才会获得长足的发展而立于不败之地。

（3）企业宗旨的确定。确定企业宗旨的方法是针对自身所经营的行业，多问几个"为什么"，透过表面现象，探讨行业的社会功能，形成一个"由表及里"的推导过程。企业宗旨往往通过企业形象口号的形式向社会公众传播，因此需要把企业宗旨提炼成准确而精练的形象口号，以求最佳传播效果。

4.2.3.2　经营方针

（1）经营方针的含义。企业宗旨的定位是立足社会，以自身所处的行业和所经营的产品为出发点，去挖掘企业的生存价值和社会功能，从而准确地确认自身的"事业领域"，重在可持续发展的长远战略。但是"千里之行，始于足下"，作为一个企业，不但要有长远的发展战略，更要有眼下可行的经营谋略，这就是企业的经营方针。如果说企业宗旨是解决"干什么"的问题，那么经营方针就是解决"怎么干"的问题。

（2）经营方针的确定。在市场竞争的格局中，经营方针的确定应当立足本行业，实施有效的差别化策略。企业的经营方针是对外传播的重要内容之一。为了让社会公众和潜在客户了解并认同企业的经营方针，必须对经营方针的表述进行精心设计，以达到预期的传播效果。经营方针的表述通常也选择形象口号的形式，尽可能简洁明了。但由于经营方针还涉及市场策略，有时一句话的信息量不足以表达完整，可以采用"排比式"的表述形式，即用归纳法将经营方针设计成排比式的语句。

4.2.3.3　企业精神

（1）企业精神的含义。塑造良好的企业形象，最根本的就在于培育企业精神。企业精神是企业管理的灵魂，是企业优良传统的结晶，它是决定企业兴衰成败的重要因素和维系企业生存、发展的精神支柱。颇具个性的企业精神,是凝聚全体员工的粘合剂,是塑造良好企业形象的恒定持久的动力源。企业精神是指一个企业全体(或大部分)职工共同一致、彼此共鸣的内心态度、意志状况和思想境界。它是企业广大职工在长期的生产经营活动中自觉形成,并经过有意识地概括、总结、提炼而得到确立的思想成果和精神力量。因此,企业精神是一种体现了现代意识(由现代市场意识、质量意识、竞争意识、信息意识、效益意识、文明意识和道德意识等汇聚而成的综合意识)的群体意识。

(2)企业精神的塑造。企业精神是状态范畴,其描述一个企业全体(或多数)职工的主观精神状态。塑造企业精神,主要应对思想境界提出要求,强调人的主观能动性。企业精神通常包括以下几方面的内容:一是坚定的企业追求,鲜明的社会责任感,包括对促进经济繁荣和社会发展等多方面的追求;二是强烈的团队意识,要求员工对本企业的特征、地位、形象和风气的理解和认同,形成共同的利益;三是共同的信念、作风和行为准则,公平公正的激励竞争原则,对本企业的发展和未来抱有的理想和希望;四是明确的价值观和方法论,以保证企业的社会地位、经营层次及可持续发展。企业精神不可能是单一的,往往是一个集合,所以通常企业精神的表述形式是经过归纳的排比式语句。这种排比式语句可能是一组概念,也可能是一组短语,更多的是一组表述。

4.2.3.4 企业价值观

(1)企业价值观的含义。所谓价值观,是指一种观念,这种观念制约着人类在生存实践中的一切选择、一切愿望、一切行为,构成人们的生活方式和目标。而企业价值观是指企业及其员工对其行为的意义的认识体系,它决定着企业及其员工的行为取向和判断标准。对那些拥有共同价值观的成功企业而言,价值观决定了企业的基本特性,也就是企业与众不同的风范。价值观不但使企业员工产生一种认同感,而且成为他们心中追求的人生目标。企业价值观不仅影响经营行为的方向,也影响经营行为的后果。因为企业价值观不是孤立的存在物,它隐含于企业的生产经营活动之中。产品商标、设计、质量铭刻着它的深刻印迹,企业的建筑物体现着它的风格,企业的战略取向、战略目标、经营策略，企业内部人际交往及企业对外传播活动，无不是企业价值观的外化和表现形式。

（2）企业价值观与企业精神的比较。将企业价值观和企业精神相比较，可以发现，企业价值观主要是指导选择，要解决的问题是某件事值不值得做，在许多值得做的事中该选择哪一件先做。而企业精神主要是激发主观能动性，鼓舞士气，造成值得做者必做成、最值得做者必先成的精神氛围。但两者的作用又不可分割，精神境界很高的企业做出的选择也必然是高水平的，能够众志成城地去实现所选择的价值。反之，一个精神不振的企业不可能有高水准的价值选择，选择的价值也往往难以实现。类似地，正确的价值选择本身就有鼓舞士气、激发斗志的作用，而错误的价值选择则往往会挫伤斗志、降低士气。

（3）企业价值观的内容。一个企业的价值观念通常是多种观念的整合体。作为新时代的成熟的企业理念，应当融入以下这些观念：一是生存观，即企业对其自身存在意义的明确认知，对其经营目的整体评价和态度体系；二是创造观，即对企业经营和企业发展的内在驱动力的看法；三是质量观，即企业对其提供的产品或服务的质量进行评价的标准体系和态度体系，是一个企业对质量的重视程度及根本看法；四是服务观，即对服务的不同看法和评价，这种看法和评价必然导致企业不同的经营行为以及由此产生的不同效果；五是竞争观，即企业面对日趋激烈的市场竞争，对如何选取合理策略的看法和做法；六是人才观，即企业，特别是企业领导者对人才作用的认识；七是信息观，即企业对信息工作的认识和看法。

4.2.3.5　形象口号

形象口号是企业对外传播中最重要、最简捷的手段，体现了企业在某个阶段的整体形象的宣传重点。

企业的理念是多种元素构成的系统，因此，形象口号不可能游离于系统之外，而应当与整个企业理念系统协调一致，完美结合。创作者应当将企业宗旨、经营方针、企业精神、企业价值观等汇集一体，融会贯通，运用最简练的语言以口号的形式表达出来，这就是形象口号的提炼。

在形象口号的提炼过程中，定位和表达是两个关键的环节。所谓定位，是根据企业阶段性的传播重点来确定形象口号的"诉求点"。一个企业由于种种原因，在不同的阶段、不同的地域，宣传的重点是不同的，因此弄清楚企业的意图是很重要的。所谓表达，是创作者根据定位要求进行语言的提炼，即确定关键词语，选择最佳句式，运用修辞手段，对形象口号进行语言表达上的"包装"。

4.2.4 建筑业企业理念识别的依据和原则

4.2.4.1 理念识别的依据

建筑业企业理念是企业精神的高度概括和理性总结，是围绕企业发展战略和目标，经过对企业历史、现状、未来所做的全方位、多层次思考所得出的深刻答案，具有强烈的时代特征。因此，对建筑市场、建筑行业特征、建筑业企业的历史、现状和文化的正确把握，是建筑业企业理念识别的重要依据。

（1）把握建筑行业特征。企业理念系统中企业的愿景目标的展开是企业向内部员工和社会公众告知企业在建筑这一行业范围内为社会从事工作，这首先就要求建筑业企业要了解建筑行业规范，然后在行业规范的制约下，提出企业的质量、水准、能力和目标等。此外，企业宗旨、企业精神和企业价值观等内容的确立，都要考虑到建筑行业的特点，体现出建筑行业所特有的规则。

（2）把握建筑市场现状及趋势。企业理念识别是为了适应在产品质量日益趋同的条件下，消费者对企业人文精神和价值观念的选择。通过树立自己独特和卓越的人格形象获得消费者认同，同时也通过这一人格形象所蕴含的行为准则、价值标准和目标追求，进一步整合提高企业管理以实现持续发展。企业理念识别是市场发展的必然要求，也必须适应市场需求汲取市场营养。因此，建筑业企业成功的理念识别系统设计必须基于对建筑市场现状和趋势的准确认识和把握。

（3）建筑业企业的历史和现状。建筑业企业的发展历史是形成企业风格与特征的依据，尤其是在企业的历史演变和发展过程中所出现的历史事件、故事、人物等，常常会令企业成员回顾，并给人以启迪，由此所形成的企业特征更让人们去深思、去总结，从而得到企业成员的认知与接受。建筑业企业的现状是其历史的延续，企业特征与风格的形成在企业现实中都可以得到表现，只要善于挖掘，就可以得到其理念系统设计的思路。

（4）建筑业企业的文化。企业文化是企业理念确立的依据，二者有着密切的关系。其一，企业文化和企业理念都属于意识形态和思想观念的范畴，两者都是形成良好企业品牌形象的思想基础和理念指南。其二，企业理念系统源自企业文化，企业理念内容的确立无不和企业所具有的价值观念、道德水平有着极为密切的关系。其三，企业理念寓于企业文化范围内，企业文化范围较大，企业理念范围较窄，企业文化侧重于企业内部文化氛围营造，企业理念侧重于塑造企业品牌形象。总之，企业文化是建立企业理念的理论基础，企业理念是企业文化的载体，是企业文化的具体表现。建筑业企业在设计理念系统时，只有将企业文化作为其依据，企业理念才能发挥更大的作用。建筑业企业在导入理念的创作中，首先要考虑企业原有文化氛围的状态与特征，并在此基础上进行提炼、整理或创作。

4.2.4.2　理念识别的原则

（1）个性化。个性化的理念识别系统便于传播和识别，对建筑业企业竞争能力的提高具有重要作用。建筑业企业理念识别的设计所倡导的个性化包括：民族特色、建筑行业特色、建筑业企业自身特色，以及理念识别表达的个性特征。

（2）市场化。理念来自市场，只有以先进的市场观念为根本的理念系统，才能最终有利于企业的发展。建筑业企业理念识别的企业宗旨、价值观、经营要义等要素的设计要反映建筑业企业的市场观念，体现其市场观念的要求。

（3）先进性。先进性是理念识别系统生命力的根本。理念识别系统要承担起关注和指导企业长远发展的重任，要能够吸引和凝聚优秀员工，这是以其先进性为前提的。理念决定发展，惟有先进的理念才能支撑有效的发展。建筑业企业只有在继承优良精神和文化传统的同时，深刻领会和把握更多先进理念，大力转变在诸多方面的旧的习惯和做法，依靠先进的理念和追求，不断改善和加强管理，才能真正发挥理念识别系统的生命力，才能真正有利于建筑业企业的长远发展。

（4）回归管理。企业理念除了对制度创新具有重要作用外，对企业管理还具有制度管理所不可替代的作用。企业管理的实践和理论研究都表明，任何一个企业都不可能创造一种哪怕是比较完美的制度来解决企业中的一切问题，不可能给所有员工一个完全适用的标准，不可能对每一名员工实施有效的监督，也很难实行每一名员工都满意的激励，更难有一套制度体系对企业和员工行为的方方面面做出具体规定。而惟有企业理念、惟有植根于员工心中的企业文化可以做到这一点，可以促进企业的制度建设，可以促使员工自觉遵守企业制度，还能够深入到企业制度不可能到达的各个方面，促使员工在各种条件下都能够遵循企业有利的原则。

（5）人文化。作为建筑业企业的价值观体系，理念识别系统的人文精神要避免流于学术和空乏，而应与企业的经营管理理念密切相关、互为一体。首先，理念识别系统的人文精神与建筑业企业的社会责任意识相互映照，与企业客户理念和服务精神一脉相承，用现代人文精神促进企业的管理追求，用企业的管理活动实践现代人文精神。其次，理念识别系统的人文精神还应突出地反映在员工观念和企业风格中。建筑市场竞争的全球化趋势，国内外建筑业企业对于人才的争夺愈演愈烈，而且建筑业由于其自身行业局限，其面临着来自信息等新兴产业对人才的争夺，人才已成为企业发展最宝贵的资源和财富。人是企业的主体，是生产力中最活跃的因素，只有充分激发企业员工的潜力和创造性，企业才能卓有成效地提高管理，获得最大的经营效益。因此，人文化原则也可表现为：为员工营造和谐的工作氛围；同舟共济，同甘共苦；信任和尊重员工；提高员工素质，发挥员工潜能等等。

4.3　建筑业企业行为识别

4.3.1　建筑业企业行为识别的含义

建筑业企业行为识别是指在企业理念的指导下，逐渐培养起来的、全体员工自觉遵守的行为方式和工作方法，是显现企业内部的制度、管理、教育等行为，并扩散回馈社会公益活动、公共关系等的动态识别形式。

建筑业企业行为识别系统体现出如下两大特征：

（1）丰富性。企业行为识别内容丰富，是企业的全部规程和策略的总和，可以涵盖企业经营管理的全部活动，既包括企业制度、企业习俗、员工行为规范等行为规则，又包括市场营销、公共关系、新闻广告和社会公益等主题活动；既体现为对外的行为，又体现为对内的行为；既包括了组织行为，又涵盖了员工行为。

（2）实践性。建筑业企业博大精深的理念识别必须落实到行为才能为客户和公众所接受；企业视觉识别所引导的良好企业形象，也必须落实到行为才能为客户和公众所认同。建筑业企业行为识别最本质的特征就是其实践性。

4.3.2　建筑业企业行为的特点

（1）建筑业企业的质量控制行为是客户最注重的行为，也是直接影响从业人员职业荣誉的行为。建筑产品与其他产品最大的区别在于它的唯一性和不可逆性，这使建筑业企业的质量控制行为成为客户最重视也最关心的行为。从从业人员的角度分析，建筑产品良好的展示性和永久性使从业人员产生职业荣誉感，而建筑产品的唯一性、不可逆性以及与生命财产安全的直接关联性则使从业人员产生职业危机感，质量控制行为也就成为直接威胁从业人员职业荣誉的行为。

（2）建筑业企业的安全生产行为是受国家法令法规强制约束的行为。建筑行业是高危行业，安全事故发生的可能性较大，因此国家专门针对建筑行业出台了一系列安全生产法律法规，以确保人民群众的生命财产安全。

（3）建筑业企业的经营行为是全社会普遍关注的行为。建筑市场整体秩序比较混乱，客户行为不规范是其主要原因，但建筑业企业经营行为不规范也较常见，挂靠、转包、违法分包、贿赂招标、串通投标、偷工减料等现象屡禁不止。这些不规范的经营行为往往和腐败行为联系在一起，引起全社会普遍关注，并使建筑业企业群体在客户和公众心目中的形象受到影响。

4.3.3　建筑业企业行为识别的原则

（1）守法经营为前提。这里所说的守法经营有专指的含义。具体来说，建筑业企业应将严格的质量控制行为、可靠的安全生产行为、规范的市场经营行为作为企业行为识别管理的前提条件。因为一次质量事故或一次安全事故或一次不规范经营行为的曝光，就足以将良好的品牌形象一笔勾销，并大大增加品牌形象重建的难度。

（2）一致化。品牌形象识别是理念识别、视觉识别和行为识别的有机统一。在进行行为识别时，应与企业理念识别保持高度一致，并将视觉识别要素与之有机结合。

（3）重在执行。客户识别一个企业，既要辨其貌，察其言，更要观其行。客户看重的不是企业如何说，而是企业如何做。对于光说不做或言行不一的企业，客户会产生逆反心理。因此，"说你要做的，做你所说的"应作为建筑业企业的行为准则。

4.3.4　建筑业企业行为识别的内容 ————————————

　　建筑企业行为识别管理主要应包括两方面的内容，一是企业制度、企业习俗、员工行为规范等制度化体系，主要对内；二是企业为特定目的组织的专题活动，如市场营销、公共关系、新闻广告、社会公益等活动，主要对外。之所以将企业习俗和员工行为规范列入企业制度化体系，是因为企业习俗一旦形成，员工行为规范一旦制定，都将程式化和制度化。之所以将专题活动列入行为识别管理的内容，是因为专题活动本来就是企业的重要行为方式，而且对客户和社会公众具有特别重要的识别意义。

4.3.4.1　企业制度

　　企业制度包括战略管理制度和基础管理制度两大部分。其中基础管理制度是企业最熟悉也是以前最重视的制度，但随着市场竞争的加剧和国际经济一体化格局的形成，战略管理已上升为企业最重要的任务之一。

　　（1）**战略管理制度。**企业战略是企业行为与企业理念最接近也最重要的接口。企业战略是企业理念的具体化，也是企业理念体系的强力支撑，不断丰富着企业理念体系的内涵。企业战略决定着企业行为的基本方向和最主要的方面，在企业管理体系中居于较高层次，基础管理则是战略管理的基础层次和可靠保证。战略管理与基础管理的关系是方向性与效率性的关系。战略管理制度化主要是指战略决策的制度化。战略决策制度化应明确如下内容：一是战略决策的主体及责任。其要点是明确企业最高决策者（管理者）的职权和责任；建立法人治理结构或决策委员会，实现独立经验决策和民主科学决策相结合；建立咨询顾问制度，选择咨询顾问公司，实现内部决策与外部专家决策相结合。二是战略决策的程序。分为常规决策程序和非常规决策程序，决策程序应严格规定适用条件。三是战略决策的内容。主要包括市场机遇寻找及把握、市场风险预测及防范、事业领域的调整、经营布局的变化、核心竞争力的培育、重大投资事项、重大产权变更、重大人事变更、人力资源政策、企业文化重构、企业中长期纲领等关键性问题。四是决策后的快速反应机制。市场机遇稍纵即逝，市场风险突如其来，对市场机遇的把握和对市场风险的防范务必有快速的反应机制。

（2）基础管理制度。建筑业企业基础管理制度主要有营销管理制度、合同管理制度、项目管理制度、质量管理制度、安全管理制度、科技管理制度、人事管理制度、财务管理制度、物资管理制度、行政管理制度、审计监督制度等。基础管理的中心任务是以决策为出发点和依据，对"人、财、物"等生产要素进行有效控制。一个企业的行为，在很大程度上由组织设计和工作设计所决定。因此，在进行建筑业企业行为识别管理时，可从组织设计和工作设计这两个重要环节入手。组织设计就是组织结构设计。组织结构是指一个企业内部的运行及其活动的正式安排。组织结构设计可使企业达到三个相互关联的目标：一是确定企业内部职权和责任的界限，向管理者说明他们负责管理的对象和范围，向员工指明哪些管理者是他们的上司；二是疏导企业内部的信息流；三是统筹规划员工的各种活动。工作设计主要是组织向其成员分配任务与职责的方式。工作设计对各成员的工作积极性和工作效率具有重要影响。工作设计包括三方面内容：科学管理的工作设计、个体的工作设计和团队的工作设计。

（3）制度执行控制管理。制度本身并不是行为，只有严格执行后才成为行为。因此，在进行行为识别管理时有必要对制度执行的控制做出规划。一是组织保证。首先要对制度的执行做出组织保证规划。建筑业企业应设立专门的制度执行监控委员会或部门，负责制度执行的全面监控；也可对各制度逐一指定部门或人员负责对其执行的控制。二是过程监控。对制度执行要做出定期检查的规划，主要内容包括检查的目的、任务、时间、对象、责任机构和人员、记录、评估、反馈等。三是激励与约束。对制度执行应做出相应的奖惩规划，并坚持正面激励为主。四是制度修订。对制度修订可规划两种方法：一是定期修订法，适合于中长期制度；二是随时修订法，适合于近期制度。内容包括由谁提出、何时提出、向谁提出、由谁修订、由谁通过等。

4.3.4.2　企业习俗

企业习俗是企业长期相沿、约定俗成的节日、仪式、典礼和活动。企业习俗是企业个性的鲜明体现，对企业内外公众都有重要的识别和教育意义，因此在企业行为识别管理中具有独特的地位。企业习俗具有非强制性、程式性和可塑性。非强制性和可塑性是与企业制度不同之处，而程式性则是与企业制度相通之处。企业习俗对内具有引导作用、凝聚作用、约束作用，对外具有辐射作用。它通过员工在活动中对企业经营理念的亲身体验，营造出富于感召力的企业文化氛围，培育起企业亲和力和员工归属感，在此基础上使员工逐步形成共同的价值观和相近的行为模式取向，并通过各种媒介将信息向外传播，对社会公众产生文化影响，使之对品牌形成良好印象。

（1）影响建筑业企业习俗的主要因素。主要有三种：一是民俗因素，指所在地的风俗习惯对企业习俗的影响；二是组织因素，指企业或主管部门在习俗倡导、认同和发展各环节中的决定性作用；三是个人因素，指企业领导者、代表性人物、非正式团队中的领袖人物在企业习俗形成和发展中的重大影响。了解影响企业习俗的主要因素有助于建筑业企业对旧有习俗的改造和对新习俗的创新设计。

（2）常见的企业习俗类型。主要有如下五种类型：一是企业节假日，如公司成立纪念日、集体生日、员工工休假期等；二是日常仪式，如朝会及升旗仪式等；三是大型典礼，如周年庆典、庆功会等；四是文体活动，如大型运动会、艺术节等；五是营队活动，如成才营、CI 营等。

（3）建筑业企业习俗目标模式的规划。建筑业企业习俗是一种企业文化活动，其目标模式可根据企业文化的三个层次来进行规划：一是企业习俗应体现企业理念的要求，与企业文化精神层相一致；二是企业习俗应与企业制度互补，与企业文化制度层相统一；三是企业习俗应从企业实际能力出发，与企业文化物质层相适应。

（4）企业习俗的设计。设计企业习俗应坚持方向性原则、人性化原则和循序渐进原则，即企业习俗必须符合企业预期的目标方向，又必须尊重员工的兴趣爱好,企业习俗既要走向程式化和制度化但又不能操之过急。企业习俗的设计主要有四种方法:一是改造现有习俗法,即对本企业现有习俗进行改造使之更加符合企业的需要;二是移植法,即借鉴其他企业的良好习俗;三是领导倡导法,即由领导人倡导将某一习俗在企业内推广;四是完全新创法,即根据企业的人文条件和发展需要,创新设计一个或几个富于创意、个性独特的习俗。

4.3.4.3　员工行为规范

员工行为规范有助于营造富于感召力的企业文化环境,提高工作效率,顺利达成组织目标,从而提高企业竞争力;也有助于展示企业素质和员工素养,树立良好品牌形象。

(1)建筑业企业员工行为规范的设计原则。一般应遵循以下原则:一是与制度一致性原则。员工行为规范是企业制度的有效补充,在设计员工行为规范时,必须与已有的制度保持一致,不能互相抵触。但如果出现不一致而行为规范又符合企业理念不容更改时,就应考虑对制度进行修订;二是普遍性原则。员工行为规范一般针对全体员工提出,企业各级领导都包括在内,因此在设计时要注意行为规范适用范围的普遍性。如有必要进行区分时,最好针对不同对象制定不同的行为规范;三是简洁性原则。员工行为规范要突出要点,不宜面面俱到。语言表述要简练,便于诵读和记忆;四是从实际出发原则。员工行为规范是无止境的,设计时要从本企业实际出发,量力而行,不能一味求全求高。作为规范提出的,一定要求做到。暂时无法做到的,就不要纳入规范。

(2)建筑业企业员工行为规范的内容。建筑业企业员工行为规范一般应能涵盖员工工作行为所及的各个方面,包括团队准则、职业道德准则、工作程序要求、工作纪律和作风、礼仪礼貌规范、工作环境优化、个人素质修养等方面的内容。一是团队准则。团队精神已成为现代企业竞争力的重要体现,对员工进行团队意识教育已成为企业一项非常重要的工作。在员工行为规范中阐明团队运行的基本法则,提出团队生活中的基本要求是非常必要的;二是职业道德准则。竞争是市场的基本法则,而竞争必须遵守"游戏规则",因此有必要对企业参与市场竞争和员工从事职业工作提出自律性行为规范,这也就是职业道德在员工行为中的具体体现;三是工作程序要求。对基本的工作程序规定清楚,便于员工按流程开展工作;程序中要注意对非正常情形下员工的行为选择也做出明确规定,保证任何时候工作都能有序有效进行;四是工作纪律与作风。工作纪律主要包括作息纪律、请假纪律、保密纪律、工作态度要求、与工作密切相关的生活纪律、相关禁令等。工作作风则是从精神层面和较宽泛的角度提出一些原则性要求。工作作风虽属精神范畴,但它无疑是紧密联系着员工行为、要求随时转化为员工行为的,可作为纪律的有效补充;五是礼仪礼貌规范。包括仪容仪表和接待礼仪两方面。仪容仪表代表一个人的精神风貌,接待礼仪体现一个人的基本素养。仪容仪表可具体分为服装、发型、化妆、饰品等。接待礼仪包括电话礼仪、会议礼仪、会谈礼仪、日常交往礼仪、接待礼仪、外出访问礼仪以及礼貌用语等;六是工作环境优化。主要指工作环境的卫生、整洁与美化,有安全隐患的职业场所则还应包括安全维护方面的内容;七是个人素质修养。提醒员工对自己负责,养成终身学习的习惯,不断提高自身素质。也要求员工对家庭、对他人、对社会负责,追求人与人之间、人与社会之间、人与自然之间的和谐。

4.3.4.4 专题活动策划

建筑业企业的专题活动是指企业正常生产经营活动之外为了特定目的而组织的活动,包括市场营销、公共关系、新闻广告、社会公益等活动。这些活动主要是以外部客户或公众为对象而组织的。对外部客户或公众而言,专题活动具有比制度行为更强的识别意义,因此更要精心组织,注重效果。

4.4 建筑业企业视觉识别

4.4.1 建筑业企业视觉识别的含义

CI 中极为重要的视觉识别系统 VI 是根据 MI 来设计的，是对 MI 的视觉解释，使企业经营与形象融为一体。其内容范围广泛，可分为两个部分：一是基础项目（Basic Elements，简称 BE）；二是应用项目（Application Elements，简称 AE）。

企业识别系统的开发，是以视觉化的设计要素为整体设计的中心，在"企业传播系统"中建立一套完整、独特、具有强烈冲击力的视觉符号系统，以供社会大众识别和认知。因此必须尽可能地系统全面，以构筑一个完美完善的企业形象。

建筑业企业视觉识别是指将企业的经营理念和战略构想翻译成词汇和画面，使抽象理念转换为具体可见的视觉符号，形成一整套统一化、标准化、系统化的符号系统。建筑业企业视觉识别管理是指企业通过设计一整套识别标志和符号系统，将企业的理念与价值观通过静态的、具体化的视觉传播形式，有组织、有计划地传达给客户和社会公众，树立品牌统一性的识别形象。近年来，建筑业企业开始注意美化形象，从以前扬尘、遗洒、噪声充斥的建筑工地，到如今围墙、花草、彩旗装扮的施工现场，建筑业企业的形象有了翻天覆地的变化。

4.4.2 建筑业企业视觉识别管理的原则

（1）有效传达企业理念。企业视觉识别的各种要素都是向社会公众传达企业理念的重要载体，脱离企业理念的视觉识别管理只是一些没有生命力的视觉符号而已。最有效、最直接地传达企业理念是建筑业企业视觉识别管理的核心原则。

（2）**突出民族文化特色**。不同的文化区域有不同的图案及色彩禁忌。由于社会制度、民族文化、宗教信仰、风俗习惯不同，各国都有专门的商标管理机构和条例。由于文化背景不同，对牌号、形象也有不同的解释，在设计标志、商标时应特别留心。此外，由于各民族的思维模式不同，在美感、素材、语言沟通上也存在着差异，所以应该考虑带有民族文化特色的设计，才能被国人所认同，进而才能赢得世界的认同。

（3）**产生强烈视觉冲击**。企业视觉识别管理所要做的是通过设计，使社会公众对企业产生鲜明、深刻的印象。因而建筑业企业所涉及的视觉形象必须给人以强烈的视觉冲击力和感染力，达到引人注目和有效传播的目的。

（4）**保持风格统一**。风格的统一性是充分体现企业理念、强化公众视觉的有效手段。强调风格统一并不是要求千篇一律，没有变化，而是在基本原则不变的前提下的变化。

（5）**具有独特艺术魅力**。视觉符号是一种视觉艺术，而接收者进行识别的过程也是审美过程。因此，建筑业企业视觉识别必须根据美学特性，使视觉识别具有独特的艺术魅力，从而使接收者产生强烈的美感冲击，自然而然地接收视觉符号传递的信息，最终达到在客户和社会公众心目中树立起良好品牌形象的目的。

4.4.3　建筑业企业视觉识别的基础项目

基础项目是建筑业企业视觉识别中最根本的要素部分，主要分为三个方面：企业标准、辅助要素、基本要素整体组合。

4.4.3.1　企业标准

（1）**品牌名称**。品牌名称是建筑业企业最为直接的标志，它体现着品牌的个性和特色，是品牌的灵魂。好的品牌名称可以准确地反映建筑业企业的特点，可以引起客户独特的联想，赢得客户的好感。建筑业企业品牌命名不是随意的名称选择，而是一个科学、系统的过程。建筑业企业品牌的名称应简洁但不过短，读音要朗朗上口，意义要美好，同时也要便于法律保护。建筑业企业品牌命名应遵循以下步骤：提出方案、评价选择、检测分析、调整决策。提出方案是指根据建筑业企业品牌的命名原则，集思广益，广泛收集可以描述和表现建筑业企业特点的词或词组。评价选择是由语言学、美学、心理学、营销学等专家组成评价机构，对品牌名称进行初次评选。评选的基本条件是：品牌名称要能表达建筑业企业的特点和经营理念，不带有负面形象或含义，要有利于企业长远发展等。检测分析是对候选的品牌名称投入一定范围的市场环境，可用问卷的形式进行调查，了解客户对品牌名称的反应。调整决策是指根据检测分析的结果对品牌命名做出选择，如果检测分析的效果都不理想，则应考虑重新命名。

（2）企业标志。企业标志（Logo）是一个企业的象征，是企业识别的核心。标志设计的成功与否，将直接影响到视觉识别管理的成败。标志的设计要力求传达出企业理念、经营内容、生产特性等方面的信息，还要兼顾企业实际和时代特点。企业标志是主要的基本视觉要素，要具有识别性、领导性、同一性、造型性、延展性、系统性等特点，而且应尽量体现时代感和视觉冲击力。标志设计要力求简洁，避免繁琐，这有助于标志的识别和推广；还要充分考虑到日后实施中的印刷和其他工艺的成本、制作的可操作性和设计成本。

（3）企业名称标准字。企业名称标准字是依据企业名称和视觉传达的基本原理设计而成。和企业标志同等重要的企业名称标准字也应具有识别性、易读性、造型性、延展性、系统性的特点。企业名称标准字强调整体风格和富有个性的基本形象，追求创新感、亲切感和适度的美感。要能传达出企业的行业特性，做到准确规范、可视易读。

（4）企业标准色。企业标准色与企业标志、企业名称标准字等基本视觉要素合一，形成完整的视觉基础系统，企业标准色具有科学性、差别性、系统性的特点。企业标准色应表达企业性质、企业理念、经营管理等方面的个性差异，尽量回避与业内同行的近似和雷同。企业标准色一般按印刷四色标准（CMYK）形式设定，企业标准色设置不宜过多，通常以不超过三种为宜。除企业标准色外，可设置多种辅助颜色，如在一些特殊场合、特定用途上，使用辅助颜色，将会使固有的企业视觉形象产生锦上添花的效果。

4.4.3.2 辅助要素

（1）企业造型。企业造型的使用是为了强化本企业性格、更加突出企业产品（或服务）的特征而设计的人物、动物或植物等的卡通形象，这类卡通形象给人们以亲切、生动、朴实、纯真的感受。此类企业造型须与企业的产品（或服务）形象联系起来。

（2）企业辅助图形。企业辅助图形设计在企业视觉识别中作为平面设计的要素具有附属要素的功能和作用，与标志、标准字、标准色三个视觉基本要素构成主辅关系，可以增加平面设计展开应用的统一化和多样化，加强基本要素的诉求力，增强整个视觉识别在商业运作中的适应性。辅助图形构成形式分为单元组合和连续构成两种。

（3）企业专用字体。企业专用字体是为企业设定的某种专门用于宣传的字体，应用于企业内外部印刷品（或其他宣传载体）。字体选择标准是能够体现建筑业企业的风格和文化，便于阅读和识别。

（4）标志、标准字的变体和象征。为使标志、标准字在更广泛的范围内得以使用，变体和象征设计主要是为了配合印刷工艺所做的设计，通过运用各种造型工艺，在原始标志、标准字的基础之上使用变体和象征手法。

4.4.3.3 基本要素整体组合

将多种要素按照企业指定的规则组合在一起，使之能够全方位地传达企业信息，可加强视觉冲击力，扩大宣传效果，更有效地实现可识别性。基本要素整体组合规范包括标志和企业中文全称标准字的组合、标志和企业简称标准字的组合、标志和企业品牌名称标准字的组合、标志和企业英文全称标准字的组合、标志和企业英文简称标准字的组合、标志和企业中英文全称标准字的组合、标志和企业口号或宣传标语的组合。基本要素整体组合规范的变体设计，一般情况下不使用，因之不利于统一。基本要素禁止的组合规范是指不规范、不美观、可能产生识别误导的组合都应被禁止。

4.4.4　建筑业企业施工现场形象管理

　　建筑业企业的很多工程项目，如机场、车站、道路桥梁、大型写字楼、酒店、商住楼等，多位于城市的显要位置，因此这些项目的施工现场就成为建筑业企业向客户和社会公众展示品牌形象的窗口。充分利用施工现场这一得天独厚的载体，宣传企业，展示品牌形象，势必起到事半功倍的良好效果。通过对国内外一些大中型建筑业企业施工现场的调研，概括起来施工现场的形象管理可归纳为如下要点：

4.4.4.1　施工现场大门、围墙与标牌

　　（1）施工现场大门。可分为无门楼式和门楼式两种形式。无门楼式多用于施工现场开阔、围墙较长的大型施工现场，门楼式则多用于施工现场狭小、围墙较短或因种种原因围墙上不便做企业形象宣传的施工现场。大门材质一般为金属管焊制或为薄铁板。大门形式可视现场情况而定，分为对开和四开两种。大门颜色多为白色或企业专用色。大门上用企业标准字书写企业简称文字。门楼式大门的净空高度应不小于 5 米。

　　（2）施工现场围墙。可分为一次性使用的砖砌式围墙和可重复使用的组合式金属围挡、瓦楞彩钢板围挡三种类型。有些国家和地区对围墙的高度做出了规定，如我国现场围墙高度为 2.5 米，金属围挡高度一般为 2 米。围墙和金属围挡上沿和下踢脚，可以企业标准色做出色条。砖砌式围墙上适合使用企业横式标准组合或企业的统一宣传口号、质量方针等。组合式金属围挡上适合间断使用企业上下式标准组合。瓦楞彩钢板围挡上可采用上述两种组合，但由于是瓦楞表面，适合采用漏板喷绘，以保证企业标志

和标准字的规范。为加强自身企业特色，建筑业企业可将自己的企业辅助图形和吉祥物做在围墙和围挡上。

（3）施工现场标牌。目前施工现场的标牌基本上有五种：一是施工图牌。主要包括工程简介、效果图、现场平面图、组织结构、安全制度等，建筑业企业可视自身实际情况进行增减，施工图牌一般置于大门入口处显要位置，亦可置于大门侧面，临街设置；二是项目经理部名牌。一般应悬挂在现场办公区入口处墙面上。名牌上可采用横式组合，亦可采用上下式标准组合，标准组合下方用企业标准字书写项目部名称；三是办公室门牌。可采用有机玻璃板、金属板制成，门牌内容为企业标志加办公室名称，以此区别施工企业办公室和甲方、监理等办公室；四是办公室内图牌。内容主要为岗位责任制、施工网络图等，视办公室面积而定；五是导向牌。用于施工现场的导向牌一般材质为钢管支撑架，牌面一般为钢板。

4.4.4.2　现场房屋

（1）现场办公室用房。大体分为混凝土盒子房、集装箱改造房、各类活动房和现场原有房屋。现场办公室可参照围墙形式将房檐和踢脚线刷为企业标准色，墙体为白色，楼梯、护栏、门框、门扇、窗框、窗扇亦刷为企业标准色；若为铝合金或塑钢等高档材质可保持其材质本色。也可根据企业情况自行设计，如在墙壁上画企业吉祥物图案等。室内装饰各企业可视自身财力而定。

（2）现场会议室或接待室。外观形象可同现场办公室。室内正面墙上可悬挂企业质量方针，两侧墙面上可悬挂工程效果图和企业代表性工程照片。

（3）现场门卫室。门卫室若为铝合金、塑钢材质，可保持其材质本色；其他材质的门卫室，其房檐、踢脚、门框、门扇、窗框、窗扇均与现场办公室相同。门卫室门牌形式规格参照办公室门牌，岗位责任制图牌形式规格参照办公室内图牌。

（4）现场宿舍用房。现场宿舍用房外部形象同现场办公室。宿舍墙体上或入口处应设导向标志或导向牌标明"生活区"或"宿舍区"。

（5）现场食堂。现场食堂外部形象同现场宿舍用房，室内岗位责任制图牌形式规格同办公室内图牌。

（6）现场卫生间。外部形象同现场宿舍用房，卫生间门牌上严禁使用企业标志，否则会令企业标志显得极不严肃。

4.4.4.3 现场机械设备

（1）配电箱。配电箱因各地方要求不同，故企业不应将配电箱的颜色、款式规定太细。两开门式配电箱，适宜左侧门居中为企业上下式标准组合，右侧门上为有电警示标志。单开门式配电箱，适宜在门左上角位置为企业上下式标准组合，门面居中一般为有电警示标志。

（2）混凝土储料罐。适合在混凝土储料罐体上使用企业竖式标准组合。

（3）推土机、掘土机及其他车辆。适合在门上粘贴或喷绘企业上下式标准组合。

（4）塔式起重机。在塔式起重机构造无特殊要求的情况下，适合在塔式起重机配重臂上安装企业模式标准组合标牌，具体尺寸视塔式起重机实际情况而定。其他设备可参照上述设备标准执行。

4.4.4.4 人员着装形象

（1）安全帽。在安全帽前面正中位置粘贴或喷绘企业标志，安全帽颜色一般分为红、白、黄三色，红色一般为项目高级管理人员和外来检查人员使用，白色为普通管理人员使用，黄色为工人使用。如各国家和地方政府对于安全帽颜色有明确规定，建筑业企业应以地方要求为准。

（2）工装。工装应分为春秋装、夏装和冬装。款式、颜色等建筑业企业视自身要求而定，一般可在上装的左前胸设企业横式标准组合，可丝印、机绣或织绣后缝上；在衣袖上以企业标志或企业上下式标准组合制作臂章，具体工艺同前。

（3）胸卡。胸卡内容：姓名、部门、职务、编号，配照片。胸卡上适宜使用企业横式标准组合。

4.4.4.5　楼面形象

（1）广告布。高度在 10 层及以上的工程应悬挂广告布，悬挂时间一般不晚于楼面主体起至 2/3 高度时，广告布面积一般不应小于 80 平方米，以上下式标准组合规范为主。广告布颜色可为红色、蓝色或其他颜色，企业标志、名称为反白；广告布颜色亦可为白色，企业标志、名称使用标准色。企业可视必要在广告布下方加印上企业联系电话、网址等。凡低于 10 层的建筑或者不适合悬挂长方形广告布的建筑物，建议悬挂横幅，采用建筑业企业横式标准组合规范，材质可为广告布或薄铁板或胶合板。

（2）标语。施工现场应悬挂企业统一的广告标语，广告标语颜色、字体参照广告布标准实施，并应用广告布同期悬挂，以加强企业形象宣传效果。

4.4.4.6　旗帜

公司旗帜可分为室外旗、室内落地旗、桌旗、彩旗。公司旗帜的使用场合主要是施工现场大门入口处或现场。办公区内显要位置应设立室外旗，旗杆一般为三根等高，中央悬挂国旗，两侧挂公司旗，或者两侧分别挂业主旗帜和公司旗帜。项目管理人员办公室、会议室内应摆放落地旗或桌旗。在各类开、竣工仪式及重要公关活动时，施工现场应使用公司彩旗，以加强气氛。

施工现场企业形象策划的上述要点，建筑业企业可依照自身情况酌情参照实施，亦可进一步细化，以使企业形象更加完美。

4.4.5　建筑业企业办公环境管理

4.4.5.1　建筑业企业办公环境的特点

建筑业企业的办公环境相对于其他行业企业的办公环境有以下特点：

（1）部门齐全，分工细致，各部门对办公环境有不同的功能需求。建筑业企业的机构设置可划分为两大部分，一部分是行政部门，另外一部分是业务部门。单就业务部门而言，还要分出工程业务和资金业务等不同的部门。这会使形象管理具有很大的难度，因为形象策划的目的就在于统一和易于识别。但各部门办公需求不同，所以不能够强求一律统一，而要力求既满足员工工作性质的不同需要，又能够使整个办公环境看起来和谐统一。本着这样一个思路，建筑业企业应把统一的着眼点从大小、高矮、多少等不易统一的措施上挪开，而注重色彩、材质等这些拥有内在气质上统一的措施。

（2）产品独特，需要在办公环境中进行适当的展示。建筑业企业的产品体积庞大，生产周期较长，宣传展示要分步进行。第一步是在投标阶段，需要以前的产品来说明实力，这一步的宣传可以通过简介和标书来进行。第二步是在施工阶段，可通过施工现场的形象对外进行展示。第三步是在施工完成后，这一步的宣传就要通过办公环境来实现，并且在产品的展示形式上要做适当的考虑，如设计成统一的展示图，使之成为办公环境装饰装修的一部分。

（3）与施工现场存在特殊关系，办公环境需与施工现场相互呼应。建筑业企业的办公环境和施工现场的联系是非常紧密的，两个地方的员工可以互相流动，施工现场的临建等设施的内部也是一个小的办公环境，所以办公环境与施工现场的视觉识别策划应该浑然一体，绝不能人为地割裂开来。这就需要在策划时进行周密的考虑，这种考虑包括环境的功能性、实施手段的适用性、物品配备的多样性等等。

4.4.5.2 建筑业企业办公环境形象管理的步骤

（1）选择应用要素。所谓"要素"是指视觉识别的基础部分，如标准色、标志、标准组合等等。要素的选择应本着以下几个原则：一是最能代表本企业，使人能够很快识别，如企业标志、企业标志与全称的组合等；二是使用简单，适用于不同尺寸，如颜色、标志等；三是使用安全，没有歧义，如有些易与其他企业混淆或没经注册认可的简称，则不适宜使用。办公环境常用的要素有企业标准色（一般是两三种颜色搭配使用）、企业标志（可放大或缩小使用）、企业标准组合（多为标志与企业全称的固定字体组合）等。另外，标志的辅助图形和标志的轮廓等也偶尔被使用。

（2）**选择要素应用点。**所谓应用点就是策划人需要应用要素达到识别目的的办公环境的各具体部位。如桌椅可以应用标准色要素，大厅或会议室的主墙壁可以应用标准组合要素等。应用点的选择应遵循以下原则：一是实用原则，尊重人们的生活习惯，不得妨碍日常办公；二是容易统一，这一原则要根据企业自身情况灵活运用；三是易于操作和维护，最好能够在各个应用点进入办公环境之前完成加工过程，并且在使用中磨损较小，易于长期使用。一般可选择如下应用点：办公楼面、办公桌椅、办公室墙壁、门窗、地面等。

（3）**要素与应用点的契合。**这是建筑业企业办公环境形象策划成功的关键所在。须按照下列原则操作：一是要素不可影响应用点的使用功能，要素在应用点的应用必须符合人们日常生活的习惯，不能影响应用点使用功能的发挥；二是应用点对要素有选择性，不是所有的要素都能用在应用点上，应寻求最合适的搭配；三是为便于统一，可在适当处留有空白。就像不是每个要素都要应用在应用点上一样，也不是每个应用点都要使用要素。尤其对于办公环境较多又不集中的单位来说，统一比应用齐全显得更为重要。为节省资金、求得一致，一些应用点可以忽略，可只选择比较突出、利于各成员单位集中体现的应用点加以设计，这样反而有良好的效果。

4.4.6　建筑业企业应用物品设计管理

4.4.6.1　建筑业企业应用物品分类

从大的方面来讲，建筑业企业的应用物品可简单地分为两类，一类是施工现场要用的，另一类是办公环境要用的。也可按照功能，将应用物品分为如下几类。

（1）办公用品。办公用品是员工们日常办公中经常用到的纸、笔等物品。

（2）礼仪用品。公关、礼仪活动中用到的物品，如名片、胸卡、邀请函、手提袋、各种礼品、包装纸、待客用一次性纸杯、烟灰缸、专版挂历、专版贺卡等。

（3）企业旗帜。包括桌旗、挂旗。

（4）装饰用品。办公室或施工现场的装饰物，如室内外图牌、会议条幅、企业专用伞。

（5）员工服饰。员工在办公环境或施工现场穿着的统一的企业制服，如男员工的西装、衬衫、领带、领带夹、皮带、袖扣，女员工的西服套装、衬衫、领结或领巾。

（6）交通工具。各种车辆和与之有关的用品，如车内装饰物、车钥匙等。

需要说明的是有些物品有着双重性能，如领带既是员工服饰又可以作为公关活动中的礼品。有的物品也可有其他的归类，如员工每个工作日都要佩戴的胸卡，也可认为是办公用品的一种。上述划分只是为分类叙述方便而做，不一定十分严密。

4.4.6.2　建筑业企业应用物品形象管理的原则

应用物品大小、形状各不相同，看似繁杂，但它们的设计是要为体现企业形象服务的，以此为核心来统领设计思路。建筑业企业应用物品的设计原则如下：

（1）实用性。应用物品的主要功能是其使用功能，如果某种设计妨碍或剥夺这种功能，那么这种设计就毫无意义。

（2）一致性。物品的种类繁多，在设计中一定要注意风格的一致性，虽然应用不同的要素，但应该能使受众感知到是一家企业的用品。

（3）规范性。物品的面积、体积不尽相同，材质也不尽相同，所以对要素的应用要规范，颜色上力求标准，标志和标准组合更应规范，所有要素都要按规定使用。

（4）**习惯性**。所设计的物品在日常生活中基本都有已为大众所接受的原形物品，因此在设计中要把握分寸，不能改变太多，否则会使受众感到陌生，从而拒绝接受。

（5）**新颖性**。如果不能在识别要素的使用上做到新颖独到，就不会给人们留下特别深刻的印象，也不能达到设计的目的，所以应有所创意。

5

5

建筑业企业品牌传播管理

5.1 建筑业企业品牌传播管理概述

5.1.1 建筑业企业品牌传播的含义

品牌传播（Brand Communication）就是企业以品牌的核心价值为原则，在品牌识别的整体框架下，选择广告、公关、销售、人际等传播方式，将特定品牌推广出去，以建立品牌形象，促进市场销售。品牌传播是企业发展的核心战略，是塑造企业形象的主要途径。

品牌本身是无形的，但品牌集中了从产品到企业的所有信息。如何有效地将这些信息通过品牌传递给市场，是需要科学管理的。传播是发送者通过一定的媒介把信息传输到接收者那里的过程。

建筑业企业品牌传播是将品牌的相关信息按照企业的意图编码、传播给外部目标受众，主要是客户和潜在客户以及社会公众，从而提高品牌知名度和影响力，占领更多市场份额。建筑业企业品牌传播是通过多种传播策略及传播工具，与外部目标受众进行的一系列关于品牌信息的交流活动。建筑业企业品牌传播是品牌与客户建立联系的重要中介。

传播学的鼻祖哈罗德·拉斯韦尔（Harold Dwight Lasswell），早在 1948 年就首次提出了传播过程的五要素，即传播者、信息、媒介、受传者、效果。经过许多学者的完善，后来又添加了反馈与噪声两个要素，如图 5-1 所示。

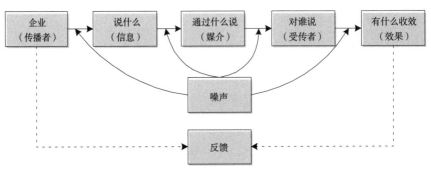

图 5-1 传播过程各要素的关系模式

在建筑业企业品牌传播过程中，建筑业企业要知道把品牌信息传播给什么样的受传者，以及要获得他们什么样的反应。有效的品牌传播，必须正确恰当地编译信息，要充分考虑目标接受者倾向于如何解译信息，必须通过能触及目标接受者的有效媒体传播信息，必须建立反馈渠道以便能够了解接受者对信息的反应。

5.1.2　建筑业企业品牌传播的特点

对一般消费品企业来说，品牌的传播推广主要有广告、公共关系、直接销售、销售促进和人员推销等。建筑业企业可根据自身特点采用广告、公共关系、直接营销、优质工程展示等传播推广方式。如前文所述，由于建筑业企业的生产经营特点，实质上建筑业企业有两个层次的消费者，建筑业企业的直接消费者是业主，间接消费者是完工工程的使用者或受益者，他们也是建筑业企业的实质消费者。从建筑业的市场营销方式来看，建筑业企业的直接消费者是相对固定且数量较少的，但建筑业企业的间接消费者是不固定且数量庞大的。从短期来看，业主对建筑业企业品牌的认知和是否接受，对建筑业企业品牌的市场表现起决定作用；但从长期来看，工程项目的使用者或受益者对建筑业企业品牌的认知和是否接受，对建筑业企业品牌的市场表现将起到不可低估的影响。建筑业企业应该根据自身的特点，建立适合的品牌传播推广模式，双管齐下，使品牌信息的传播在两个层次的接受者都产生良好的效果，达到树立品牌的目的。

从目前来看，建筑业企业一般只重视业主对企业品牌建设的作用，而忽视了工程项目的使用者或受益者对品牌建设的影响。虽然从表象上来看，某个项目是否可以承接取决于业主的决定，但业主的决策也应该依据工程项目的使用者或受益者的需求。从一定意义上讲，后者也是前者的消费者。如果能让工程项目的使用者或受益者也参与到对建筑业企业的选择，如建立招标投标听证制度，那么他们对某家建筑业企业品牌的态度将在很大程度上影响到这个企业的市场营销是否成功。如果建筑业企业能在广大的间接消费者心中树立良好的品牌，那么这个品牌的生命力将会是更加强大的。

5.1.3   建筑业企业品牌传播的原则

建筑业企业在进行品牌传播管理的过程中，要注意遵循基本的品牌传播原理，以保证品牌传播的效果。建筑业企业品牌传播一般应遵循独特性、一致性、整合性和灵活性原则。

（1）独特性。建筑业企业在进行品牌传播管理的过程中，要尽可能突出品牌的个性、风格，建立和维系独特的品牌形象，表现出品牌不同于其他建筑业企业品牌的差异性价值，提升品牌的差异化竞争优势。

（2）一致性。建筑业企业在进行品牌传播管理的过程中，要注意保持品牌定位、品牌核心价值、品牌形象和品牌风格等的一致性，使客户获得一致的品牌信息，形成统一的品牌概念，这样也有助于提高品牌传播管理的积累作用。

（3）整合性。建筑业企业在进行品牌传播管理的过程中，在明确品牌传播需求的基础上，应认真分析传播信息来源和内容，认真分析各子品牌的信息传播渠道，进而从品牌传播主题、传播风格、传播场所、传播时间、传播工作组合的方面完成品牌传播整合，提高品牌传播的整体效力。

（4）灵活性。建筑业企业在进行品牌传播管理的过程中，要注意随时观察市场情况的变化，及时调整品牌传播的内容和形式，使建筑业企业品牌传播能够根据外部环境的变化而变化，保持良好的传播效用。

5.2   建筑业企业品牌传播方式

5.2.1   建筑业企业品牌传播类型

建筑业企业品牌传播是一个复杂的传播系统，建筑业企业、专业的传播机构、媒介、品牌利益相关者、噪声和反馈是构成要素。建筑业企业是品牌的拥有者，是传播者。专业的传播机构是指广告公司、公关公司、品牌顾问公司等致力于提供品牌服务的营销传播机构，也是传播者，他们按照建筑业企业的要求负责传播品牌相关信息。媒介是指报纸、广播、电视、杂志、网络等大众传播媒体及广告路牌等一般信息载体，是信息传播的渠道。对于建筑业企业来说，建筑工地也是传播品牌信息的主要载体和渠道，这是建筑业企业品牌传播的特点之一。品牌利益相关者是指除了品牌所有者之外的与品牌有关系的各方，如客户、分包商、材料商、竞争者、政府、公众和其他利益相关者，他们是受传者。

品牌信息从建筑业企业发出到品牌利益相关者接收，按照是否经过专业的传播机构和媒介，可分为直接传播和间接传播。直接传播是建筑业企业直接向品牌利益相关者传递品牌信息。这种传播方式的优点是品牌信息传播的控制度好，信息损耗少。特别是人员传播的"一对一"方式，能够迅速得到大量直接信息和全面的反馈信息。直接传播的缺点是速度慢，范围较窄。间接传播是建筑业企业借助专业的传播机构和媒介来传播品牌信息。间接传播方式一般是"一对多"，优点是品牌信息传播速度快、范围广、形式多样。间接传播的缺点是可控性差，信息损耗大，反馈速度慢。建筑业企业品牌传播的直接传播和间接传播各有利弊，建筑业企业要根据自身的情况和品牌发展的需要综合运用。

5.2.2　建筑业企业品牌传播工具

无论是直接传播还是间接传播，都需要一定的传播推广工具。总体来看，有以下几种品牌传播推广工具。

5.2.2.1　广告

广告是为了某种特定的需要，通过一定形式的媒体，公开而广泛地向公众传递信息的宣传手段。广告有广义和狭义之分。广义广告包括非经济广告和经济广告。非经济广告指不以营利为目的的广告，又称效应广告，如政府行政部门、社会事业单位乃至个人的各种公告、启事、声明等，主要目的是推广。狭义广告仅指经济广告，又称商业广告，是指以营利为目的的广告，通常是商品生产者、经营者和消费者之间沟通信息的重要手段，或企业占领市场、推销产品、提供劳务的重要形式，主要目的是扩大经济效益。建筑业企业为传播推广品牌信息而进行的广告属于狭义的广告。

广告作为重要的传播工具，具有独特的性质：一是公开展示，广告是一种高度公开的品牌信息传播方式；二是普及性，广告是一种普及性的媒体，所有建筑业企业都可以选择使用广告来传播推广品牌信息，品牌利益相关者也可以收到各种品牌信息；三是夸张的表现力，广告可通过印刷艺术、声音和颜色将品牌信息戏剧性地展示出来；四是选择性接收，广告不是一对一的传播方式，受众是否注意或做出反应取决于多方面因素。广告有助于建筑业企业建立长期的品牌形象，有助于品牌利益相关者了解和接受建筑业企业品牌。具体来说，广告可以起到以下作用：一是建立品牌知名度，良好的品牌知名度有助于潜在客户接受建筑业企业；二是促进理解，建筑业企业的特点、长项和业绩可以通过广告传播出去，使品牌利益相关者了解建筑业企业。

5.2.2.2　公共关系

公共关系是指某一组织为改善与社会公众的关系，促进公众对组织的认识、理解及支持，达到树立良好组织形象、促进组织目标实现的一系列活动。公共关系本意是社会组织、集体或个人必须与其周围的各种内部、外部公众建立良好的关系。公共关系是一种状态，任何一个企业或个人都处于某种公共关系状态之中。公共关系又是一种活动，当一个企业或个人有意识地、自觉地采取措施去改善和维持自己的公共关系状态时，就是在从事公共关系活动。建筑业企业基于品牌管理的公共关系是指用来促进或保护品牌形象的做法，包括新闻发布会、媒体采访、介绍性文章、新闻简报、照片、电影等沟通方式，以及年度报告、筹资、社团活动及特殊事务管理等。

建筑业企业公共关系是使建筑业企业内部环境与外部环境达到和谐统一，通过品牌推广使品牌与公众尤其是品牌利益相关者相互沟通、相互了解以树立品牌良好形象的一种传播活动。建筑业企业的公共关系是以较低的成本通过公关活动引起新闻媒体和公众的关注，以达到较大品牌推广效果的一种手段。企业越来越认识到，公共关系不但在应对营销危机和品牌危机时能够扭转局面、力挽狂澜，而且在日常营销和品牌传播中日益发挥巨大作用。一个深思熟虑的公共关系活动同其他传播方式结合起来，能够取得很好的效果。与其他传播工具相比，公共关系有以下几个显著特征：一是高度可信性，新闻故事和特写对读者来说要比广告更可靠、更可信；二是消除防卫，作为新闻的方式将信息传播给品牌利益相关者要比销售传播导向的信息传播更容易被接受；三是戏剧化，公共宣传像广告那样，有一种能使企业品牌惹人注目的潜能。

公关活动不是凭空想象出来的，应该从社会的现实情况出发，挖掘创意点，使公关活动自身具有较大的社会意义和社会价值，符合社会感情的需要，从而引起公众的注意，使公关活动效果最大化。公关活动有时要通过轰动效应来扩大活动影响，提高知名度，但寻求轰动效应，必须不落俗套，另辟蹊径。因此，一个成功有效的公共关系要注意以下几个要点：一是政府同意。公共关系活动必须遵守政府的有关政策、法律和法规，接受政府对品牌管理活动的宏观控制和指导，及时与政府有关部门沟通信息，不可违反政策法规使自己陷入深渊；二是营销主旨。公共关系活动的开展不仅仅是为了活动本身的宣传效果，其主旨是为了品牌营销，否则，公关活动的根本意义将不存在；三是寓意深刻。公共关系应该主题鲜明、含义深刻，通过公关活动的实施和开展给公众留下深刻而良好的印象，使之在活动内容之外增加社会附加值，通过良好的社会关系推动品牌发展；四是策划得当。成功的策划是公关活动成功的关键，不经过精心和高质量的策划，公关活动是很难成功的；五是媒体的广泛参与。公共关系活动的目的是在公众中树立良好的品牌形象，扩大品牌的影响，如果没有大众媒体的参与，信息无法传播给公众，活动就很难产生效果；六是要有创意。公共关系的艺术成分多于科学成分，尽管它以科学为基础，因此要注意公关艺术中的创新因素。

5.2.2.3　直接营销

直接营销是指面对面地与一个或一个以上客户进行交流的方式。直接营销在建立客户偏好、信任和行动时，是很有效的工具。与其他品牌传播方式相比，建筑业企业的直接营销具有如下几个特点：

（1）人与人面对面接触，是在一种生动的、直接的和相互影响的关系中进行的，可以近距离地观察客户的需要和特征，随时调整策略。

（2）人际关系培养，通过直接营销的接触，建筑业企业可以与客户建立良好的合作关系，甚至营销人员可以与客户建立深厚的个人友谊，有利于增强客户对建筑业企业品牌的信任。

从直接营销的特点来看，直接营销的主要好处在于可以因人而异地向客户传递品牌的细节内容，其反馈信息可以帮助营销人员提高工作效果。这种方式可以寻找、评价潜在的客户，向他们提供个性化的解决方案。直接营销的主要缺点是成本较高、广度不够。

5.2.2.4　施工现场

对于建筑业企业来说，"现场就是市场"。建筑业企业的技术水平、管理能力以及企业文化在施工现场均能得到集中体现。建筑业企业很多工程项目，如机场、车站、道路桥梁、大型写字楼、酒店、商住楼等，多位于城市的显要位置，因此这些项目的施工现场就成为建筑业企业向公众和社会展示自身形象的窗口，充分利用施工现场这一得天独厚的载体，宣传建筑业企业品牌信息，展示企业形象，必然起到良好效果。

5.3　建筑业企业品牌信息管理

5.3.1　建筑业企业品牌信息的来源

所谓建筑业企业品牌信息的来源，是指建筑业企业品牌管理者可以从哪些地方收集到与品牌相关的信息。建筑业企业品牌管理者应该充分发掘信息源，从而使能够收集到的品牌信息最大化。一般来说，建筑业企业品牌信息源主要有以下几个方面：

（1）**客户**。客户的需求是最大的信息源，也是最重要的信息源。建筑业企业应该充分发现客户需要什么样的产品和服务，什么样的品牌形象更能吸引客户的眼球，什么样的品牌传播更能打动客户的心，什么样的品牌文化更能引起客户的共鸣。客户的需求直接决定了建筑业企业品牌发展的方向，是最大、最重要的信息源。

（2）**各种媒体**。媒体是提供信息最集中、最全面、最及时的信息源。媒体可以提供目前市场的最新状况，如市场中的新产品和服务，以及竞争对手的情况等。随着 IT 技术的发展，除了传统的报纸、广播、电视和网络四大媒体外，社会化媒体也成为越来越重要的媒体形式。建筑业企业品牌管理者在收集品牌信息时，要充分利用各种有效的媒体。

（3）**内部员工**。建筑业企业内部员工也是品牌信息的重要来源。内部员工作为品牌的一员，可以对品牌的管理提出意见和建议；作为建筑业企业品牌与客户沟通的桥梁，员工可以为企业的品牌管理提供关于客户的重要信息。

（4）**相关法规与文献**。各类相关法律法规、政策以及相关文献资料也是品牌信息的重要来源。建筑业企业品牌始终生存在一定的社会环境中，必然要受到这个环境中法律、政策的约束。因此，相关的法律政策性文件也是非常重要的信息源，它关系到一个品牌是否能够生存和发展，建筑业企业品牌管理者应该予以重视。

5.3.2　建筑业企业品牌信息收集的原则

建筑业企业品牌管理者收集品牌信息的主要任务在于，根据品牌发展的需要将品牌内部、外部的各种分散信息有效地加以汇集，以便品牌管理能够及时获得与品牌有关的各种信息。建筑业企业品牌信息收集的原则主要有以下几项：

（1）**目的性**。我们处于一个信息爆炸的时代，纷繁庞杂的信息海洋使任何人和组织都不会有精力涉足其全部内容。但对于特定的建筑业企业品牌来说，它所需要的信息相对于整个信息海洋只是沧海一粟。因此，建筑业企业在进行信息收集的时候，必须具有明确的目的性，这样才能有的放矢。所谓的目的性就是明确需要收集哪些方面的信息，需要这些信息来满足品牌发展的哪些方面的要求。简单来说，收集信息的标准就是看这些信息是否与建筑业企业品牌相关，是否对建筑业企业品牌发展产生作用。

（2）全面性。所谓全面性，就是在目的性原则的范围之内，收集所有可获得的信息。具体来说：第一，只要与建筑业企业品牌相关的信息，无论是强相关，还是一般性相关，都应该是品牌管理收集的对象；第二，在信息收集的过程中，不但要收集与品牌正相关的信息，也要收集与品牌负相关的信息；第三，所收集的信息不应该受区域的限制，既要包括国内的，也要包括国外的，不仅要有本地区、本部门、本单位的，也要有相关地区、相关部门和相关单位的。

（3）准确性。收集的信息只有准确、具体实用，才能满足建筑业企业品牌管理的需要。只有明确、具体、准确的信息，才能帮助品牌管理者做出正确的决策，使建筑业企业品牌得到推广。"准确"的另一层含义是收集的信息必须是真实的、客观的、可靠的，没有夹杂信息收集人员的主观意志和个人情感因素。信息内容一旦失去可靠性，信息分析与预测活动便无法正确地揭示事物发展过程固有的本质规律，更无法预测事物的位置状态或事物发展的未来趋势，因而也就失去了实践的意义。

（4）及时性。及时性是指收集信息要迅速及时。信息一旦过时，它的使用价值就会大打折扣甚至荡然无存。另外，也应该保证信息的新颖性，既指所收集的信息是当时建筑领域中最新的，也指对于特定的决策目的来说信息是新颖的。

（5）计划性。建筑业企业品牌信息收集是一项艰苦、细致、复杂并且规模庞大的工作，需要投入一定的人力、物力才能完成。因此不能盲目进行，要事先制定一个比较全面和周详的计划。同时，应该注意信息收集工作的经济性，尽量做到少花钱多做事。

5.3.3 建筑业企业品牌信息收集的内容

建筑业企业品牌信息涉及广泛，既包括市场需求、竞争对手、科技信息等微观信息，也包括国家政策、法律法规等宏观信息。只有充分挖掘这些来源广泛、内容丰富的信息，才能保证建筑业企业品牌经营活动避免失误，获得成功。具体来说，需要收集的信息内容包括以下几个方面：

（1）**政策法规信息**。建筑业企业品牌经营的一切活动都不能超出政策法律规定的范围，不了解这些信息，将会导致品牌经营活动发生偏差。及时了解政策法规信息，可以帮助建筑业企业决定品牌发展的方向。

（2）**市场信息**。市场信息是建筑业企业品牌管理者了解客户需求、确定经营方向的依据，主要包括以下几类：第一，市场需求信息，主要指当前建筑市场需求、近期需求、长远需求、潜在需求以及需求变化的趋势；第二，客户特征信息，主要是客户需求信息；第三，建筑市场占有信息，主要指本品牌在市场上的占有率；第四，价格信息，主要指各种原材料、劳务价格及变化趋势等。

（3）**建筑行业信息**。建筑行业的相关信息与建筑业企业品牌管理息息相关，建筑业企业品牌管理要收集建筑行业整体发展水平和态势的相关信息，技术发展水平、新技术的出现等，同行业其他品牌的经营方针、市场占有率、品牌形象、技术水平、质量水平、价格、成本、利润及售后服务等状况。

（4）**社会文化信息**。社会文化信息是指一个国家或地区的风俗习惯、伦理道德、居民的人生观、价值观、思维方式等方面的信息。由于客户都是生活在一定社会文化环境中的，其思维方式和行为方式都会受到一定文化习惯的影响。充分了解社会文化信息，可以帮助品牌深入了解影响客户选择建筑业企业的文化动因，同时构筑与当地文化相融合、有利于品牌发展的品牌文化。

5.3.4　建筑业企业品牌信息反馈管理

5.3.4.1　建筑业企业品牌信息反馈管理的含义

建筑业企业品牌信息反馈管理是指在品牌信息传播过程中以及传播活动结束后，对品牌信息的收集工作。具体来说，建筑业企业品牌信息反馈管理包括两层含义：

（1）在品牌信息传播活动中密切注意客户的反应，及时收集各种信息，对品牌信息所产生的各种效果进行评价，不断调整品牌信息传播计划及实施品牌信息传播的各项策略，以保证品牌信息活动按既定目标进行并产生最佳效果。

（2）在品牌信息传播之后，从客户那里可以得到各种各样对品牌信息传播的反应，经过研究整理后，再回送到品牌信息传播的决策者，决策者根据新的情况对品牌信息传播计划与策略进行调整改进的过程。

5.3.4.2　建筑业企业品牌信息反馈管理的作用

建筑业企业品牌信息反馈管理是对品牌信息传播管理的一个检验，是对品牌信息传播效果的评估，并根据检验和评估对品牌信息传播进行调整，从而确保对品牌信息传播实现有效的管理，使客户了解和接受更多的品牌信息，树立建筑业企业品牌的知名度、美誉度和忠诚度。建筑业企业品牌信息反馈管理的作用主要有以下几个方面：

（1）品牌信息反馈管理检验了前期对品牌信息的收集是否充分、对这些信息的分析是否合理、是否确立了正确的传播理念和诉求。对这些信息的反馈，可以帮助建筑业企业品牌管理者调整思路，更好地收集和分析与品牌有关的信息，制造出迎合客户心理需求的品牌信息，促进品牌的推广。

（2）品牌信息的反馈管理可以检验品牌信息传播计划是否正确、品牌信息传播活动是否在按计划进行、传播媒介运用是否得当等等。对这些信息进行及时收集和反馈，可以帮助品牌管理者对品牌信息传播计划及实施策略进行调整，加强品牌信息传播力度。

（3）品牌信息的反馈管理能反映品牌信息传播活动产生影响的整个过程，也是整个传播活动影响客户的过程。通过品牌信息反馈管理，总结每一时期或每一次活动的经验，对以后品牌信息传播活动的开展能起到调节与促进作用。

5.3.4.3　建筑业企业品牌信息反馈管理的要点

（1）及时研究测试所得到的反馈信息，并将研究结果反馈给决策机构，及时解决所发现的问题。信息反馈速度是信息反馈的重要一环，如果反馈速度太慢，就起不到及时调整与控制传播活动的作用。要做到提高信息反馈速度，尽量缩短反馈路径，以免贻误时机。

（2）广辟反馈信息的来源渠道。要全面客观地了解品牌信息传播在客户中产生的影响，就要从多条渠道多个层次全方位地开辟信息反馈渠道。反馈信息的来源越广、信息越多，分析反馈信息的结果就越准确，反馈管理也就越有效。

（3）做好再次信息反馈管理工作。一个建筑业企业开展品牌信息传播活动不会只是一两次，信息反馈工作也不会只是一两次。从品牌信息的传播决策到品牌传播计划的实施，再将客户及各方面的反应反馈给决策机构，这是一个品牌传播的控制过程。在这个过程中，信息的输入输出会不断地发生，每一次信息反馈都会使正在开展的品牌信息传播活动得到一次调控，使品牌信息传播活动与市场相吻合，与客户需求和心理相一致。做好品牌信息反馈管理，可以形成信息流的良性循环，使品牌信息传播活动不至于产生偏差而失败。

5.4　建筑业企业品牌整合传播

5.4.1　建筑业企业品牌整合传播概述

5.4.1.1　整合营销传播

品牌传播的宗旨是运用媒体对企业进行宣传，相对于硬性广告或传统的 B2B 平台公关宣传，整合营销这种传播模式是品牌传播的最新趋势。

整合营销传播（Integrated Marketing Communication，IMC）是在 1992 年由全球第一部 IMC 专著《整合营销传播》的作者——美国西北大学教授唐·舒尔茨（Don Schultz）及其合作者斯坦利·田纳本（Stabley I. Tabbebbaum）、罗伯特·劳特朋（Robert F. Lauterborn）提出来的。整合营销传播以消费者为核心重组企业行为和市场行为，综合协调使用各种形式的传播方式，以统一的目标和统一的传播形象，传递一致的产品信息，实现与消费者的双向沟通，从而迅速树立产品品牌在消费者心目中的地位，建立品牌与消费者长期密切的关系，更有效地达到广告传播和产品营销的目的。整合营销传播一方面把广告、促销、公关、直销、CI、包装、新闻媒体等一切传播活动都涵盖在营销活动的范围之内；另一方面使企业能够将统一的传播资讯传达给消费者。所以，整合营销传播也被称为"Speak with One Voice"（用一个声音说话），即营销传播的一元化策略。整合营销传播的中心思想是：以通过企业与顾客的沟通满足顾客需要的价值为取向，确定企业统一的促销策略，协调使用各种不同的传播手段，发挥不同传播工具的优势，实现企业促销宣传的低成本化，以强大冲击力形成促销高潮。

1996 年，在美国西北大学赞助的第三届整合营销传播年会上，与会者们提出了关于整合营销传播定义涉及的五个方面：一是整合营销传播是一个对现有顾客和潜在顾客发展和实施各种形式的说服性沟通计划的长期过程；二是顾客决定沟通方式；三是所有与顾客的接触点必须具有引人注目的沟通影响力；四是技术使与顾客的相互作用越来越成为可能；五是需要测试营销沟通结果的新办法。

全美广告业协会促进了整合营销传播的研究和发展，他们对整合营销传播的定义是："整合营销传播是一个营销传播计划概念，它注重以下综合计划的增加值，即通过评价广告、直接邮寄、人员推销和公共关系等传播手段的战略作用，以提供明确、一致和最有效的传播影响力。"这个定义包含着概括性意义，概括起来如下：一是使用了多种多样的传播手段；二是对这些手段的整合；三是对多种传播手段的战略作用进行比较分析的战略决策；四是营销传播计划的概念。

5.4.1.2　品牌整合营销传播的概念

品牌整合营销传播是指把品牌等与企业的所有接触点作为信息传播渠道，以直接影响消费者的购买行为为目标，从消费者出发，运用所有手段进行有力的传播的过程。这一过程对消费者、客户和其目标中的或潜在的目标公众来说，通常应该是协调的，并且具有说服力。品牌整合营销传播不是将广告、公关、促销、直销、活动等方式简单地叠加运用，而是了解目标消费者的需求，并反映到企业经营战略中，持续、一贯地提出合适的对策。为此，应首先决定符合企业实情的各种传播方法和方法的次序，通过计划、调整、控制等管理过程，有效地、阶段性地整合诸多企业传播活动，然后持续开展这种传播活动。

品牌整合营销传播不是只有一种表情、一种声音，而是由许多要素构成的概念。品牌整合营销传播的目的是直接影响听众的传播形态，品牌整合营销传播要考虑消费者与企业接触的所有要素。

（1）从企业的**角度**看，品牌整合营销传播以广告、促销、公共关系等多种手段传播一贯的信息，整合传播战略，以便提供品牌和产品形象。

（2）从媒体机构的**角度**看，品牌整合营销传播不是个别的媒体运动，而是多种媒体组成一个系统，给广告主提供更好的服务。

（3）从广告公司的**角度**看，品牌整合营销传播不仅是做广告，而且要灵活运用必要的促销、公共关系、包装等诸多传播方法，并把它们整合起来，给广告主提供服务。

（4）从研究者的**角度**看，在当今竞争激烈的市场环境下，只有流通和传播才能产生差异化的竞争优势，传播能创造拥有较高利益关系的品牌忠诚度，使组织利润持续增长。品牌整合营销传播理论修正了传统的 4P 和 4C 营销理论，能够产生协同的效果。

5.4.1.3　建筑业企业品牌整合营销传播的含义

建筑市场是竞争性市场，建筑业企业的产品和服务同质化也日趋严重。在这种情况下，各种有关建筑业企业产品和服务的信息纷乱芜杂又模糊不清，增加了客户选择的难度。人们对未知的对象或内容往往会产生戒心，会刻意回避对这种对象或内容的支持和采纳。从建筑业企业经营角度来看，要突破这种屏障，就必须围绕品牌积极开展各种传播活动，把企业的各种信息通过有效的渠道传递给潜在的客户，使他们在选择建筑业企业的时候，由于通过品牌传递的信息而了解建筑业企业的特点和长处，因而增强对建筑业企业的信任，感受品牌提供的价值，并对品牌产生信赖感。

以客户为基础的建筑业企业品牌传播还需要得到企业各方面利益相关者的理解和认同，包括公司员工对公司施工质量和服务水平的保证，也包括股东、政府部门和公众对企业经营业绩、社会责任、环境保护等方面承诺的实践结果的接受和认可。因此，建筑业企业以品牌为基础和载体的传播实际上是一种由内而外的全方位的整合营销传播。只有这样，才能保证利益相关者获得最大限度的信息满足或促使他们接受企业，从而保证从客户到品牌利益相关者对品牌及品牌所代表的建筑业企业产生信赖感。

品牌信息的传播推广是一个较复杂的系统工程，建筑业企业往往经过多个信息传播渠道，采用多种传播工具，针对不同的品牌利益相关者发送信息。这对品牌信息传播的效果提出一定的挑战，如果传播的信息不一致，不但不能提高品牌的美誉度，反而会削弱品牌的美誉度。因此，整合营销传播成为品牌传播推广的必然选择。

借鉴整合营销传播的概念，建筑业企业为了加强品牌传播效果，要综合运用各种传播方式，其面向内、外部的所有形态的品牌传播方式的整体化，可以称为建筑业企业品牌整合传播。建筑业企业品牌整合传播也就是把各自分散开展的企业传播活动以品牌为基础和载体进行战略性的联结，使其发挥最大的传播效果。建筑业企业品牌整合传播是多种要素构成的概念，是以潜在客户和现有客户为对象，实行说服性品牌信息传播的过程。建筑业企业品牌整合传播不仅以客户为利害关系对象，而且还把从业人员、投资者、社区、大众媒体、政府、同行业者作为利害关系对象。建筑业企业品牌整合传播不仅包括品牌信息的对外传播，也包括面向企业组织内部以提高组织成员士气、归属意识为目的的对内传播，它反映出建筑业企业品牌经营的整体水平。

5.4.2　建筑业企业品牌整合传播的要点

建筑业企业品牌整合传播有两层含义，首先是不同的传播方式传递的信息是一致的，共享建筑业企业品牌最核心的价值，清晰地将建筑业企业品牌定位传递给品牌利益相关者；其次是不同的传播方式要能相互补充，增强总体效果。

建筑业企业品牌整合传播要注意以下要点：

（1）**营造品牌关系**。建筑业企业品牌整合传播是适应商业大环境的，它是经营有利品牌关系的一种交互作用过程，通过带领员工与企业共同学习来保持品牌传播策略上的一致性，加强建筑业企业与客户、企业关系利益人之间的积极对话，以提高品牌作用和价值。目前，大部分建筑业企业都过于看重内部成本的缩减和运营效率的加强，但却忽略了不管企业的一举一动，还是无所行动，对客户、潜在客户、员工、利益相关人及媒体而言，都具有某种程度上的意义。认清这些推广沟通方面的意义，同时努力经营好与品牌相关的各种推广沟通活动，这便是品牌整合传播。建筑业企业品牌整合传播的中心应该是营造基于客户的品牌关系，不只是扩大知名度，而且重在增加客户对建筑业企业品牌的美誉度和忠诚度。

（2）**以客户为中心**。建筑市场竞争激烈，属于典型的买方市场。在买方市场条件下，客户的行为决定一切，因而，建筑业企业品牌传播的目的就是培植与客户或潜在客户的良好关系。建筑业企业做好品牌传播必须对客户或潜在客户了解透彻，必须清楚客户并以他们的判断标准来做出决定，而非建筑业企业看问题的方式和方法。营销理论界把品牌关系解释为重复销售，是以交易为出发点的想法。当紧密的关系建立起来之后，企业得到的利益绝不止于重复销售。也就是说，如果一个既定的品牌受到消费者青睐的时间越持久，此品牌从市场上获得的收益也越大，这是因为消费者对品牌的支持越长久，也就越容易为这个品牌支付更多费用。这种情况同样适用于建筑业企业品牌，所以建筑业企业要注重分析客户的特点和需求，在品牌整合传播过程中要时刻以客户为中心。

（3）全员参与。建筑业企业经营品牌、推广品牌与建立品牌关系的过程，不单单是品牌管理部门的事，也不单单是营销部门的事，同时也是项目管理、财务、行政、人事等部门的责任，因此需要建立跨职能的管理机构。关注品牌推广，是品牌管理者的责任，但同时也是每个员工的责任。

（4）保持品牌特征信息的一致性。所谓一致性是指综合协调所有的品牌对象、品牌定位和口碑的信息。信息的一致性可以使品牌信息传播取得更好的效果。建筑业企业要进行品牌推广，建立品牌关系，就要先了解品牌推广和传播的每一句话和所做的每一件事。对所有接触点所传达出的品牌信息都要加以监控，监测它们是否与企业整体的品牌战略相一致。保持产品和服务的一致性一直是一项基本的营销法则。如果品牌推广所传播的品牌特征信息不一致，品牌是没有一致性可言的。如果品牌传播的信息与建筑业企业的所作所为不一致，品牌的核心价值也会不明确。建立一致的品牌推广信息是整合传播的关键环节之一，在这个执行的阶段里，一致的要求会随着客户和关系利益人团体而有所变化。建筑业企业与客户或利益相关者进行的一对一沟通越多，一致性的标准越个性化。

5.4.3　建筑业企业品牌整合传播方案的制定

建筑业企业品牌整合传播的有效运用需要制定切实可行的品牌整合传播方案。建筑业企业品牌整合传播方案制定一般应该包括以下几个步骤：

（1）确定传播受众。建筑业企业进行品牌信息传播必须确定明确的目标受众。目标受众可以是建筑业企业的潜在的客户、目前的客户、行业主管部门等政府部门，也可以是其他品牌利益相关者，甚至是广大公众。因为品牌信息传播的目标受众不同，建筑业企业进行品牌信息传播的内容、方式方法也会有所不同。建筑业企业要根据具体的目标受众来决策传播什么、怎么传播、何时传播、何地传播、由什么机构来传播等等。

（2）确定传播目标。当确定了目标受众并分析了其特点之后，建筑业企业必须确定通过品牌信息传播想要寻求目标受众什么样的反应。建筑业企业品牌信息传播的最终目标是赢得客户，但客户选择建筑业企业的决策是一个长期过程的积累。建筑业企业要明白如何通过品牌信息传播来增强知名度和美誉度，以此将潜在客户从目前状态推向更加倾向选择阶段。

（3）设计传播信息。目标受众反应明确后，建筑业企业应该设计有针对性的信息内容。在理想的状态下，品牌信息应该能引起目标受众的注意，提起目标受众的兴趣，赢得目标受众的接受和信任，最终增加潜在客户的选择可能性。

（4）选择传播渠道。建筑业企业必须选择有效的传播渠道来传递品牌信息，在不同的情况下采用不同的传播渠道，在不同的阶段采用不同的信息传播渠道或渠道组合，面对不同目标受众也要选择不同的传播渠道。

（5）编制传播预算。建筑业企业品牌传播面临的一个决策难题就是对品牌传播要投入多少费用。品牌传播预算与合同额或营业额之间保持什么样的比例才能达到利润最优，这涉及建筑业企业长期利益与短期利益的权衡取舍，需要建筑业企业根据自身情况进行分析确定。

（6）确定传播组合。每种品牌信息传播方式都有各自独有的特性和成本，建筑业企业在选择传播工具时一定要了解这些特征，并根据建筑行业的特点、本企业费用预算以及传播目标来进行宣传方式组合。一般来说，建筑业企业比较重视直接营销，然后是广告和公共关系等。

（7）管理传播过程。建筑业企业根据所制定的品牌战略以及动态更新的品牌策略，对品牌整合传播的每一个环节、每一种传播方式都跟进，以确保品牌利益相关者得到一致的、完整的品牌信息。

5.5　建筑业企业品牌社会化媒体传播 —————————

5.5.1　建筑业企业品牌社会化媒体传播的概念与特征 —————————

5.5.1.1　建筑业企业品牌社会化媒体传播的概念

随着 Web2.0 技术的发展，以及人们生活节奏的加快，社会化媒体（Social Media）的出现与兴起正剧烈地改变着现代企业的营销规则。社会化媒体凭借其独特的传播属性、低廉的构建成本、快速的反馈模式为广大企业所青睐。越来越多的建筑业企业参与到社会化媒体活动中，利用社会化媒体推广自己的品牌，使企业品牌的建设重点从产品、文化演变到如今的情感、客户的个性与参与上来。

社会化媒体又称社会媒体、社群媒体、社会化媒介，它是人们用来分享意见、经验和观点的工具和平台。社会化媒体和一般的社会大众媒体最显著的不同是：让用户享有更多的选择权利和编辑能力，自行集结成某种阅听社群。社会化媒体能够以多种不同的形式来呈现，包括文本、图像、音乐和视频。

社会化媒体传播就是利用社会化网络、在线社区、博客、百科或者其他互联网协作平台和媒体来传播和发布资讯，从而实现营销、销售、公共关系处理和客户关系服务维护等方面的品牌建设的一种方式。一般社会化媒体的传播工具包括论坛、微博、微信、博客、SNS 社区等。某些网站也加上了类似功能。

5.5.1.2　建筑业企业品牌社会化媒体传播的特征

与传统媒体的传播相比，建筑业企业品牌社会化媒体传播具有如下特点：

（1）参与性。社会化媒体可以使感兴趣的人主动地贡献和反馈信息，它模糊了媒体和受众之间的界限，受众可以主动地参与整个传播过程。

（2）公开性。大部分的社会化媒体传播活动都允许人们免费参与，并鼓励人们评论、反馈和分享信息。参与和利用社会化媒体中的内容几乎没有任何障碍，所有的内容和渠道对社会化媒体的使用者而言都是完全公开的。

（3）交流性。传统媒体采取的是"广播"的形式，内容由媒体向用户传播，单向流动。而社会化媒体的优势在于：内容在媒体和用户之间双向传播，使得媒体和用户之间可以形成对话，加强了媒体与用户、用户与用户之间的互动和反馈。与传统媒体相比，社会化媒体具有双向对话的特质。

（4）社区化。在社会化媒体中，人们可以很快地形成一个社区，并以共同感兴趣的内容为话题组成各种小团体，进行充分的交流。

（5）连通性。大部分的社会化媒体都具有强大的连通性，不仅体现在多种社会化媒体应用之间，也体现在社会化媒体与传统的网络媒体之间，多种媒体可以相互融合。

5.5.2 建筑业企业社会化媒体品牌传播的过程

建筑业企业社会化媒体品牌传播从信息源开始，只有经过引发关注、内容转载、参与互动、传统媒体介入四个阶段，品牌信息才能向更深和更广的层面迅速扩散。在这个过程中，品牌影响的人数会快速增加，影响面也会迅速扩大，最终品牌的影响力会逐步得到增强。

（1）引发关注。引发关注是指在这一阶段，信息源会在某些特定的载体中被发现继而引起关注。

（2）内容转载。内容转载是指信息以转载的方式在互联网中的各个论坛、微博、社区、微信群迅速扩散的过程。由于这一阶段信息从某些特定的群体向更多的群体扩散开来，因此转载是信息横向传播最主要的方式。信息在不同的微博、论坛等之间转载的次数越多，说明它的影响范围越大，关注它的人群也越多。

（3）参与互动。社会化媒体与传统媒体差别最大的一点就是它允许用户参与互动，其本质在于用户生成媒体（UGM）和用户生成内容（UIGC）。用户参与、用户创造、用户分享是社会化媒体的内容特征，同时又具有用户作为消费者身份的平等的关系特征。在社会化媒体上，一方面，客户可以基于自己的体验自由地发表关于产品、服务的方方面面的评价，也可以通过分享迅速地获得使自己信服的、与企业产品服务相关的疑问的回答；另一方面，企业发布的任何夸大其词或虚假的广告也都会迅速被揭穿，造成品牌危机。

（4）传统媒体介入。传统媒体介入是指传统媒体开始关注并报道信息，信息开始扩散出网络的虚拟世界，进入现实世界。虽然社会化媒体当下很流行，但是它的覆盖面相较于传统媒体还是较弱的。传统媒体的介入说明信息或事件的影响人群已经从网民向全民扩散。网络上发生的事情和信息通过传统媒体进入全民视野，这意味着社会媒体的影响力在该阶段达到了顶峰。

深入理解社会化媒体品牌传播的过程，能帮助建筑业企业更好地策划和执行自己的品牌传播活动，明确不同阶段的关注重点和工作重点。比如在引起关注阶段，建筑业企业要重点思考的是如何使自己品牌的传播更具创意、更易引起客户的兴趣，要准确找出目标客户的关注点；而在互动阶段，建筑业企业的工作重点是做好与客户的互动，聆听并重视客户的声音。

5.5.3 社会化媒体在建筑业企业品牌传播中的优势

建筑业企业品牌社会化媒体传播有传统网络媒体传播的大部分优势，比如传播内容具有多媒体特性，传播不受时空限制，传播信息可沉淀带来长尾效应，等等。

（1）社会化媒体可以精准定向目标客户。社会化媒体掌握了用户大量的信息，抛开侵犯用户隐私的内容不讲，仅仅在用户公开的数据中，就有大量极具价值的信息。通过分析用户发布和分享的内容，社会化媒体可以有效地判断出用户的喜好和需求，从而更加精准地定位目标客户。

（2）拉近建筑业企业与用户的距离。在传统媒体中投放的广告根本无法看到用户的反馈，在官网或者博客上的反馈也是单向或者非即时的，互动的持续性差。而社会化网络使人们能看到企业的官方微博，能看到建筑业企业的官方主页。在这些平台上，先天的平等性和社会化网络的沟通便利特性使得企业和客户能更好地互动，有助于企业形成良好的品牌形象。此外，微博等社会化媒体是一个天然的客户关系管理系统，建筑业企业通过寻找用户对企业品牌或产品与服务的讨论或者抱怨，可迅速做出反馈，解决客户的问题。

（3）低成本进行舆论监控和市场调查。随着社会化网络的普及，社会化网络的大数据特性得到很好的体现。一是社会化媒体可以使建筑业企业以低成本进行舆论监控。在社会化网络出现以前，企业想对客户进行舆论监控是很难的。而现在，社会化媒体在企业危机公关时发挥的作用已经得到了广泛认可。任何负面消息都是从小范围开始扩散的，只要建筑业企业能随时进行舆论监控，就可以有效地降低企业品牌危机产生和扩散的可能性；二是建筑业企业对社会化平台的大量数据进行分析，或者进行市场调查，有助于挖掘出目标客户的需求，为开拓和占有目标市场提供准确的依据。

（4）低成本组织力量。社会化网络可以使建筑业企业以很低的成本组织起一个庞大的"粉丝"宣传团队。每当企业需要推出品牌宣传内容时，这些"粉丝"就会奔走相告、做足宣传，而这些几乎不需要成本。此外，社会化媒体的公开信息也可以使建筑业企业有效地寻找到意见领袖，对意见领袖的宣传可以收到很好的效果。

5.5.4　建筑业企业品牌社会化媒体传播策略

（1）网上市场调研。无论是基于 Web1.0 时代的传统网络营销，还是基于 Web2.0 时代的社会化媒体营销，一直以来，营销活动的首要工作都是研究企业所处的环境，据此制定营销方案。与现实中的市场调研相比，网上市场调研具有更多的优势：可以不受时间和空间的限制；调研覆盖面广，调研周期短；调研费用少，可以花费较少的人力和物力；信息表达呈现多媒体化。建筑业企业可以通过搜索引擎检索法、专业网站检索法、发布式或是邮件式的问卷调查等方法来收集自己想要的资料，它可以方便地了解网络客户的偏好，甚至是竞争对手的竞争策略。当然，由于网上市场调研是局限于网络的，因此网上市场调研在面对某些目标客户时收效甚微。

（2）客户行为分析。社会化媒体营销要针对网络市场，及时了解和把握网络市场的客户特征及其行为模式的变化，为企业在网上市场进行营销活动提供可靠的数据分析和营销依据。网上客户作为一个特殊的群体，有着与传统市场不同的特征，因此要开展有效的营销活动，就必须深入地了解这个群体的需求特征、购买动机和购买行为的模式。社会化媒体作为信息沟通的工具，正成为许多有共同爱好的群体聚集和交流的地方，了解这些群体的特征和偏好是分析网上客户行为的关键。

（3）建立网络品牌。社会化媒体营销的一个重要特点是在网上建立和推广自己的品牌，以网络为基础的新经济，其本质就是注意力经济，拥有注意力的企业将拥有一切，网络品牌越来越重要。在社会化媒体中，建筑业企业需要创造有用或者新奇的内容来吸引注意力，用真诚的互动与反馈来保持客户的注意力。

（4）增加企业曝光率。建筑业企业网站是一个虚拟的商店，如果没有人知晓这个网站，那么即使里面的商品再好、服务再优秀，也没有用。而建筑业企业的社会化媒体账户是企业在网络中的虚拟形象，社会化媒体营销初期的大量工作就是推广企业网站、增加企业在社会化媒体上的曝光率。如在行业网站或相关商业网站上添加友情链接和邮件列表、优化网页设计（便于搜索引擎检索到）、放置网络广告、许可E-mail经营，在社会化媒体上开展促销活动、慈善活动等。目前，有大量的网站访问量少、社会化媒体营销效果不显著，这与企业不善于推广有很大的关系。网站推广是网络营销的核心职能，也是社会化媒体营销的重要部分。

（5）信息发布。在社会化媒体上发布信息不仅是树立网络品牌、增加企业曝光率的方法，也是实施企业社会化媒体营销策略、扩大市场份额的手段，它可以同时向多种受众发布信息，例如目标客户、潜在客户、公共媒体、合作伙伴等。社会化媒体提供了一个多样的信息载体，拥有诸多的优越性，如方便快捷、成本低廉、易于维护更新、容量大等。

（6）**客户关系管理**。建立良好的客户关系是营销成功的必要条件，而社会化媒体易于沟通的特性也为维护良好的客户关系提供了便利的条件。建筑业企业可以及时得到客户的反馈，对这些信息进行归纳，不断完善自己。

6

6

第 6 章

建筑业企业
品牌关系管理

6.1 建筑业企业品牌关系管理概述 ———————

6.1.1 品牌关系的产生背景 ———————————————

随着市场态势由卖方市场向买方市场转变，顾客拥有更多的选择权和话语权。市场性质的转变导致以交易为特征的传统营销理论被以维系顾客关系、获取顾客资产为中心的关系营销理论所代替，菲利普·科特勒（Philip Kotler）曾称之为"营销学研究范式的转变"。关系营销的实质是组织通过营销战略规划及实施以获得、建立和维持与顾客紧密的长期关系。品牌关系理论是品牌研究的最新阶段，是关系营销理论在品牌层面上的应用。

品牌关系理论的产生背景可以归纳为以下两方面：

（1）顾客对品牌需求层次的提高。品牌不只是一个简单的标志符号，它具有更复杂的内涵。科特勒认为一个品牌具有六层含义，即属性、利益、价值、文化、个性和使用者。根据马斯洛的需要层次理论，人的需要层次具有递进性，对品牌的需求亦如此。随着品牌竞争的加剧，顾客对品牌的需求不止局限于属性、利益层次，而是追求品牌所特有的价值、文化和个性，追求品牌的情感内涵。同样，企业对品牌的发展也应定位在更高层次上，在杰斯帕·昆德（Jesper Kunde）设计的品牌精神（Brand Religion）模型中，品牌的发展被划分为产品、品牌概念、公司理念、品牌文化和品牌精神五个阶段，其中品牌文化和品牌精神是品牌发展的最高阶段，即"品牌天堂"阶段。

（2）企业经营理念的转变。交易营销视角下，企业认为在供需价值链所提供的价值一定的条件下，消费者获得的价值越多意味着企业得到的价值越少。但关系营销将重点放在企业和消费者整个供应链体系的价值的提高上，而不是一定数量价值的不同比例分割。企业不再将消费者视为价值争夺的对立面，而是通过与其建立一种相互信任、依赖的合作关系来提升价值，共同获利。这要求企业以"共赢"观念而非"零和博弈"观念来处理企业和消费者之间的关系。

6.1.2　实施品牌关系战略带来的利益

品牌关系战略实际上是关系营销理论在品牌关系中的应用，因此品牌关系所带来的优势、利益实际上也就是实施关系营销所带来的利益。实施品牌关系，对企业和顾客而言是一个双赢的局面。

6.1.2.1　顾客所获得的利益

（1）信任利益。通过与品牌之间的长期接触，顾客会对企业品牌产生信任感，这可以给顾客带来一种心理上的安全感，减少由于惧怕交易中存在的不确定因素所引起的焦虑感。

（2）社会利益。顾客具有情感的需求，通过与品牌的长期交往，顾客与产品或服务提供者之间可能会产生一种亲情、友谊，建立了一种社会关系。这样的社会利益使得顾客减少更换品牌的频率。并且因为社会利益的存在，有时即使竞争品牌具有质量优势或者价格优势，顾客可能也不会实施更换。

（3）特殊对待利益。由于顾客与品牌供应商之间的长期交易关系，供应商可能会给顾客以价格或其他方面的优惠，如优先接待顾客等。

6.1.2.2　企业（品牌）所获得的利益

企业从与顾客的长期关系中所获得的利益是显而易见的，包括销售额的不断上升、营销和管理成本的下降，以及利润的增加等。这也是目前企业讲究顾客保留战略、注重顾客终身价值、顾客资产等理念的原因。

6.1.3　建筑业企业品牌关系管理的含义

品牌关系实际就是将关系营销理论与品牌管理理论的一种结合。关系营销的目标是顾客资产最大化，品牌管理的目标是品牌资产的最大化，品牌关系管理的目标是上述两个目标的兼顾。

建筑业企业品牌关系管理是指建筑业企业通过某种活动或努力，建立、维持以及增强品牌与客户之间的关系，是通过互动的、长期的、以增强客户品牌忠诚度并以此增加品牌价值为目的的与客户进行理性和感性互动的总和。

建筑业企业品牌关系管理是一种品牌管理方法，是建筑业企业品牌管理的重要内容。建筑业企业品牌关系管理将纯粹收益管理转变为以客户为中心的收益管理，强调品牌与客户之间的交流与关系。关系营销、制定营销和一对一营销在建筑业企业品牌关系管理中得到很好的体现。

6.1.4　建筑业企业品牌关系管理的可行性

建筑业产品体量大、单笔合同数额高、持续时间长。企业在合同谈判、合同履约的过程中，始终要与业主打交道，就是为业主提供服务，按照合同的约定，满足业主的需求。只有了解业主的需求，才能有针对性地为业主提供服务，提高业主满意度。建设项目从项目跟踪到项目结束再到工程款收回一般都要经历数年的时间，所以建筑业企业与业主之间的了解、信任、配合很重要。

从建筑行业的特点来看，建筑产品具有生产周期较长、单件性、固定性的特点。虽然建筑产品一次性投资量大，客户一次性投资使用年限较长，重复购买的可能性不大，潜在客户不好预测。但是由于建筑产品投资量大，所以建筑业企业一般要面对客户集团的最高决策层，建筑业企业的客户很多是地方政府、企业集团，在国际上甚至直接对接他国政府。在建筑业企业营销过程中，首先，在合同签署前，建筑业企业和客户双方主要是中高层领导的接触，高层的态度非常关键；其次，在项目实施阶段主要是双方基层人员之间的项目配合；最后，在项目竣工结算、催收清欠阶段，中高层的接触又成为关键。从建筑业企业经营的特点来看，建筑业企业要将客户的高层视为品牌关系管理的主要对象，如企业集团、地方政府，甚至一个国家的中央政府。从这个范围和意义上来讲，客户的投资购买是重复的，所以建筑业企业品牌关系管理对于建筑业企业是必要的，也是必须的。

虽然建筑业企业品牌关系管理在建筑业企业经营管理理论和实践中还没有被针对性地提出和应用，但从建筑业企业经营特点和品牌关系管理的特性来看，建筑业企业品牌关系管理是可行的，是有实际意义和价值的。在建筑业企业经营管理实践中，由于建筑产品的单一合同额较高，建筑业企业客户数量较少，所以，关系营销、制定营销和一对一营销在建筑行业已有广泛的应用。所有这些都给建筑业企业开展品牌关系管理提供了很好的基础。

6.1.5　建筑业企业品牌关系管理的作用

建筑业企业品牌关系管理的目的是增强客户品牌忠诚度并以此增加品牌价值，对提高建筑业企业的市场竞争力具有很现实的作用。

（1）建筑业企业品牌关系管理帮助建筑业企业将关注的重点从产品、服务转向企业与客户的关系。建筑业企业品牌关系管理旨在建立、维持和增强品牌与客户之间的关系，它不同于建筑业企业与客户之间简单的服务关系，而是注重建筑业企业与客户之间一种长期的、互利互惠的战略合作伙伴关系。这种品牌关系管理是基于双方相互了解、相互信任基础上的，是一种合作共赢的关系。在建筑业企业品牌关系管理中，基于长期利益考虑，建筑业企业能够在按照客户意愿支付的价格范围内为其提供尽可能好的产品和服务，例如设计的变更、材料的调整和工期的变化等。这种从客户利益出发，为客户带来更多价值的经营理念，必定赢得客户的信任和依赖，从而为建筑业企业创造长期的竞争主动权。从长远来看，也会为建筑业企业创造超过行业平均利润率水平的超值利润。

（2）建筑业企业品牌关系管理能够提高企业的客户服务能力，提升企业的市场竞争能力。建筑业企业品牌关系管理是以客户为中心的，建筑业企业详细了解客户的需求，专注于建立长期的客户关系，通过品牌关系管理为客户提供比竞争对手更好的、更能满足客户需求的产品和服务。这种基于品牌关系管理的竞争力因素，将在市场中得到充分的体现。优质的服务和稳定的关系可以促使客户将再次的需求提供给企业，企业整个业务也将从每个客户的再次需求中获益。

（3）建筑业企业品牌关系管理能够帮助企业有效挖掘客户资源，维系建筑业企业长远发展。客户是建筑业企业创造利润的基本因素，是建筑业企业服务的对象，客户对建筑业企业提出的改进意见是最有价值的意见。建筑业企业品牌关系管理通过与客户的互动，能够不断挖掘客户的价值，成为推动企业发展的动力。建筑业企业通过品牌关系管理提供更具人文关怀和附加价值的服务，能够帮助其市场营销更贴近客户，以提升服务来满足客户的需求，从而有效挖掘客户资源，使企业获得长远的发展。

6.2　品牌关系模型分析

6.2.1　狭义品牌关系模型

布莱克森（Blackston）（1995）认为：狭义的品牌关系是指消费者对品牌的态度和品牌对消费者态度之间的相互作用。这种互动体现在两方面：一方面，品牌通过定位战略形成品牌个性展示在消费者面前，此时品牌为客观品牌；另一方面，消费者对品牌个性会形成自己的态度，即消费者如何看待品牌，称为主观品牌。因此狭义的品牌关系也即主观品牌和客观品牌之间的相互作用，参见图 6-1。狭义品牌关系模型揭示了基于企业视角与基于消费者视角的品牌之间差异性的存在，突出了品牌的两面性（即主观性与客观性）。通过该模型可以认识到，企业要想塑造理想的品牌关系，必须达到主观品牌与客观品牌的统一。

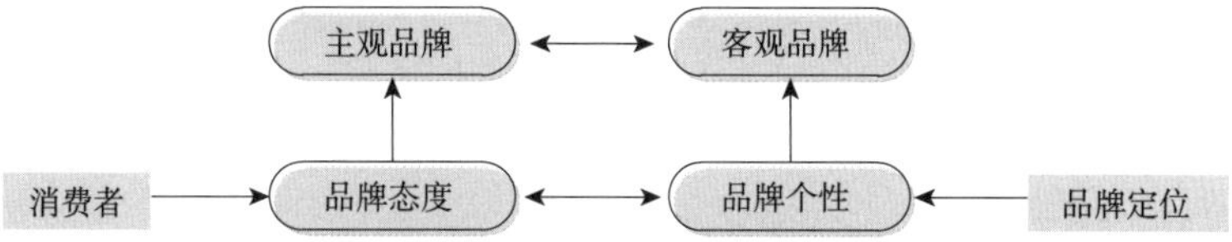

图 6-1　狭义的品牌关系

6.2.2　广义品牌关系模型

从广义角度看，品牌关系扩大到不同品牌与不同消费者之间的相互作用。假如市场上有互相竞争的品牌 A（对应消费者 1）与品牌 B（对应消费者 2），则狭义品牌关系模型只关注品牌 A 与消费者 1、品牌 B 与消费者 2 之间的关系，而广义品牌关系模型则除了注重品牌 A 与消费者 1、品牌 B 与消费者 2 之间的关系外，还注重研究以下主体之间的关系：品牌 A 与品牌 B 之间；品牌 A 与消费者 2 之间；品牌 B 与消费者 1 之间；消费者 1 与消费者 2 之间等，参见图 6-2。因此广义品牌关系模型不仅考虑到品牌与消费者之间的互动，同时还考虑到了品牌与品牌、消费者与消费者之间的互动关系，这为研究品牌生态系统内品牌间的博弈与共生现象、品牌社区（Brand Community）内消费者间的互动奠定了理论基础。

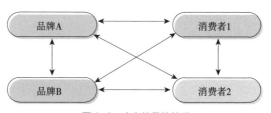

图 6-2　广义的品牌关系

6.2.3　品牌关系动态模型

在傅立叶（Foumier）（1998）的品牌关系模型中，将品牌与消费者之间的关系划分为六个阶段，即注意、了解、共生、相伴、分裂和复合。该模型以消费者与品牌的接触过程为线索，表述了不同阶段消费者与品牌之间的关系状态，突出了品牌关系发展的逻辑流程，参见图 6-3。

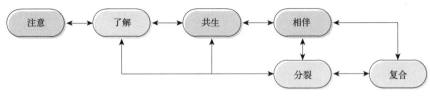

图 6-3　品牌关系动态模型

　　品牌关系经"注意—了解"的认识过程，通过消费者和品牌之间的接触，消费者了解了品牌个性，若消费者愿意与品牌继续增进情感，就能达到"共生""相伴"阶段，即品牌成为消费者生活中的一部分。但消费者和品牌之间的沟通也可能失败，出现"分裂"状态，这主要基于两方面原因：一是品牌个性与消费者认知发生冲突，以致在"了解"阶段出现认知"分裂"；二是在"相伴"或"共生"阶段，由于企业危机造成对品牌形象的严重损害，导致消费者不愿继续保持原有的品牌情感。品牌关系出现"分裂"时，若企业能积极采取危机管理策略，主动修复品牌关系，则品牌关系可以"复合"，重新回到"相伴"或"共生"状态。

6.3　建筑业企业品牌关系管理的实施

6.3.1　建筑业企业品牌关系管理要点

　　建筑业企业品牌关系管理有如下要点：

　　（1）建筑业企业品牌关系管理的核心是关系，旨在使建筑业企业从客户与其品牌的良好关系中获利，是以关系为导向的。

　　（2）建筑业企业品牌关系管理更加强调保持老客户，提高客户的品牌忠诚度。

（3）建筑业企业品牌关系管理的指导思想是精细化营销，推崇一对一的营销模式。

（4）建筑业企业品牌关系管理考虑与客户保持长期关系所带来的收益和贡献，通过使客户满意并同客户建立良好、稳固的关系，开发客户的终身价值。

6.3.2　建筑业企业品牌关系管理的模式

建筑业企业生存的基础是客户，客户对建筑业企业的认知与购买的行为方式决定着建筑业企业能否持续稳定地发展。在建筑业企业品牌关系管理中，首先是建筑业企业必须认知客户，正确把握目标客户的需求与偏好及其变化趋势；其次是建筑业企业必须让客户认知建筑业企业，即建筑业企业通过自己的传播途径，让客户了解企业的经营理念、核心产品和服务，以便客户对建筑业企业更有信心；最后是建筑业企业必须在客户认知的作用下，获得新的认知，并据此对自身的某些经营方式进行调整。由此我们可以看出，建筑业企业品牌关系管理是建筑业企业与客户的互动关系。

互动行为普遍存在于各种经济关系中，在企业与客户的互动关系中，一般存在三种模式：单向沟通、部分沟通与完整沟通。单向沟通是产品供不应求的生产导向或产品导向时代的普遍形式。这一形式往往从企业的角度出发，向客户推销企业的产品或服务，信息的流通是单向的，不关心客户的反馈意见。部分沟通为目前大多数企业所采用的，指的是在企业与客户的认知过程中，也注意收集客户的反馈意见，并根据客户提供的信息对企业的产品或服务做出改进。虽然并不一定完全按照客户的意见进行个性化的定制，但相对于单向沟通的形式而言，这一形式更有利于吸引与留住忠诚客户。完整沟通互动形式包括企业员工与客户的互动、客户与客户之间的互动、企业有形设施与客户的互动、企业与客户互动的界面管理。

从建筑业企业生产经营和客户的特点以及建筑业企业品牌管理的需要考虑，建筑业企业品牌关系管理中建筑业企业与客户的互动，应该是完整的互动。主要包括以下几个方面：

（1）员工与客户之间的互动。员工与客户之间的良性互动，可以使建筑业企业更有效地为客户提供所需的产品或服务，更好地为客户创造价值。这一点在一线的项目员工和市场营销员工身上得到更突出的体现。首先，员工要对客户的需求与偏好做出正确认知，了解客户真正的需要。其次，员工要让客户更有效地认知企业。再次，要及时处理客户反馈信息，对企业的产品和服务以及相应经营活动做出更符合客户需求的调整。对于建筑业企业来说，必须采取措施提高员工的积极性与主动性，培训与提升员工为客户创造价值的能力，并适当授权员工解决问题与预防问题，使员工更充分地理解客户的偏好，高效地对客户的意见做出反应。

（2）有形设施与客户之间的互动。客户经常通过建筑业企业的有形设施对企业进行评价，新客户更是如此。企业的办公环境、客户接待场合的布置都会向客户传递信息。特别是建筑业企业的施工现场更是集中体现了企业的施工能力和管理能力。客户往往会根据建筑业企业上述有形的设施，从自己的角度进行认知，并对企业进行评价。对于建筑业企业来说，要注意某些与体现企业经营理念相关的标志设计，给营销与服务部门更好的办公条件，注重施工现场的形象管理等。这些都有利于增进客户对企业的良好认知。

（3）建筑业企业与客户互动的界面，也就是品牌接触点。建筑业企业在实施品牌关系管理的过程中，企业与客户之间的一系列接触界面，会对客户的购买行为以及企业的口碑产生重大影响。建筑业企业与客户的互动界面涉及整个企业，与客户的联系与接触不仅仅是市场营销部门和项目管理人员的责任。互动界面的连贯性对客户关系的维持是非常重要的，一旦出现不连贯或不完善，就可能给客户带来麻烦，从而使客户得到不好的品牌体验。

6.3.3　建筑业企业品牌关系价值的创造

为通过品牌关系管理获得或留住客户，建筑业企业必须提升品牌关系的价值，创造超越竞争对手或客户期望的价值。建筑业企业在品牌关系管理中，可以从以下几个方面着手，为客户创造更多的价值。

（1）低价格。建筑市场竞争异常激烈，低成本策略是建筑业企业赢得市场、不断扩大规模的重要策略之一。建筑业企业要在规模效应的基础上，通过加强成本管理，关注成本与管理费用的控制。需要注意的是，建筑业企业的低成本必须有效地体现在投标价格上，否则就无法改变客户的认知。为有效降低成本，建筑业企业有必要了解本企业在行业中的相对地位，通过分析成本结构以及与行业水平的差异，明确自己在成本上是否可与竞争对手相匹敌，以及如何才能保持长期成本优势。建筑业企业可以根据成本链条上的薄弱环节采取向前一体化、向后一体化、节约成本、改进技术和管理等措施。

（2）高质量。对于建筑业企业来说，持续、稳定、可靠的质量是增进品牌关系价值的重要因素。产品和服务质量的提高，可以减少由于质量问题而导致的事后处理成本。建筑产品质量事关生命财产安全，高质量是建筑业企业应具有的质量理念，否则只会使企业不断面临质量问题，破坏企业品牌形象。建筑业企业质量改进必须结合客户的需要，要根据客户的质量和品质要求，在成本允许的范围内，为客户提供可靠的、高质量的产品和服务。一般情况下，客户愿意为更优质量的产品和服务支付高价格，所以，建筑业企业要通过不断优化技术和管理，保持品质领先地位。

（3）优质服务。建筑业企业具有隶属服务行业的属性，优质的服务对维持与客户的良好关系举足轻重。由于建筑市场进入门槛低，竞争激烈，在质量和价格差别不大的情况下，同质化竞争问题十分突出。因此，对于建筑业企业来说，只有服务水平真正优秀，才能留住客户。为客户提供优质服务是建筑业企业品牌关系价值创造的重要因素。为客户提供优质服务的基础是企业注重与客户进行信息和情感上的交流。企业要把自己的信息传达给客户，并根据客户信息反馈调整自身。通过及时关注客户感受和满足客户的新需求，实现与客户"双赢"。

（4）不断创新。建筑业企业通过技术和管理创新，可以满足客户不断出现的多种需求，从而提升客户认知利益。只有建筑业企业致力于为客户提供更有价值的产品和服务，满足不断变化的客户需求与偏好，建筑业企业才能获得持续、稳定、健康的发展。因为客户的需求是不断变化的，建筑业企业要通过不断创新，使客户感受到企业致力于以更好的技术、更好的管理、更好的产品、更好的服务为他们创造价值，从而不断巩固与客户的关系，保证企业有持续的利润来源。建筑业企业要通过不断创新与学习，以满足或超越客户的价值期望。建筑业企业可以在把握客户需求和行业发展的基础上，设定合理的目标，加强研究活动，革新技术，提高产品和服务的技术含量，不断满足客户的需求。

6.3.4　建筑业企业品牌关系管理过程

6.3.4.1　前期准备阶段

前期准备阶段是指在建筑业企业品牌关系管理实施之前，为了更好地实施与建筑业企业品牌战略相适应的品牌关系管理而采取的准备措施。主要包括以下几点：

（1）将品牌关系管理与品牌发展战略相统一，使企业全员参与。建筑业企业品牌战略是品牌发展的方略和策略，以及实现品牌发展目标所采用的方法和手段等。建筑业企业品牌要长远发展，必须制定正确的品牌战略，为品牌发展选定正确的方向。建筑业企业品牌关系管理的目的是通过品牌关系管理实现企业与客户之间的良性循环，不断实现企业长远利益的增长。建筑业企业品牌关系管理作为一种管理模式，不仅仅是品牌管理部门一个部门的工作，它所带来的收益是整个企业的收益，它的整体服务意识也要求必须贯穿于建筑业企业的整个生产经营过程。建筑业企业品牌关系管理要在品牌发展战略的指导下，要求建筑业企业全体员工形成一种"以客户为中心"的服务意识，通过专门的培训，尽可能地了解品牌关系管理的基本情况。在建筑业企业制定品牌发展战略和企业发展战略的时候，要将品牌关系管理作为一项内容，更好地利用品牌关系管理来适应建筑市场。

（2）对建筑业企业品牌关系管理进行规划。建筑业企业品牌关系管理需要有明确的远景规划和近期的现实目标。建筑业企业在品牌关系管理正式实施之前，必须对品牌关系管理进行规划并设定阶段目标，在企业和部门内部形成品牌关系管理的动力和共识。建筑业企业要对现有的与客户关系有关的业务流程进行诊断，找出与客户接触和维护客户关系方面存在的问题及原因。在确定客户对企业所提供的产品和服务以及与其接触中关注的重要问题之后，设计出符合企业实际需求的品牌关系管理策略。建筑业企业的品牌关系管理规划既要考虑企业内部的现状和实际管理水平，也要看到外部市场对企业的要求与挑战。在进行品牌关系管理规划时，要注重对客户品牌接触点的考虑以及品牌体验的设计。

6.3.4.2　中期实施阶段

（1）**建立客户分类与管理策略**。在建筑业企业品牌关系管理当中，客户分类是一个重要的内容。建筑业企业通过对现有客户数据的分析和整理，识别不同的客户群体以及他们对企业经济价值的重要程度，从而制定不同的营销策略和服务策略。如何确定目标客户对建筑业企业的重要程度，这就要求建筑业企业对客户进行细分。客户细分是根据客户的某种属性划分客户集合。传统的客户细分依据是客户的统计学特征和购买特征，这些有助于预测客户的未来购买行为，但对于品牌关系管理还远不够。因为品牌关系维护是需要付出成本的，建筑业企业必须决定如何在客户中分配企业有限的资源，让有限的资源发挥最大的效用。同时为使建筑业企业进行的品牌关系管理符合客户的需求，需要对客户以需求进行分类，如前文提及的经济先导型客户、融资先导型客户、政绩先导型客户、技术先导型客户等。

（2）**建立品牌关系管理支持体系**。鉴于建筑业企业品牌关系管理是一项涉及整个企业的工作，需要对企业现有的业务流程按照品牌关系管理的需要进行必要的重组与整合。首先是不同客户与建筑业企业相关部门之间作业的连贯，这主要是通过对建筑业企业业务流程的设计和客户服务标准一致性来实现的。其次是对来源于各种途径的信息实现共享，不同部门接触客户的信息和经验要能够与其他相关部门共享。再次是对整个品牌关系管理的业务流程形成共同遵守的互动规则，不论客户通过何种途径与建筑业企业接触，各部门应该能够提供完全一致的解决方案。

6.3.4.3　后期评估阶段

实施效果评估与改进，这一过程对于建筑业企业品牌关系管理的实施是很重要的一环。由于建筑业企业品牌关系管理系统的构建和实施是一个渐进的过程，建筑业企业需要对品牌关系管理实施的各个阶段，按照规划阶段所设定的目标进行实施效果的评估。这可以让企业内部人员，尤其是管理层，真实地感受到品牌关系管理的成效，从而获得他们对品牌关系管理的支持。同时也可以让公司管理层和品牌管理人员对品牌关系管理实施过程进行阶段性的评价控制，进而对企业业务流程以及品牌关系管理进行改进。

6.4　建筑业企业品牌社区

6.4.1　品牌社区的内涵

品牌社区理论是品牌关系理论的一个延伸，构建品牌社区已经成为企业塑造品牌竞争优势的重要手段。许多企业认识到培养品牌社区对于提高顾客满意度、维系顾客忠诚度有着重要的意义，因为品牌社区能更好地满足消费者对产品功能以外的情感需求（如社交需求、自我认同需求等），从而成为企业塑造品牌竞争优势的重要手段。

德国社会学家滕尼斯（Tonnies）最早从人类学的角度提出"社区"这一专有概念，认为社区是聚居在一定地域范围内的人们所组成的社会生活共同体。桑德斯（Sanders）在《社区论》中对"社区"做了较为完整的论述，他把社区看作是一个互动的体系，认为社区具有地理区域性、社会互动性和调节适应性等特征。上述理论所阐述的是传统意义上的"社区"概念。

美国学者布斯丁（Boorstin）（1974）在营销实践与社区理论结合的

基础上提出了"消费社区"（Consumption Community）的概念，认为消费社区是消费者在决定消费什么以及怎么消费的过程中自发产生的一种无形的社区。莫尼兹（Muniz）和吉恩（Guinn）（2001）在实证研究（以 Fairlawn Neighborhood 为研究对象）的基础上首次明确提出了"品牌社区"（Brand Community）的概念，并将品牌社区定义为"建立在使用某一品牌的消费者间的一整套社会关系基础上的、一种专门化的、非地理意义上的社区"。品牌社区已突破了传统社区意义上的地理区域界限，而是以消费者对品牌的情感利益为联系纽带。在品牌社区内，消费者由于基于对某一品牌的特殊感情，认为这种品牌所宣扬的体验价值、形象价值与他们自身所拥有的人生观、价值观相契合，从而产生心理上的共鸣。在表现形式上，为了强化对品牌的归属感，社区内的消费者会组织起来（自发或由品牌拥有者发起），通过组织内部认可的仪式，形成对品牌标识或品牌精神的崇拜和忠诚。从品牌社区的产生来看，它是消费社区的一种延伸。

6.4.2　品牌社区模型的演进

6.4.2.1　传统品牌社区模型

布斯丁（Boorstin）（1974）在消费社区模型中主要强调了产品（品牌）与消费者之间的关系（图 6-4），消费者把品牌看作是企业对产品的功能价值和形象的承诺、保证，品牌则代表着企业对消费者的一种契约。为了满足不同目标市场的需求，不同的品牌需要具有差异化的品牌定位，即使同一品牌，随着消费者需求的变化，必要时也需要改变品牌定位，因为品牌形象的复杂性和动态性会导致品牌与消费者的关系富于变化。因此，布斯丁（Boorstin）（1974）强调消费者在消费社区中的中心地位，认为品牌是为消费者提供产品附加价值的载体，品牌的发展应以消费者需求为导向。

图 6-4　传统的"消费者—品牌"关系模型

6.4.2.2 三角关系模型

莫尼兹（Muniz）和吉恩（Guinn）（2001）提出品牌社区概念后，又进一步丰富了传统的"消费者—品牌"关系模型，强调了以品牌为媒介的消费者之间的关系（图6-5）。随着社会经济的不断发展，消费者不再局限于对产品物质层次的需求，他们不仅关注产品本身所具有的功能价值，更关注消费这一产品所能够带来的象征意义和情感利益。社区成员间的相似体验和共享情感以及因交流而产生的共鸣，使他们获得的情感价值远远大于产品本身的功能价值。三角关系模型的提出，突破了传统的"消费者—品牌"关系模型中的单一维度，更加注重"消费者—消费者"之间的关系。

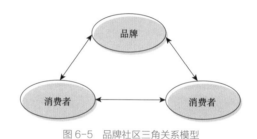

图6-5　品牌社区三角关系模型

6.4.2.3 泛化的品牌社区模型

厄普肖（Upshaw）和泰勒（Taylor）（2001）在社区三角形模型基础上提出了泛化的品牌社区（Masterbrand Community）模型，认为一切与品牌有关的利益相关者（如员工、顾客、股东、供应商、战略伙伴及其他利益相关者）都应包含在品牌社区内。良好的品牌形象是社区存在的基础，而利益相关者对于维护品牌形象及声誉至关重要，要保持品牌的吸引力就要善待所有利益相关者，努力获得他们的支持，这是品牌社区延续的动力（图6-6）。利益相关者模型有机地整合了品牌所面对的众多影响因素，旨在通过建立和维持品牌与各方面的和谐关系，为品牌的健康发展提供稳定的环境。

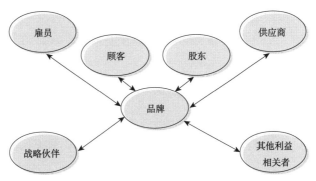

图 6-6　品牌利益相关者模型

6.4.2.4　**核心消费者模型**

麦卡莱桑德（McAlexander）、肖顿（Schouten）和科宁（Koening）（2002）等人在研究、完善莫尼兹（Muniz）和吉恩（Guinn）的品牌社区理论基础上，提出了核心消费者（Focal Customer）模型（图 6-7）。该模型强调了品牌、产品、消费者、营销者均为品牌社区的重要组成要素，并将顾客与企业、顾客与产品、顾客与品牌、顾客与顾客这四类关系均纳入品牌社区范畴。该模型的重要特征是突出了核心消费者在品牌社区中的联结作用。根据罗杰斯（Rogers）（1962）提出的新产品扩散理论，核心消费者在产品扩散过程中往往会起到舆论领袖作用，他们是企业生存和发展的基础。因此企业在争取新顾客的同时，还必须注意提高核心消费者的满意度和忠诚度。相关研究发现，核心消费者的重复购买和在社区中的影响是企业利润的主要来源，因此，对品牌社区中的核心消费者予以关注，对于品牌的发展具有战略性意义。

图 6-7　品牌社区核心消费者模型

6.4.3　品牌社区理论的营销意义

6.4.3.1　品牌社区有利于提高品牌关系的质量

（1）品牌社区为企业宣传品牌形象和品牌个性提供了平台。品牌具有品牌个性，代表着某种生活方式，品牌社区为具有共同消费个性的顾客提供了与品牌个性进行"沟通"的平台，从而使消费者与品牌的联系更加紧密。

（2）品牌社区增加了品牌与顾客实际接触的次数，并使联系频率在更大目标市场范围内升级，这种联系越频繁，品牌关系对品牌资产和顾客资产的贡献就越大。

6.4.3.2　品牌社区有利于提升品牌资产价值

艾克（Aaker）（2004）曾详细解释过品牌资产创造价值的过程，并将品牌资产分解为四个组成部分，即品牌知名度、认知质量、品牌联想及品牌忠诚度。品牌社区由于对这四个组成部分具有正强化作用，因此可以提升品牌资产的价值。

（1）品牌社区可以促进成员之间的信息交流，这不仅会提高品牌的知名度，还会让消费者更充分地了解品牌的认知质量，这两者都会提高消费者的购买意向。

（2）存在于品牌社区中的共享价值观、仪式及品牌文化会促使顾客产生良好的品牌联想，尤其在情感利益联想和体验利益联想方面。

（3）品牌社区所具有的社会集聚功能强化了顾客之间的情感联系，加快了满意顾客的口碑传播速度，最终导致顾客整体品牌忠诚度的提高。

6.4.3.3　品牌社区有利于增加顾客满意度

品牌消费价值不仅包括功能性价值，还包括体验性价值和象征性价值。奥美公司（O&M）认为品牌价值可分为个人品牌价值和社会品牌价值。按照马斯洛的需要层次理论，人的需要是由低到高按层次递进的。在现代社会中，随着品牌所提供的功能价值差距的缩小，消费者更加重视品牌的社会价值、体验价值和情感价值。而品牌社区能起到强化品牌与顾客、顾客与顾客关系的作用，因此可以为顾客带来更多的社会联结价值，从而满足顾客对社会交往的需求，提高顾客满意度。研究发现，品牌社区不仅能为顾客提供社会利益，由于产品扩散规律及社区内信息交流机制的作用，若能运用得当，品牌社区还能对品牌的功能价值和认知价值起到强化作用。

需要注意的是，品牌社区能给企业、品牌带来上述利益，但若运用不当，也会产生消极结果。因此，企业在运用品牌社区战略时，在发挥其正面影响作用的同时，不要忽视了其负面作用。

6.4.4　建筑业企业品牌社区的建设与管理

6.4.4.1　塑造品牌文化以建立品牌社区

品牌文化是产品品质和品牌历史渊源相结合的个性化形象的体现，是文化特质在品牌中的沉淀和呈现，对企业实施差异化战略有重要作用。在影响消费者购买行为因素中，文化因素具有最重要和最深远的影响，因此在品牌社区的建设中要注重品牌文化的建设，可以从以下三方面考虑：

（1）共享价值观。在品牌社区中，成员共享的价值观是其存在的根本前提，也是衡量品牌社区差异性的一个标准。建筑业企业的客户一旦形成对某种品牌文化的认同，就会很快融入该品牌社区中去，产生更为可靠的品牌忠诚。

（2）共享仪式。仪式是品牌文化的体现形式，能传达出为品牌社区成员共同认可的本社区特有的价值理念。仪式对于品牌社区的建立和维系非常重要，它会赋予品牌社区以持久性，品牌社区需要通过仪式来宣告它的存在，并推动其发展。通过举行仪式可以强化品牌社区成员的共同价值观，增强成员间的凝聚力。

（3）共同的道德责任感。品牌社区的道德责任感会使成员之间保持一种密切的连接关系，是社区成员对某种职责的认同，这与带有强制性的社会职责不同，它更多地表现为一种自觉主动的行为方式。共同的道德责任感会使新成员更快地融入社区中，并使老成员对品牌社区的忠诚度更加牢固。

6.4.4.2 运用体验营销策略来经营品牌社区

目前，建筑业企业的品牌竞争已经从传统的产品、服务层次向体验层次转变。品牌社区的产生正是这种转变的一种响应。在品牌社区内，通过给客户传递难忘的品牌体验来提高客户的忠诚度正是其目的所在，因此有必要运用体验营销策略来经营品牌社区。

品牌社区可以为客户带来多种体验。建筑业企业可以运用多种体验营销策略，如感官营销、美学营销、情境营销、情感营销、参与营销等来塑造品牌社区，充分发挥这些营销策略的整合效应，最终塑造品牌的竞争优势，提高品牌竞争力。

6.4.4.3 从动态能力视角来管理品牌社区

品牌社区可以被视为一个"组织"，为了更好地发挥其作用，建筑业企业可以借鉴传统的组织管理原则对其进行管理，以确保品牌社区健康有效地运转，为实现企业的营销目标服务。根据以上对品牌社区模型的分析，在对品牌社区进行管理时需要注意以下几点：

（1）要重视核心客户的作用。核心客户品牌忠诚度较高，能为企业带来顾客终身价值。根据产品扩散理论，他们一般是品牌的创新采用者和早期采用者，具有较强的创新精神和冒险意识，在品牌传播过程中往往会充当"舆论领袖"的作用。核心客户对于品牌的建设和管理具有五大功能：重复购买品牌产品；推荐他人参加品牌社区；在长期使用的基础上对企业的发展和产品的改进提出合理的建议；对竞争企业的品牌社区进行强烈的抵制；因对品牌的信任接受企业的延伸产品或新产品。

（2）保持与利益相关者的良好关系。从品牌社区的利益相关者模型可以看出，品牌与其利益相关者间的良好沟通关系对于维系品牌的发展至关重要。企业处理好与利益相关者的关系，可以为品牌的发展提供一个良好的营销环境。

（3）培养品牌社区的动态能力。面对不断变化的市场环境，组织必须具有不断更新自身竞争力的能力，即具有动态能力。建立品牌社区是建筑业企业的一种营销策略，而品牌社区本身是一个组织，社区成员的流动、品牌内涵和战略的发展以及品牌所处营销环境的变化都决定了品牌社区是不断发展变化的。随着品牌社区数量的增多，社区之间的竞争也将加剧，建筑业企业必须通过创新手段来培育品牌社区的竞争力。由于任何营销策略都很容易被竞争对手模仿，因此对品牌社区而言，必须注意培养动态能力以保持持续的竞争优势，只有这样才能吸引客户并赢得客户的忠诚。

6.5　建筑业企业品牌体验

6.5.1　建筑业企业品牌体验的含义

建筑业企业品牌体验是指客户在与品牌接触的全过程中，该品牌为其带来的印象和经历。建筑业企业品牌体验是一切有关该品牌的经验积累的集合，所有的体验在客户与建筑业企业品牌的接触过程中得到积累，因此，只有在与建筑业企业品牌互动中，客户才能获得品牌体验。建筑业企业品牌体验是从客户角度来感知和认识建筑业企业品牌，是建筑业企业有意识地为客户创造良好的品牌印象和品牌经历的载体。建筑业企业品牌体验对于建筑业企业的作用主要体现在以下几点：

（1）吸引客户参与，增强品牌互动。建筑业企业品牌体验是让客户以互动的方式来参与建筑业企业设计的事件，并从中了解该建筑业企业品牌，获得深刻的感受。互动的过程是建筑业企业与客户相互了解、相互沟通、相互学习的过程。在建筑业企业品牌体验过程中，客户处于主体地位，通过亲身参与，可以强化客户对建筑业企业品牌的认知。同时，建筑业企业可以通过与客户广泛接触，更深层次、全方位地了解客户的需求。

（2）彰显品牌个性和形象。建筑业企业从客户品牌体验出发，通过一系列营销事件、生产施工事件的安排，可以集中向客户展示企业的技术实力、管理能力、历史业绩，以及由此而形成的品牌个性和形象。如果品牌体验所传达的品牌个性和形象能够得到客户的认可，引起客户的共鸣，则有助于客户对此建筑业企业品牌产生偏好，从而赢得客户。

（3）提升客户忠诚度。建筑业企业品牌体验不仅与品牌忠诚度有直接的相关关系，还通过其他因素间接影响品牌忠诚度。建筑业企业可以通过独特的个性化的产品和服务增强客户的品牌体验，营造客户的忠诚度。此外，建筑业企业可以通过适当的方式将品牌信息有效地传给客户，增加客户可获得的品牌信息，降低客户品牌感知风险。建筑业企业可以通过增强客户的感观、情感、思考、行动、关联层面的品牌体验，增强客户的品牌感受。这样，建筑业企业便能够提升品牌体验，利用品牌体验的有效调节，提升客户的品牌忠诚度。

6.5.2 建筑业企业品牌接触点

建筑业企业品牌接触点就是指客户接触到建筑业企业品牌的任何情形，其中包括客户以任何形式与建筑业企业和企业员工的接触。品牌是企业的一种形象标志，客户通过与建筑业企业产品和服务品牌接触，来加深对建筑业企业的认识。建筑业企业要想获得更高的客户满意度，并在同行业中建立长期的竞争优势，就应该考虑如何让客户在与品牌的各个接触点上，都能得到完美无缺的美好体验，努力培养客户对建筑业企业的忠诚度，通过提升客户满意度来促进企业的持续发展。

品牌体验是客户与品牌接触时所产生的体验，这种体验可以是理性的，也可以是感性的；可以是正面的，也可以是负面的。成功的品牌管理是要通过对品牌接触点的管理和控制，向客户积累正面的品牌体验并减少负面的品牌体验。建筑业企业品牌接触点可以划分为间接接触点和直接接触点。间接接触点是指客户在间接接触建筑业企业品牌的过程中，通过建筑业企业单项传播渠道而获得有关品牌信息的品牌体验。间接接触点所传播的建筑业企业品牌信息一类是建筑业企业有意识地对外传播，如通过媒体宣传，或者通过营销人员的宣传；另一类是客户和相关方面的评价，以及媒体的独立报道。直接接触点是指客户在直接接触建筑业企业的过程中，通过与建筑业企业的互动获得有关产品和服务质量等相关信息的品牌体验。直接接触点是客户与建筑业企业的直接的实质性接触，是一个互动的过程，是客户对间接性经验真伪性证实的过程。

6.5.3　建筑业企业品牌接触点控制

建筑业企业要赢得客户，并与客户保持良好而稳定的关系，必须在清晰定位品牌的基础上，将品牌的个性和优势体现在每一个品牌接触点上。所以品牌接触点控制对建筑业企业品牌管理来说是一项十分重要的工作。建筑业企业做好品牌接触点控制主要包括以下几个方面：

（1）创造客户渴望的独特的品牌承诺。独特的品牌承诺是将建筑业企业与竞争对手相区分的主要标志。建筑行业同质化竞争日趋激烈，所以对于建筑业企业而言，只有使品牌定位具有差别效应，满足特定客户对建筑产品和服务的特殊需求，才能在竞争中找到自己的一席之地。建筑业企业要明确地告诉客户他们可以得到的好处，而这种好处是其他建筑业企业不能提供的，这就是建筑业企业独特的品牌承诺。

（2）分析所有品牌接触点。任何品牌接触点都会对客户的购买决策起到或多或少的作用。因此，建筑业企业必须尽可能列出所有的品牌接触点。建筑业企业可以从间接接触点和直接接触点两条线分析，穷举所有可能的品牌接触点。

（3）突出关键品牌接触点。并非所有的品牌接触点都具有相同的影响力。建筑业企业不可能也没有必要对所有的品牌接触点都进行有效的管理和控制，可以根据企业自身特点和客户需要，从战略角度对影响品牌价值提升的关键接触点进行有效管理，这才能使建筑业企业以最低成本不断扩大品牌知名度和影响力。建筑业企业应优先关注与品牌定位相关的接触点。只有能与品牌的核心价值及客户主要利益诉求相匹配的品牌接触点，才是最佳的品牌体验载体。

（4）设计品牌接触。建筑业企业品牌承诺是需要落实的，它最终体现在建筑业企业的各个层面上。建筑业企业要想让客户体会到品牌承诺，就需要努力将这一承诺在每个接触点上体现出来。建筑业企业要为关键品牌接触点设计出符合品牌承诺的规范和流程，并建立相应的监督考核机制，不断纠正品牌承诺的事件和行为。

6.5.4　建筑业企业品牌体验设计

从不同角度出发，品牌体验的类型有不同的划分方法。鉴于建筑业企业的特点，可以根据客户感知的参与深度与广度划分体验，具体分为以下几种：一是感官体验。感官体验是客户通过感觉而建立起来的对建筑业企业品牌的体验，是一种对建筑业企业品牌的感性认识。如客户看到建筑业企业的 CI 标志，听到关于建筑业企业的广告宣传等。建筑业企业要有意识地通过适当的方式刺激客户的感官，给客户留下美好的印象，产生难忘的品牌体验；二是认识体验。认识体验是客户通过有意识地了解建筑业企业，并与建筑业企业进行初步接触，由此产生的对建筑业企业品牌的体验，是一种对建筑业企业品牌的深入认识。认识体验是客户与建筑业企业的互动过程，建筑业企业要根据客户的需求，引导客户正确认识自己，并给出适合的品牌承诺，从而使客户产生良好的品牌体验，接受建筑业企业品牌；三是行动体验。行动体验是客户在与建筑业企业合作过程中对建筑业企业品牌的全面体验，这是对建筑业企业品牌的实质性体验。客户在与建筑业企业的合作过程中，会对建筑业企业的施工质量、管理能力、服务意识等有一个更加全面、更加真切的感受，建筑业企业要切实兑现品牌承诺，给客户留下良好的品牌体验。

除了政治、经济、法律、文化和道德等宏观环境对品牌体验的效果有影响外，影响品牌体验效果的主要因素还包括客户需要、品牌体验策略等。建筑业企业需要合理设计品牌体验，通过情感打动、价值体验，给客户留下良好的品牌体验，使客户满意，建立品牌偏好，从而赢得客户。建筑业企业品牌体验设计主要包括以下几方面内容。

（1）**建立客户数据库，分析客户需求。**建筑业企业建立客户数据库，可以加强对客户个性和需求的分析。建立客户数据库在品牌体验过程中占据非常重要的地位，它不仅是品牌体验设计前的重要准备工作，而且也是客户体验后必须及时做好的一项工作。客户数据库不但要包括客户的基本资料，还要包含从中挖掘出的客户体验资料，这就要深入分析客户的需求和购买心理，建筑业企业可以根据这些设计出体验营销方案。

（2）**品牌体验情境的设计。**建筑业企业品牌体验所提供的关于品牌的信息或者品牌与客户之间的互动活动，发生在品牌体验情境之中。情境对品牌体验过程与客户的体验感受有潜在的作用。建筑业企业应该根据品牌接触点模拟出各种品牌体验情境，并根据建筑业企业品牌特点和品牌承诺以及客户的需求设计出友好的品牌体验情境。

（3）**互动体验设计。**建筑业企业品牌体验通常是由客户对品牌的直接观察或参与形成的。不论事件是真实的还是虚拟的，任何一种体验都是客户的心智状态与那些有意识的筹划事件互动作用的结果。应该说，互动过程是品牌体验的核心部分，客户在交流沟通中发挥自己的能动性去了解和体验建筑业企业品牌，对品牌形成认识，给出评价。所以，建筑业企业应设计出让客户接受和认可的互动品牌体验，成功地赢得客户，从而形成强大的竞争能力。

7

第 7 章

建筑业企业品牌危机管理

7.1 建筑业企业品牌危机管理概述 ————————

7.1.1 建筑业企业品牌危机管理的含义 ————————————

危机的概念是广泛的，几乎涉及从自然界到人类社会的各个方面。品牌危机只是危机多种形式中的一种。品牌危机是一种以品牌的名义和形式发生的，并直接影响品牌的运行，对品牌战略目标的实现构成威胁，甚至危及品牌生存的突发性事件。品牌危机管理是指在品牌生命周期中，采取恰当的管理活动，以尽可能避免导致品牌价值损失事件的发生，以及在发生品牌危机后尽可能降低品牌价值的损失。

建筑业企业在经营活动中不确定和潜伏的危机无处不在，它随时可能降临到某个企业的身上，它影响着企业完全确定品牌真正目标的能力，影响着企业测量实现目标的进展情况的能力，也必然影响着企业高效、经济地去兑现品牌承诺的能力。此外，火灾、突发质量安全事故、不明智的品牌决策以及法律纠纷都会招致突如其来的品牌危机，并造成建筑业企业战略目标的偏移。这类事件的发生将侵蚀企业品牌原先取得的成功，损害企业形象，有时甚至威胁企业的生存。建立一个知名品牌越来越难，维护一个知名品牌更是不容易。因此建筑业企业迫切需要采取一套危机管理机制，加强品牌危机管理，以完善对品牌的动态管理，预防和及时化解品牌危机。

建筑业企业品牌危机管理是一种使危机对品牌造成的潜在损失最小化并有助于控制不良事态发展的职能管理。从最广泛的意义上来说，建筑业企业品牌管理应该包含对危机事前、事中和事后所有方面的管理。建筑业企业品牌危机管理是识别自身弱点，为最有可能发生的危机做好详尽的计划，在危机发生过程中能够及时做出有效的应对，在危机过后重新塑造品牌形象，监控评价形势，防范同类危机的再次发生，根据情势的变化做出必要调整、不断循环往复进行的、系统的训练过程。

7.1.2　建筑业企业品牌危机的周期

建筑业企业品牌危机的周期大致分为三个阶段，如图 7-1 所示。

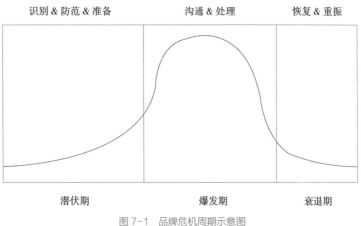

图 7-1　品牌危机周期示意图

（1）品牌危机潜伏期。根据潜伏期的存在与否，可以把品牌危机划分为两类，即潜伏性品牌危机与突发性品牌危机。在潜伏性品牌危机中，建筑业企业可以从内外部利益相关者、社会舆论、媒体那里接受到品牌危机的征兆信号，如产品质量下降、媒体对企业形象的负面报道增多等。对于这类危机，在其潜伏阶段，只要企业充分留意，就会观测到某些信号，这些信号相互确认并相互强化，预示着某种可能发展为品牌危机的事态。这是品牌危机潜伏期给企业品牌危机管理人员的一次化解危机的机会。而在突发性品牌危机中，企业则很少能接受到征兆信号，这就意味着品牌危机越过了潜伏期，所以突发性品牌危机更加难以管理。

（2）品牌危机爆发期。在品牌危机潜伏期里，品牌危机因素增加，若企业品牌危机管理人员不能及时发现和处理，当这种因素积累到一定量的时候，危机就会突然爆发。在该阶段中，一般都有重大的事件突然发生，也就是品牌危机的导火索。该事件对企业品牌形象有着较大的影响，更糟糕的是媒体会迅速地将事件报道，从而引起社会公众的广泛关注，他们往往会积极搜寻进一步的信息。此时，企业管理者面临着突然增加的压力，该压力会促使其采取相应的行动（也可能是逃避），管理者应尽其可能掌握相关信息，进行恰当的信息披露，以填补信息真空，尽可能引导舆论导向，掌握主动权。企业管理者必须聚集、分配企业内外部资源，一方面采取积极的措施，迅速回应危机，尽可能维持企业的正常运营；另一方面进行广泛的媒体沟通，有效控制信息源，准确无误地向外部利益相关者传递危机信息，从而控制品牌危机的负面影响，赢得社会公众的谅解与支持。

（3）品牌危机衰退期。经过潜伏期与爆发期，品牌危机得到了妥善解决，逐渐平息，品牌危机迎来它的衰退期。至此，媒体报道终于渐渐平息，社会公众试图淡忘曾经经历过的危机，企业赢得公众的同情或鄙弃，企业管理者在"闭门思过"。此时，从企业管理视角出发，企业管理者的一个重要任务就是重新规划企业品牌乃至企业整体形象的重振。假如企业得到拯救，那么它的品牌又回到市场中。同时，企业管理者的另一个重要任务就是"吃一堑长一智"，注意总结这次品牌危机管理中的得失，提高企业应对类似品牌危机的能力。

7.1.3　建筑业企业品牌危机形成分析

建筑业企业品牌的竞争优势主要表现为品牌的知名度、美誉度和忠诚度。因此，建筑业企业品牌危机的成因主要是导致品牌知名度、美誉度和忠诚度急速下降甚至毁灭的内外因素的破坏性影响。诱发建筑业企业品牌危机的因素主要如下。

（1）导致建筑业企业品牌知名度形成失败，诱发品牌危机的因素主要有：一是建筑业企业 CI 形象设计不鲜明，实施不规范，品牌宣传投放量太少，致使品牌不被潜在客户和社会公众所注意；二是品牌定位与品牌宣传内容模糊不清，品牌宣传缺乏独特主张与记忆点，无法建立独特的品牌联想；三是企业营销策略不当，导致品牌不被客户接受。

（2）**导致建筑业企业品牌美誉度培育失败，使企业面临品牌危机的因素主要有**：一是工程质量出现问题或施工技术及管理被市场所淘汰；二是企业及其品牌因企业管理与品牌管理失误而被媒体负面报道，如质量及安全事故、人才危机、财务危机、重大法律纠纷等，对品牌声誉造成重大影响；三是品牌延伸不当，破坏原有品牌形象；四是挂靠经营、管理不善等经营行为破坏了品牌声誉。

（3）**导致建筑业企业品牌忠诚度培育失败，使企业面临品牌危机的因素主要有**：一是品牌所代表的施工技术和管理水平被市场淘汰，或落后于竞争对手；二是在项目建设过程中，客户对品牌所代表的施工和服务不满意，企业无法在目标客户中建立起品牌的认同感和信赖感，无法培养忠诚的客户；三是竞争对手的打压与对客户的争夺，在这种情况下，即使客户对品牌体验满意，由于竞争对手提供更优惠的条件，客户还是有可能放弃对原有品牌的忠诚。

导致建筑业企业品牌危机的原因从大的方面可分为内因和外因两种。突发事件是建筑业企业品牌危机的导火线，而品牌管理缺陷是根本原因，且品牌管理能力影响品牌危机的结果。内因是主要的危机来源，大多数建筑业企业品牌危机看似是由企业的外部原因所致，根源还是在企业内部。即使一部分建筑业企业品牌危机纯粹由外部因素所致，但不同的应对品牌危机的做法，结果大不相同。

建筑业企业品牌危机的发生不是一个孤立的事件，尽管品牌危机可能在某个瞬间突然发生，但却是品牌管理恶化、企业管理恶化的结果。从建筑业企业品牌危机的发生和发展过程看，品牌危机是从企业管理，尤其是品牌管理不善开始的，并在外部环境波动的冲击下，使得这些失误现象逐渐累加和放大，最终导致了品牌危机的爆发。因此，品牌环境突变（外因）是品牌危机产生的直接诱因，企业管理不善、品牌管理不善（内因）才是品牌危机产生并对企业及品牌造成重大危害的深层次原因。据以上分析，建筑业企业品牌危机产生的机理可用图 7-2 表述。

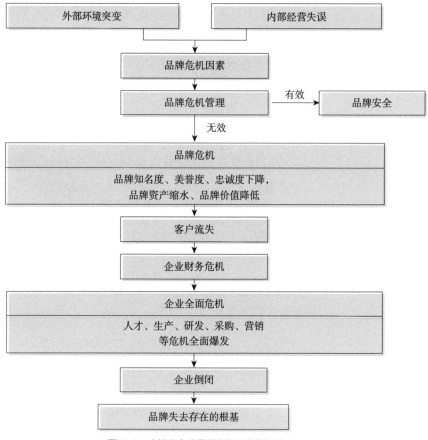

图 7-2　建筑业企业品牌危机产生的机理

7.1.4　建筑业企业品牌危机的特征

　　建筑业企业品牌危机是由企业外部环境的突变和品牌管理失误而形成的,品牌危机会对品牌整体形象产生极大的不良影响,甚至使企业陷入困境。了解建筑业企业品牌危机的特征,是建筑业企业正确认识和管理品牌危机的基础。建筑业企业品牌危机呈现如下几个特征:

　　(1)**突发性**。这是建筑业企业品牌危机的首要特征。如建筑业企业某一项目发生重大安全事故,甚至造成人员伤亡;某一工程发生重大质量问题,出现垮塌或断裂等;建筑业企业被曝光出不规范经营行为,甚至围标串标、行贿受贿等违法行为。这些危机事件事出突然,时间急,影响大,往往置建筑业企业于仓促应战的尴尬境地。

（2）扩散性。现代社会高度发达的信息技术为人们的信息交流提供了多种多样的途径，除了报纸、电视、电台和网络四大媒体外，社会化媒体在生活中发挥着越来越重要的作用。而负面消息则更易于传播，影响也更大，如果再有竞争对手和媒体借机炒作，这一切使得危机的信息以极快的速度蔓延和传播。

（3）危害性。建筑业企业品牌危机带有巨大的危害性。如建筑业企业发生重大安全事故，并经媒体扩散、放大相关信息，势必对建筑业企业品牌产生重大影响。如果是上市公司，也会严重影响市值的稳定。如建筑业企业某一铁路项目出现重大施工质量问题，被主管部门限制投标同类工程等。

（4）被动性。由于建筑业企业品牌危机多数为突发事件，企业往往仓促应对，带有较强的被动性。如果是大型建筑业企业集团，这种被动性则更加明显。如果项目上出现品牌危机事件，项目管理人员没有及时上报公司或集团总部，对相关问题处理又不得当，致使事件影响已经扩散，这时，再来处理、控制和化解危机事件就十分困难了，工作的被动性显而易见。

7.2 建筑业企业品牌危机管理模式

7.2.1 建筑业企业品牌危机管理范畴

有效的品牌危机管理应该是一个有始有终的过程，而不仅仅是对某个单独危机事件的反应。建筑业企业品牌管理是一个识别自身弱点，为最可能发生的危机做好详细的应对措施，在危机发生的过程中及时做出有效应对，在危机过后重新恢复品牌形象，防范同类危机事件再次发生，根据品牌发展形势和环境的变化做出必要的调整并不断完善的管理过程。

具体来说，建筑业企业品牌危机管理主要涉及以下几个方面的内容：

（1）建筑业企业要具有品牌危机意识，对可能出现的品牌危机情境要防患于未然，识别和改善品牌管理中存在的薄弱环节或弱点，做好品牌管理的每一环节，尽量避免品牌危机的出现。

（2）建筑业企业要未雨绸缪，提前投入时间和预算，在危机发生之前就做好相应的应对计划和恢复计划，对内部所有人员进行危机处理的培训，随时准备应对可能出现的危机及其带来的冲击。

（3）建立建筑业企业品牌危机预警系统，使建筑业企业能够在品牌危机的萌芽状态即感知危机，及时出击，迅速控制危机的扩散。

（4）当品牌危机不可避免地到来时，建筑业企业必须做到面面俱到，不能忽视任何一个方面。要及时调动每一个相关的部门以及所需要的资源，寻求沟通，达成一致，将危机的破坏性降到最低，维护品牌形象。

（5）品牌危机过后，建筑业企业要对品牌恢复和重建进行管理，重新塑造品牌形象，寻找新的增长点。

（6）在品牌危机管理过程中，建筑业企业要始终注意监控重要方面的观点和行动，并据此不断对品牌危机管理的具体方式做出必要的调整。

（7）在品牌危机的影响平息之后，对品牌危机及品牌危机管理过程进行评估，完善品牌管理，防止类似危机再度发生。

7.2.2 建筑业企业品牌危机管理模型

建筑业企业品牌危机管理模型可由危机识别子模块和危机处理子模块组成。其中危机识别子模块包括信息收集、信息分析和危机评估三个次级子模块；危机处理子模块包括影响分析、控制解决和品牌恢复三个次级子模块。如图 7-3 所示。

建筑业企业品牌危机识别的主要任务是分析建筑业企业品牌危机的类型、特性、影响因素、产生原因和扩散机制，对品牌运营过程中所面临的各种危机进行监测，并对危机发生的可能性进行评估。其中，信息收集的

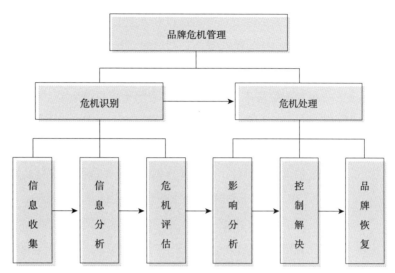

图 7-3　建筑业企业品牌危机管理模型

主要内容是收集可能引发危机的外部环境信息和内部经营信息；信息分析的主要内容是对危机环境进行分析，了解导致品牌危机的各种因素的动向；危机评估的主要内容是对品牌危机发生的可能性进行评估。

建筑业企业品牌危机处理的主要任务是根据建筑业企业品牌危机的各种情况及影响，调动系统资源，拟定危机处理方案、危机沟通计划，控制危机的负面影响，解决危机，并重塑品牌形象。其中，影响分析主要是根据品牌危机识别输出的数据来分析危机对品牌影响的大小；控制解决主要是通过各种管理方法和应急措施控制并化解品牌危机；品牌恢复主要是通过重塑品牌形象及品牌核心竞争力，使品牌得以恢复并发展。

7.2.3　建筑业企业品牌危机管理策略选择

7.2.3.1　建筑业企业品牌危机管理的基本策略

（1）不断优化、完善建筑业企业品牌所代表的施工质量，确保品牌安全。一方面，品牌所代表的施工质量事故仍然是目前建筑业企业品牌危机发生的最主要的原因之一；另一方面，建筑业企业通过广告投放，有效建立起品牌知名度后，营业额暂时提升，这时候施工品质及客户的品牌体验对于能否建立品牌美誉度和忠诚度很重要。

（2）精准定位，塑造对目标客户群具有吸引力的品牌个性，慎重品牌延伸，避免品牌危机。品牌是有个性、有生命的东西。品牌个性是在品牌定位基础上的人格化、个性化的品牌形象，它代表特定的价值观念，其目的是与目标客户建立起有利于企业的联系。品牌个性对建立品牌忠诚度具有关键作用。品牌定位要立足目标客户群的需求，避免定位太泛，并且慎重品牌延伸，避免品牌延伸带来的品牌个性与品牌形象模糊。

（3）持续创新是避免建筑业企业品牌老化、进行品牌维护的基本手段。品牌的创新主要包括技术与管理创新、品牌个性与形象的创新、品牌宣传的创新、品牌营销策略的创新等。建筑业企业品牌具有时代烙印，环境的改变、目标客户群的变化要求品牌要随之调整与变化。创新决定了品牌的生存与发展，创新也是完善与优化品牌形象、增强客户对品牌信心的重要途径。

7.2.3.2　建筑业企业品牌不同发展时期的危机管理策略

在建筑业企业品牌的不同发展时期，也有不同的品牌危机管理策略选择。

（1）品牌知名度培育期避免品牌危机的策略选择。一是品牌宣传投放要有足够量，在广告信息爆炸的年代，品牌宣传只有投放足够量，才不会被其他品牌的信息所淹没；二是广告创意要有独特的记忆点；三是要巧用策划新闻事件，策划新闻事件往往可以较少的资金做到更快更好地提高品牌知名度。

（2）品牌美誉度培育期避免品牌危机的策略选择。善用公共关系宣传，树立品牌良好形象。公共关系广告、公益活动策划、赞助等公共活动可以有效提高品牌的美誉度。

（3）品牌忠诚度培育期避免品牌危机的策略选择。全面推进客户满意战略，项目施工要以客户为本位，注意服务的细节，加强完工后的附加服务等。

7.3 建筑业企业品牌危机的预防

7.3.1 建筑业企业品牌信誉基础

信誉是品牌的基础。建筑业企业只有为所有的客户提供同样的、优质的产品和服务，让客户感受到建筑业企业给他们带来的利益，进而在客户中建立信誉度，才能建立成功的品牌。

建筑业企业品牌建立信誉度，首先要保证施工质量。质量是赢得客户的根本。在大多数情况下，如果一个建筑业企业品牌拥有工程优质的声誉，客户都会给予这一品牌很大的支持。因此，建筑业企业可以建立质量监控部门，督促各个项目保证施工质量，从根本上赢得客户的信任和支持，为建立强有力的品牌信誉打好坚实的基础。

良好的服务也是建筑业企业建立品牌信誉度的重要方面。建筑业企业具有服务行业的属性，通过向客户提供良好的服务，可以获得他们的信任。客户在选择某家建筑业企业时，是有一定期望的，希望建筑业企业能够提供满意的服务。如果建筑业企业能够满足甚至超出客户的期望，那么就能在客户心目中树立良好的品牌形象。通过客户的口碑相传，建筑业企业品牌信誉的基础就能够建立和巩固。建筑业企业品牌管理机构应该监督企业各服务部门的工作，并将良好的服务水平告知品牌利益相关者，从而扩大影响，更加广泛地传播品牌的信誉。

7.3.2 建筑业企业品牌管理薄弱环节的识别与完善

建筑业企业品牌危机的预防，要特别关注品牌管理的薄弱环节。建筑业企业要识别出建筑业企业品牌管理的薄弱环节，进而完善这些薄弱环节。

7.3.2.1 建筑业企业品牌管理薄弱环节的识别

（1）建筑业企业要提前找出品牌管理中的薄弱环节，避免承受品牌危机带来的破坏性后果。应该说，任何一个建筑业企业品牌管理结构都有弱点，如果控制不当，它们就会转变成危机。

（2）建筑业企业要分析如下问题：目前的品牌管理结构在面对品牌危机时哪些方面最脆弱；品牌管理结构的弱点对品牌中期和长期发展有什么危害；哪些问题一旦疏忽将会转变为品牌危机；哪些工作可以有效减少品牌危机发生的可能性。建筑业企业可以将这些问题的思考结果列成清单，作为树立意识、防范危机的备忘录。

（3）建筑业企业可以就品牌管理结构以及管理方式咨询品牌管理专家。专业的品牌管理专家比建筑业企业更有经验，但是他们对建筑业企业品牌及建筑行业可能了解不多。建筑业企业应该结合品牌专家和企业自身的优势，找出品牌管理的不足。

7.3.2.2 建筑业企业品牌管理薄弱环节的完善

建筑业企业识别出品牌管理的薄弱环节之后，下一步就要思考如何来完善它，从而避免品牌危机的发生。建筑业企业可以将清查出来的薄弱环节进行排序。

（1）按照这些弱点可能导致品牌危机发生的可能性进行排列，一般可分为最可能发生的、可能发生的和不可能发生的。

（2）按照这些弱点将会对品牌造成的危害排列，一般可分为会造成严重损害的、会造成损害的和会造成轻微损害的。

建筑业企业要根据分析的薄弱环节的轻重缓急，循序渐进地完善品牌管理的结构，从内部消除危机发生的根源。

7.3.3 建筑业企业品牌信息监测

建筑业企业品牌危机预防就是及时捕捉对品牌不利的信息，使品牌管理者在第一时间做出反应。其中的关键就是获得对品牌不利的信息，因此，信息监测对品牌危机管理十分重要。高度灵敏、准确的信息监测可以及时收集相关信息并加以分析、研究和处理，全面清晰地预测各种危机情况，发现危机征兆，为处理各种潜在危机制定对策方案，尽可能避免危机发生。对建筑业企业品牌管理而言，信息监测内容主要包括以下几个方面：

（1）对宏观经济政策的监测。建筑业企业要对国家政策、地区政策以及其他国家政策进行监测，分析识别由于政策变化导致的国内外形势的变化。建筑业企业品牌生存在一定的经济环境中，环境的变化很有可能给品牌的发展带来危害。但是如果能够灵敏地察觉出政策及形势的变化，制定相应的对策，就可能使品牌转危为安。要实现对国家政策、地区政策的监测，建筑业企业需要与政府部门保持良好的关系，当政策发生变化时，建筑业企业能够在最早的时间内得到消息，并做出反应。其他国家政策的变化可能引起的国际贸易环境的变化，也可能给企业品牌带来危害。因此，有海外业务的建筑业企业要时刻保持对国际形势的关注，收集对品牌不利的信息，提前思考应对措施。

（2）对媒体信息的监测。在这个信息传播异常发达的时代，媒体扮演着非常重要的角色，媒体的舆论导向将会给一个品牌带来至关重要的影响。媒体传播对品牌有利的信息，将会使品牌声名鹊起，给品牌发展带来美好前景。但是媒体如果传播对品牌不利的信息，则很可能使品牌名誉扫地，甚至陷于毁灭的深渊。因此，对媒体信息的监测也是十分重要的。建筑业企业要实现对媒体信息的监测，就要时时对各种媒体有关本企业品牌的消息保持高度的警觉性，如报纸、广播、电视，特别是网络媒体。目前，网络媒体的传播速度大大超过传统媒体，且其互动性为谣言的流传创造了条件。建筑业企业要及时捕捉这些将会对品牌造成危害的负面信息以及谣言，通过相应媒体传播针对这些负面消息的信息，以求消除不利影响，避免品牌危机的发生。

（3）对客户信息的监测。客户对建筑业企业品牌的想法直接影响着他们对品牌的忠诚度，以及他们对建筑业企业品牌信息的传播。建筑业企业要通过定期或不定期的客户调查，来了解客户对品牌的看法，加强沟通，化解误会，避免不利于建筑业企业品牌的消息在客户群中以讹传讹，从而化解品牌危机。

（4）对内部员工的信息监测。内部员工是联系建筑业企业品牌与公众的一个关键桥梁。员工对自己企业品牌的感受被外部公众认为是"内部消息"而具有特别的权威性。了解内部员工对品牌的看法，消除由于内部沟通不利而导致的员工对品牌的误解，避免员工对外传播不利于企业品牌的信息，将品牌危机化解在企业内部，也是信息监测的重要一环。

7.3.4　建筑业企业品牌危机预警系统

7.3.4.1　监测预警指标体系的构建

建筑业企业品牌危机监测预警指标体系，要从不同方面反映出建筑业企业品牌的发展状态和发展趋势。建筑业企业品牌监测预警指标体系的构建，应该遵循以下原则：

（1）**规范性**。对指标的理解和数据的取得应具有规范性，这将便于对指标的处理和指标数据的共享。

（2）**可度量性**。不论是直接实证统计调查获取的客观数据，还是经过人工评分方法所测得的主观数据，都必须要求能够用精确的定量化的数值表示，这是建筑业企业品牌监测预警指标体系正常运行的基本要求。

（3）**敏感性**。监测预警监测指标的评价结果应当可以敏感地反映建筑业企业品牌的安全状况，指标的任何变动即表明，实际建筑业企业品牌安全状况正在或将要发生变化。

（4）**定量与定性相结合**。监测预警指标的选取可以是定量测度，也可以是定性描述，采用定量和定性相结合的方式，更有利于全面描述品牌安全状态。

在以上原则的基础上，结合数据的可获得性和经济性，建筑业企业可以构建包括品牌表现指标、品牌基础指标和品牌环境指标的建筑业企业品牌危机监测预警指标体系，共包括 9 项指标，如图 7-4 所示。

各指标的含义和计算方法如下：

（1）品牌知名度（X_{11}）。该指标反映客户和公众对建筑业企业品牌的知晓程度，其计算公式为：品牌知名度 = 知晓者数 / 受调查者数 ×100%。

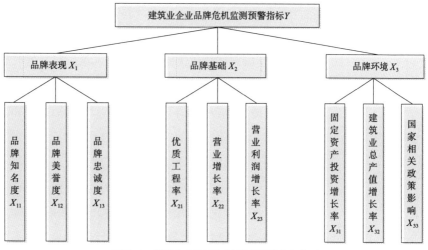

图 7-4　建筑业企业品牌危机监测预警指标体系

（2）品牌美誉度（X_{12}）。该指标反映客户和公众对建筑业企业品牌的认可和褒扬程度，其计算公式为：品牌美誉度 = 褒扬者数 / 知晓者数 ×100%。

（3）品牌忠诚度（X_{13}）。该指标反映客户对建筑业企业品牌的忠诚程度，主要通过后续项目中标率来表示，其计算公式为：品牌忠诚度 = 后续项目中标数 / 后续项目投标数 ×100%。

（4）优质工程率（X_{21}）。该指标反映建筑业企业施工质量情况，其计算公式为：优质工程率 = 获奖项目数 / 项目总数 ×100%。

（5）营业增长率（X_{22}）。该指标反映建筑业企业品牌的发展潜力情况，其计算公式为：营业增长率 = 本年主营业务收入增长额 / 上年主营业务收入总额 ×100%。

（6）营业利润增长率（X_{23}）。该指标反映建筑业企业品牌的获利能力增长情况，其计算公式为：营业利润增长率 = 本年主营业务利润增长额 / 上年主营业务利润 ×100%。

（7）固定资产投资增长率（X_{31}）。该指标是影响建筑业发展的主要因素，反映建筑业发展空间走势，其计算公式为：固定资产投资增长率 = 新增固定资产投资额 / 基期固定资产投资总额 ×100%。

（8）建筑业总产值增长率（X_{32}）。该指标反映建筑业的发展速度和发展趋势，其计算公式为：建筑业总产值增长率 = 新增建筑业产值 / 基期建筑业总产值 × 100%。

（9）国家相关政策影响（X_{33}）。该指标反映国家相关政策对建筑业企业生产经营和发展的不利影响，其影响程度数值可由专家评估得出。

7.3.4.2 监测预警阈值的确定

监测预警阈值确定得是否恰当，对能否正确判断各指标所处的真实状态，进而判断建筑业企业品牌运行和发展是否正常起着非常重要的作用。建筑业企业可采用以下几种标准确定监测预警阈值：

（1）时间标准，也称历史标准。以建筑业企业品牌的历史水平作为综合评价尺度，将各项指标的报告水平与历史水平进行比较。采用时间标准，有利于全面反映建筑业企业品牌的历史发展过程，揭示建筑业企业品牌的发展规律。时间标准可为建筑业企业历史最好水平、历史平均水平、历史最差水平。

（2）空间标准，也称社会标准。将建筑业企业品牌情况置于相似或更广泛的空间范围考察而建立统一的评判尺度。采用空间标准，有利于找出实际水平与全国或世界水平的差距，为全面采取赶超措施提供依据。空间标准可采用全国建筑业的平均值来确定。

（3）计划标准。以计划指标、奋斗目标作为综合评价尺度，将各项指标的实际水平与相应的计划水平进行比较。采用计划标准，有利于在制订计划时综合考虑各方面的因素，全面检查计划的完成情况。计划标准又可为品牌发展战略目标和各项指标趋势预测值。

建筑业企业品牌危机监测预警阈值可参见表 7-1。有如下几点说明：一是各项指标阈值确定以大型建筑业企业为参考对象。品牌表现和品牌基础的各项指标主要考察企业个体情况，由于企业规模和品牌发展阶段的不同，其监测预警阈值要视具体情况来确定；二是优质工程率统计的优质工程主要指获奖工程所占比例，其所获得的奖项必须是工程质量类的；三是品牌环境中固定资产投资增长率和建筑业总产值增长率采用国家平均水平，数值的确定主要参考历史年份的数据，综合考虑 GDP 增长速度；四是国家相关政策的影响程度是对国家出台的相关政策由专家评价其对建筑业企业发展的影响程度，主要考虑不利影响，并通过评分将影响综合量化；五是综合建筑业企业的实际情况，确定各项指标的最优值为品牌知名度100%，品牌美誉度100%，品牌忠诚度100%，优质工程率10%，营业增长率20%，营业利润增长率20%，固定资产投资增长率15%，建筑业总产值增长率15%，国家相关政策影响0。

建筑业企业品牌危机监测预警阈值 表 7-1

一级指标	二级指标名称	监测预警阈值范围		
		正常区	警惕区	报警区
品牌表现	品牌知名度 X_{11}（%）	$X \geqslant 70$	$70 > X \geqslant 50$	$50 > X$
	品牌美誉度 X_{12}（%）	$X \geqslant 90$	$90 > X \geqslant 70$	$70 > X$
	品牌忠诚度 X_{13}（%）	$X \geqslant 50$	$50 > X \geqslant 30$	$30 > X$
品牌基础	优质工程率 X_{21}（%）	$X \geqslant 5$	$5 > X \geqslant 1$	$1 > X$
	营业增长率 X_{22}（%）	$X \geqslant 10$	$10 > X \geqslant 5$	$5 > X$
	营业利润增长率 X_{23}（%）	$X \geqslant 10$	$10 > X \geqslant 0$	$0 > X$
品牌环境	固定资产投资增长率 X_{31}（%）	$X \geqslant 8$	$8 > X \geqslant 4$	$4 > X$
	建筑业总产值增长率 X_{32}（%）	$X \geqslant 8$	$8 > X \geqslant 4$	$4 > X$
	国家相关政策影响 X_{33}（%）	$X \leqslant 30$	$30 < X \leqslant 50$	$50 < X$

7.3.4.3 监测预警指标权重的确定

在建筑业企业品牌危机监测预警系统中，为了判断建筑业企业品牌的总体运行情况，需要把反映建筑业企业品牌运行各方面的指标综合在一起。由于各指标所起的重要程度不同，所以在综合时需对各指标进行加权处理。权重可以从指标对建筑业企业品牌运行总体影响的重要程度的角度来确定。

鉴于上述建筑业企业品牌危机监测预警指标体系具有多层次结构的特点，要确定二级指标对一级指标的权重和一级指标对综合指标的权重。并且在评价指标体系中，为了正确、综合地反映品牌的运行情况，涉及定性指标和定量指标的有机结合。可采用层次分析法结合专家调查法，最终确定指标权重。表 7-2 给出了一个参照的数值。

指标层次及权重参照数值   表 7-2

	建筑业企业品牌危机监测预警指标 Y				X_{ij} 的权重 W_{ij} （%）
		X_i	X_1	X_2	X_3	
		X_i 的权重 W_i	0.5396	0.2970	0.1634	
X_i	X_{ij}					
品牌表现 X_1	品牌知名度 X_{11}	0.1094			5.90
	品牌美誉度 X_{12}	0.5815			31.38
	品牌忠诚度 X_{13}	0.3090			16.67
品牌基础 X_2	优质工程率 X_{21}		0.5396		16.03
	营业增长率 X_{22}		0.2970		8.82
	营业利润增长率 X_{23}		0.1634		4.85
品牌环境 X_3	固定资产投资增长率 X_{31}			0.2000	3.27
	建筑业总产值增长率 X_{32}			0.4000	6.54
	国家相关政策走势影响 X_{33}			0.4000	6.54

7.3.4.4 综合指标得分的计算

综合指标值按如下公式计算：

$$F = \sum_{i=1}^{3} W_i f_i$$

式中：

F 为综合指标值。综合指标得分阈值为：正常区为（8，10]，警惕区为[5，8]，报警区为 < 5；

W_i 为第 i 个一级指标的权重（i=1，2，3）；

f_i 为第 i 个一级指标的综合得分。

f_i 采用如下公式计算：

$$f_i = \sum_{j=1}^{m_i} W_{ij} x_{ij}$$

式中：

W_{ij} 为第 i 个一级指标所属的第 j 个二级指标 X_{ij} 的权重（i=1，2，3；

j=1，2，…，m_i）；

x_{ij} 为第 i 个一级指标所属的第 j 个二级指标 X_{ij} 的得分（i=1，2，3；j=1，2，…，m_i）。x_{ij} 根据指标 X_{ij} 所处的预警区来计算，正常区为（8，10]，警惕区为 [5，8]，报警区为 < 5。指标值位于预警区的高位时得到该区间的高分，位于低位时得到该区间的低分。

m_i 为第 i 个一级指标所属的二级指标的数量（i=1，2，3）。这里 m_i = 3（i=1，2，3）。

7.4　建筑业企业品牌危机处理

7.4.1　建筑业企业品牌危机处理的原则

无论采取怎样完善的防范措施，仍然无法绝对避免建筑业企业品牌危机的发生。既然品牌危机是不可避免的，那么在采取处理措施的时候，一定要把握以下几个原则，将品牌危机的影响降到最低。

（1）主动性。主动性是品牌危机处理的基本原则。品牌危机发生后，无论是何种性质、何种类型、何种起因的品牌危机事件，建筑业企业都应该主动承担责任，积极进行处理。

（2）及时性。品牌危机事件发生后，传播的速度是很快的。品牌危机具有很大的危害性，甚至是灾难性，如果不及时控制，严重时会危及企业的生存。建筑业企业对危机的反应必须及时，无论是对受害者、客户、社会公众，还是对新闻媒介，都应积极对接。

（3）真诚性。面对品牌危机，恐惧和回避都无济于事，隐瞒、掩盖也是行不通的。建筑业企业应该真诚以对，及时向客户和社会公众开放必要的信息传播渠道，以尽快求得客户及社会公众的谅解和信任，重塑品牌形象。

（4）统一性。建筑业企业对品牌危机处理必须冷静、有序、果断。要做到指挥协调统一，宣传解释统一，避免失控、失序、失真，否则会造成更大的混乱，使品牌管理更加恶化。

7.4.2 建筑业企业品牌危机的应对

虽然建筑业企业品牌危机预防减少了品牌危机发生的概率，但在变化莫测的市场环境中，品牌危机防不胜防。当品牌危机发生时，建筑业企业的反应将是决定品牌能否安度危机的关键。品牌危机发生之后，建筑业企业的应对工作千头万绪，涉及品牌管理的方方面面。建筑业企业首先应按照日常分工，由相关部门和人员分别负责调查事件起因，联络各方面相关人员，组织对外宣传报道等。建筑业企业应对品牌危机的级别进行初步估计，然后根据危机的轻重程度来确定投入的人力和物力。根据建筑业企业品牌危机发生的原因不同，品牌危机处理的方式方法也有所不同。建筑业企业品牌危机发生的原因不胜枚举，但大体上可以归为以下几类：

（1）媒体的错误报道，或是竞争者的恶意中伤。这类危机从根本上来说，并不是建筑业企业品牌自身的过错，但是如果建筑业企业置之不理，任其以讹传讹，将会给建筑业企业品牌带来不可估量的损失。对于此种类型的品牌危机，建筑业企业应及时澄清事实真相，消除对品牌的不利影响。

（2）由于自然灾害或者不可抗力而使建筑业企业陷入危机之中。这种危机不是由建筑业企业自身的过失而导致的，但往往涉及面广，影响巨大，如果听之任之，对建筑业企业品牌的影响也是相当严重的。例如由于发生地震而使建筑工程出现毁损，或是造成建筑业企业人员伤亡等。虽然建筑业企业主观上和行为上没有过错，但事实上还是造成了社会损失，如果建筑业企业不采取任何措施，将会给公众、客户和员工留下只顾自己利益、无视公众和客户利益的印象，从而对该建筑业企业品牌产生抵触情绪，严重损害品牌形象。所以对这一类品牌危机，建筑业企业应主动担负起由灾害造成的损害，以公众利益、客户利益和员工利益为重，消除灾难性的后果，从而树立品牌勇于承担责任以及为公众、客户和员工服务的良好形象。

（3）确实由建筑业企业的失误而导致的品牌危机，如工程质量事故、安全生产事故、围标串标、商业贿赂等等。既然发生了错误，建筑业企业就应在第一时间向公众承认自己的错误，然后马上着手采取补救措施，力求将品牌危机的危害性控制在最小的范围之内。

7.4.3　建筑业企业品牌危机中的沟通管理

在建筑业企业品牌危机管理中，沟通管理是最重要的内容之一。建筑业企业品牌的生存离不开内外部环境。有效的品牌危机管理有赖于建筑业企业与环境的信息交换能力，以及建筑业企业依据收集到的信息制定有效行动方针的能力。在品牌危机发生期间，建筑业企业需要同内部员工、利益相关者、政府、外部公众和媒体进行强有力的主动沟通。如果没有及时、有效地与各个方面进行沟通，就很可能使品牌危机扩大，最终造成严重的后果。对于不同的对象，沟通的具体方式和内容也有所不同，具体如下。

（1）与内部员工的沟通。在建筑业企业品牌危机中，有效的沟通可以使员工了解到品牌所面临的危机，取得员工的理解和支持，达成统一行动，使员工与企业一起同心协力面对困难，解除危机。如果没有及时与员工沟通，员工对危机情况一知半解，当外部向他们询问有关情况时，员工不知道如何应对。此种情况下传播的消息具有很大的主观性，有可能造成不实消息的传播。而内部员工对外部公众来说，他们的消息具有较高的可信度，这样不利于危机的控制。所以，在品牌危机发生以后，建筑业企业应该尽快与员工沟通，清晰地说明品牌所面临危机的真实情况，赢得员工的理解和支持。建筑业企业还应该告诉员工，每个员工应该如何应对品牌危机，他们在品牌危机中应该做些什么，并说明这样做对化解品牌危机的益处。建筑业企业在品牌危机中应该充分征求员工对应对危机的意见和建议，这样既可以集思广益，获得更多化解品牌危机的对策，又可以强化员工的责任感。对于不同的员工和不同的情况，建筑业企业应该考虑用不同的沟通方式，如召开会议、个别谈话、发布通知等等。

（2）与利益相关者的沟通。一般来说，在品牌危机中，利益受到损害者是对品牌意见最大的人，能否与他们实现有效的沟通是解决问题的重点。对于利益受到损害的相关者，建筑业企业应该及时向其说明有关情况，如有错误，要第一时间承认自己的错误，这样可以消除不负责任的猜疑，缓解不满情绪。然后在适当范围内，通过适当的方式向受到危机影响的各方道歉，赢得对方的理解和谅解。建筑业企业应该说明将要采取什么措施来解决问题，消除危机带来的不利影响，并马上实施，让利益受损者看到建筑业企业解决问题的诚意。同时，建筑业企业还应向利益受损者保证不再发生类似的危机事件，让品牌继续得到大家的信任。最后，建筑业企业还要向这些受到危机影响者表示感谢，感谢他们的支持、配合和信任，让他们知道这对于我们的品牌是多么重要，让他们知道企业对他们心存感激。

（3）与媒体的沟通。媒体是一把双刃剑，有效的媒体沟通可以帮助建筑业企业化解品牌危机，不恰当的媒体沟通有可能导致建筑业企业品牌危机越演越烈。媒体对各种消息有着很高的敏感性，因此，如果有品牌危机事件发生，会引起众多媒体的关注和报道。所以，建筑业企业可以选出一位新闻发言人，这样可以保证建筑业企业针对危机事件只有一个声音说话，避免对外宣传口径不一，避免由于多路信息的传输导致公众理解上的混乱。危机事件发生后，建筑业企业不应该回避媒体的采访，这样会表现出心虚、不可信和逃避问题的不良形象。建筑业企业要尊重媒体，及时、耐心、有礼地回答媒体的提问，向他们提供有关信息，以避免媒体从非正常渠道获得不实信息。向媒体提供的信息一般包括品牌的整体情况、现状，以及所遭遇的危机事件。建筑业企业传播给媒体的消息必须是经过证实的，不要将不确定的信息或没有最终决定的解决方案随意告诉媒体，否则，会加剧公众对品牌的不信任。建筑业企业应该保持沟通的连续性，及时向媒体通报解决的方案以及实施的进度和效果，表达解决问题的诚意和信心。如果有媒体扭曲了事实，或者在报道危机事件时采取了具有负面影响的报道方式，建筑业企业应该在不扩大负面影响的前提下，要求媒体更正。同时，请权威媒体对这些扭曲的报道进行澄清，报道积极正面的消息，消除不利影响。

（4）与公众的沟通。在品牌危机中，建筑业企业也要注意与公众的沟通。虽然公众可能没有受到危机事件的直接影响，但他们可能是建筑业企业的潜在客户，公众也是品牌声誉的群众基础，所以与公众沟通对于建筑业企业来说也很重要。通常在品牌危机中，建筑业企业一般是通过媒体的宣传来实现信息传递，达到沟通的效果。建筑业企业应该保证公众能够了解到事实的真相，防止不真实的谣言流传。要让公众知道建筑业企业对处理危机的积极态度，尽可能获得公众的同情和支持，消除危机的不利影响。但在某些情况下，如果危机事件造成的危害范围不大，并且危害并不严重，对于一些发布可能会导致更加严重后果的信息，可以选择不对公众发布。总的来说，由于与一般公众的沟通通常是间接的，所以建筑业企业要更加小心，力求将真实的信息完整地传递给所有公众，实现有效沟通。

7.4.4　建筑业企业品牌危机中的形象管理

建筑业企业品牌危机发生，品牌形象可能会受到很大影响。建筑业企业品牌危机处理的目的也就是为了维护和重塑品牌形象。对于建筑业企业来说，形象管理就是建筑业企业品牌如何引导那些受危机影响者和公众对危机的看法和反应，消除不利影响，重树品牌形象。建筑业企业在危机事件中的品牌形象管理要注意以下三个方面：

（1）**要保持品牌形象的统一性。**建筑业企业要努力保持与危机发生前相同的态度和行为，要让大家相信危机不过是一次偶发事件，建筑业企业品牌的理念还是始终如一的。建筑业企业要坚持品牌管理的宗旨和原则，不要因为危机的发生而将所有精力都转向危机处理，而忽视或放弃了日常的行为准则。在处理危机的过程中，建筑业企业要始终维持同一个形象，表现出竭尽全力消除危机影响的诚恳态度，并积极听取各方意见。建筑业企业要始终保持积极处理危机的态度，认真对待危机，在处理危机的过程中始终以客户和公众利益为首要前提。

（2）**反映建筑业企业品牌的真实态度和行为。**在品牌危机中，建筑业企业的真实态度和行为可以直接反映出品牌形象，所以建筑业企业要将自己的真实态度和行为传播给品牌利益相关者和广大公众。为达到这一目的，可以采取危机广告的方式。用广告来反映品牌面对危机的真实态度和行为，与新闻媒体的报道相辅相成，可以极大地扩展影响的范围。危机广告是以第一人称来告诉公众品牌将会做什么，以及品牌正在怎样消除危机，有利于树立品牌勇于承担责任的良好形象。特别是与新闻媒体相比，由于危机广告是由建筑业企业自己策划，可以选择对品牌形象有利的信息进行传输，尽量避免不利消息的流传。

（3）力求将危机的负面影响转变为正面影响，消除危机对品牌形象的不利影响。危机事件发生之后，品牌不可避免地会成为大家关注的焦点，但是负面焦点对品牌的形象会有很大的影响。建筑业企业可以通过举行公关活动，尽力把危机的负面影响降到最低，争取发挥正面的宣传作用。因为危机发生突然，需要在最短的时间内解决危机，防止更大影响。建筑业企业举行危机中的公关活动，必须经过精心的策划，注意规模、可行性及时效性。

7.4.5　建筑业企业品牌危机中的恢复管理

在品牌危机被消除或被控制住之后，建筑业企业应该着手品牌恢复工作，尽力将各种生产经营管理工作恢复到正常的状态，同时对危机处理过程进行评估，找出品牌管理漏洞，以更好地预防和应对下一次危机的到来。通常在经历过危机之后，品牌形象、生产经营以及危机所涉及的人都会不同程度地受到冲击和影响，建筑业企业要将其恢复到危机发生以前的状态，并利用危机中发现的一些问题和创造的一些机遇，更好地实现对品牌的管理。

（1）建筑业企业要关注客户、利益相关者、员工以及社会公众的心理恢复。品牌危机所涉及的各方面，都会在一定程度上遭受危机的压力，并且面临着各种不确定性。由于危机对品牌的巨大破坏性而产生的对自身利益的影响，以及由于处理品牌危机的工作负担而倍感压力，内部员工对企业的忠诚度降低；利益相关者由于受到危机的损害对品牌不满；社会公众由于危机对品牌产生怀疑态度。所有这些都是危机对人们造成的心理伤害，建筑业企业必须采取措施，恢复他们的心理状态。心理恢复的第一步就是要给所有人确定的信息，让他们相信危机已经过去，品牌会更好。确定的信息可以通过媒体来传播，也可以通过面对面的沟通，让他们了解到品牌的改进。信息传递要有持续性，要让人们觉得很有安全感，可以确定地预测品牌的未来。这种安定的心态将最终为品牌的恢复创造和谐安宁的环境、坚实的群众基础，以及无穷的动力。对于受到危机严重损害的人来说，不但要给他们确定的信息和可以把握的希望，还要想办法弥补危机给他们造成的心理伤害。

（2）建筑业企业要恢复生产经营管理秩序。危机过后，建筑业企业要尽快使员工重新回到自己的岗位并开始正常工作。对于由于危机而导致的空缺或者在危机中发现需要增设的岗位，也应该尽快补充落实。企业管理者要多与员工沟通，让他们明白品牌所面临的困境，并且让他们感觉到自己与品牌是一体的，激发他们的工作热情和创造激情，加快生产经营恢复的进程。

（3）建筑业企业要对品牌危机管理进行评估。危机管理评估是恢复管理的一个重要组成部分，它是品牌危机管理的一个总结，它可以帮助建筑业企业分析危机发生的原因，研究可以防范危机的措施，思考如何完善品牌危机管理。如果建筑业企业品牌危机管理评估工作做得认真、客观，就会产生积极的效果，从而提高品牌危机管理能力。品牌危机评估既要对危机管理过程中的措施进行评价，奖励为化解危机做出贡献的员工，惩罚办事不力的人员，更要查出品牌管理不完善之处并进行改进，总结经验，防止类似危机的再度发生，同时增加所有人员应对危机的能力。

8

第 8 章

建筑业企业品牌绩效管理

8.1 建筑业企业品牌绩效管理概述 ————————

8.1.1 建筑业企业品牌绩效管理的含义 —————————

绩效指工作主体在一定时间与条件下完成某一任务所取得的业绩、成效、效果、效率和效益。根据绩效含义的延伸，建筑业企业品牌绩效是品牌管理组织和工作人员在品牌发展目标的指导下，根据品牌所处的发展阶段以及内外环境和条件，为完成品牌管理任务所取得的业绩、成效、效果、效率和效益。其表现形式主要体现在以下几个方面：

（1）工作效率。工作效率包括时间、财务、信息、人力及其相互结合利用的效率。

（2）工作任务完成的质与量。工作任务完成的质与量包括工作中取得的数量与质量。

（3）工作效益。工作效益包括工作中所取得的经济效益、社会效益与时间效益。

建筑业企业品牌绩效管理是指各级品牌管理者为了达到品牌管理目标共同参与的绩效计划制定、绩效辅导沟通、绩效考核评价、绩效结果应用、绩效目标提升的持续循环过程。建筑业企业品牌绩效管理的目的是持续提升品牌管理者和品牌管理组织的绩效。品牌管理组织及个人的工作绩效是其自身条件与素质在具体时间条件下的综合反映，是素质与工作对象、工作条件等相关因素相互作用的结果。因此，建筑业企业品牌管理绩效会随着时间、空间、工作任务及工作条件（环境）等因素的变化而变化。绩效的变化性与绩效的稳定性并存，实在性与潜在性并存，功用性与价值性并存。因此进行绩效管理时应该从多角度、多主体、多层次、多时点进行综合分析。

8.1.2　建筑业企业品牌绩效管理体系

　　建筑业企业品牌绩效管理应该关注品牌管理活动的行为和结果，因为行为和结果是因与果、手段和目标的关系。结果是目标，对建筑业企业品牌管理实现目标的行动或行为有引导、指导作用；行为是达成最终目标的手段，是与结果紧密相连的。建筑业企业品牌管理的绩效具有多因性，品牌管理的产出（结果）不单单是品牌管理组织或个体行为所致，可能还会受到其他因素影响，如受到环境、事件等不可控因素的影响。同时，建筑业企业品牌价值的提升和品牌管理目标的实现具有长期性的特点，过分强调结果会导致短期行为，不利于建筑业企业品牌的长期发展。所以，对于品牌绩效管理来说，既要考察结果，也要考察导致结果的行为。如果仅仅衡量结果而不注重对行为的考察，则无法说明怎样才能取得结果。反之，只考察行为而缺乏衡量结果的具体指标，虽然可能会使行为在短期内朝着评价者所引导的方向改进，但是离开了对结果的衡量却不能显示这些行为改进是否已被转化为绩效的提高。

　　因此，建筑业企业品牌绩效管理体系从过程和结果两方面来构建。如图 8-1 所示。

　　行为绩效子系统用来评价建筑业企业品牌管理组织及成员个体工作行为符合及达标的程度，主要分为组织行为绩效和个体行为绩效两个方面；结果绩效子系统用来评价建筑业企业品牌管理对企业经济效益的提高，主要体现为品牌资产的增值，通过建筑业企业品牌价值评估来确认。

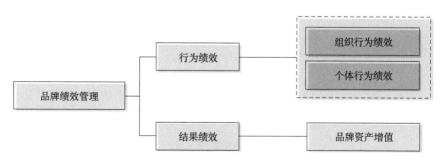

图 8-1　建筑业企业品牌管理绩效评价体系框架

8.2　建筑业企业品牌行为绩效管理

8.2.1　品牌行为绩效管理要素

开展建筑业企业品牌行为绩效管理，首先要确定建筑业企业品牌行为绩效的影响因素。具体来看，建筑业企业品牌行为绩效的各种影响因素和表现形式的主要内容如表 8-1 所示。

品牌行为绩效评价因子层次结构　　　　　　　　　　　　　　　　　表 8-1

项目	一级指标	二级指标
行为绩效（P）	组织行为绩效（P_1）	管理幅度合理性（P_{11}）
		组织适应性（P_{12}）
		组织协调能力（P_{13}）
		组织凝聚力（P_{14}）
		员工参与度（P_{15}）
		员工满意度（P_{16}）
		客户满意度（P_{17}）
	个体行为绩效（P_2）	缺勤率（P_{21}）
		迟到率（P_{22}）
		离职率（P_{23}）
		工作错误率（P_{24}）
		工作能力（P_{25}）
		工作态度（P_{26}）

（1）**管理幅度合理性（P_{11}）**主要考察建筑业企业品牌管理者对下属的控制是否有效，指令下达、信息上传是否高效，其他纵向、横向沟通是否快速。

（2）**组织适应性（P_{12}）**主要考察建筑业企业品牌管理组织对外界环境和信息感应是否灵敏，突发问题或新的工作内容是否能够及时反映和落实。

（3）组织协调能力（P_{13}）主要考察建筑业企业品牌管理组织成员合作情况，组织内部冲突是否经常发生以及冲突的强度等。

（4）组织凝聚力（P_{14}）主要考察建筑业企业品牌管理组织对每个成员的吸引力和向心力，以及组织成员之间相互依存、相互协调、相互团结的程度和力量。

（5）员工参与度（P_{15}）主要考察企业员工关注品牌的程度及参与的积极性。

（6）员工满意度（P_{16}）主要考察企业员工对品牌管理组织工作的评价。

（7）客户满意度（P_{17}）主要考察客户对建筑业企业品牌管理组织工作的评价。

（8）缺勤率（P_{21}）考察建筑业企业品牌管理组织员工的缺勤情况，其计算公式为：缺勤率 = ∑缺勤天数 /（员工平均人数 × 工作日天数）。

（9）迟到率（P_{22}）考察建筑业企业品牌管理组织员工的迟到情况，其计算公式为：迟到率 = ∑迟到次数 /（员工平均人数 × 工作日天数）。

（10）离职率（P_{23}）考察建筑业企业品牌管理组织员工的离职情况，其计算公式为：离职率 = ∑离职事件数 / 员工平均人数。

（11）工作错误率（P_{24}）考察品牌管理组织员工的工作准确性情况，其计算公式为：工作错误率 = ∑工作错误人次数/（员工平均人数 × 工作日天数）。

（12）工作能力（P_{25}）主要考察建筑业企业品牌管理人员是否具备完成品牌管理工作的素质，其考核要素如表 8-2 所示。

品牌管理人员工作能力考核要素　　　　　　　　　　　　　　　　　　　　表 8-2

考核项目	项目定义	考核着重点
知识 技能 体力	担当职务所必要的知识、技能与体力	·必要的知识、技能，体力是否充沛 ·是否具有基础理论知识 ·是否具有专业知识和专业技术
理解力 判断力	为了推进工作，与合作共事者交换意见，正确表达自己意图、说服对方的能力	·能否正确表达自己意志和意图，说服对方，共同完成目标 ·在突发事件面前，能否迅速准确地把握问题的实质，随机应变，做出适当的判断与决定
计划力 开发力	有计划、有步骤、创造性地完成工作任务的能力	·能否准确理解上级的意图和指示，并在职权范围内做出行动 ·能否根据需求创造性地完成各项工作，有所创新和提高

续表

考核项目	项目定义	考核着重点
指导力 协调力	在指导基础上，维持良好的人际关系，协调相关人员有效地实现目标的能力	·能否为实现品牌目标积极指导有关部门和人员 ·能否组织、协调有关部门和人员去实现目标 ·能否与相关人员保持良好的关系 ·在交涉工程中能否存异求同，避免冲突，减少摩擦

（13）工作态度（P_{26}）主要考察建筑业企业品牌管理人员的纪律性、协作性、积极性、责任感和勤奋性，其考核要素如表 8-3 所示。

品牌管理人员工作态度考核要素   表 8-3

考核项目	项目定义	考核着重点
纪律性	遵守各种规章制度，维持良好的工作秩序	·是否服从命令、听从指挥 ·是否积极维持工作秩序 ·有无违法乱纪行为
协作性	作为组织一员，积极为组织内的合作做贡献	·是否能与上级、同事合作共事，努力完成任务 ·是否能与上司、同事避免冲突，保持良好的人际关系
积极性	无需监督与催促，自觉而热情地完成任务	·是否乐于接受高难工作 ·是否能不惧困难，坚持不懈地完成任务 ·是否能够充满热情地完成本职工作
责任感	忠于职守，认真负责地完成工作	·是否忠于职守，认真负责地完成任务 ·是否能够做到不推诿、不推卸责任 ·工作中是否经得起检查，且准确无误
勤奋性	兢兢业业，埋头苦干，努力工作	·是否经常保持兢兢业业的实干精神 ·是否能够任劳任怨，埋头苦干

以上各个指标评价阈值应该根据建筑业企业整体考核体系的考核标准，结合品牌管理工作的特点来综合确定。并根据建筑业企业不同的发展时期和阶段，以及品牌管理工作任务的不同实行动态管理。

8.2.2 品牌行为绩效管理要素权重的确定

　　为确定评价要素权重，可以选择建筑业企业高级管理人员以及有关专家，对上述因素两两之间的重要性进行比较评分，计算出权重数值。品牌行为绩效评价因素权重参考值如表 8-4 所示。

品牌管理行为绩效评价因素权重 　　　　　　　　　　　　　　　　　　　　　　表 8-4

项目	一级指标及权重	二级指标及权重	综合权重
行为绩效（P）	组织行为绩效 P_1（0.642）	管理幅度合理性 P_{11}（0.279）	0.1791
		组织适应性 P_{12}（0.215）	0.1381
		组织协调能力 P_{13}（0.173）	0.1111
		组织凝聚力 P_{14}（0.110）	0.0706
		员工参与度 P_{15}（0.097）	0.0623
		员工满意度 P_{16}（0.075）	0.0482
		客户满意度 P_{17}（0.051）	0.0327
	个体行为绩效 P_2（0.358）	缺勤率 P_{21}（0.241）	0.0863
		迟到率 P_{22}（0.166）	0.0594
		离职率 P_{23}（0.162）	0.0580
		工作错误率 P_{24}（0.210）	0.0752
		工作能力 P_{25}（0.131）	0.0468
		工作态度 P_{26}（0.090）	0.0322

　　在对建筑业企业品牌行为绩效进行评价时，可以组建考核委员会，采用打分法，评分采用 10 分制，每个因素得出一个分值，利用表 8-4 构造的权重系数计算出品牌行为绩效的分值。分值 [8，10] 为优秀，[6，8）为良好，[4，6）为一般，[0，4）为较差。

8.3　建筑业企业品牌价值评估　————————

8.3.1　品牌价值评估的概况　————————

对品牌价值评估最初的需求主要起因于 20 世纪 80 年代中期兼并和收购浪潮。到现在，对品牌价值的理解已不再局限于资产负债表上的静态数字了。品牌价值评估的主要用途已转向协助品牌的战略与管理。越来越多的公司认识到品牌保护和品牌管理是企业成功的关键因素之一。产品和服务价值的实现是通过品牌与消费者相互沟通来实现的。消费者不再仅仅需要一个服务或产品，而更需要建立一种在信任基础上的稳定关系。而这种关系的确立，反过来会使企业收获到消费者基于对品牌的忠诚所带来的稳定的收益。品牌价值评估在当今的企业运营和市场竞争中，已具有越来越重要的作用和意义。

品牌价值评估已有近 40 年的历史，随着品牌价值评估的发展，评估机构不断增加，各种各样的品牌价值评估也相继出现。比较来看，各种评估结果都存在差别。从评估范围上来看，可分为：世界性的评估，比如《商业周刊》《金融世界》的"全球 100 最有价值品牌"排行榜；国家性评估，比如"中国 500 最有价值品牌"排行榜。除此，还有整体性评估和行业性评估等。目前主要的评估方法有 Interbrand 方法、《金融世界》品牌价值评估方法和"名牌法"等。

8.3.2　建筑业企业品牌价值评估体系框架的构建　————————

建筑业企业品牌价值是品牌管理工作结果绩效的集中体现，科学合理的建筑业企业品牌价值评估是客观全面地反映建筑业企业品牌的内在价值的必然要求，所以建立建筑业企业品牌价值评估是至关重要的。建筑业企业品牌价值评估应该坚持以下原则：一是科学性，要科学全面地确定影响建筑业企业品牌价值的主要因素；二是专业性，要充分体现建筑业企业生产经营的特点和建筑市场运作的特殊性；三是可操作性，评价所选取的评价指标和基础数据要能够获得。

综合现有主要品牌价值评估方法的基础上，结合建筑业企业的特点，建筑业企业品牌价值评估体系应该主要考核建筑业企业市场竞争能力、超额获利能力，以及品牌强度等，通过财务分析、市场分析和品牌分析来确定建筑业企业品牌价值，如图 8-2 所示。

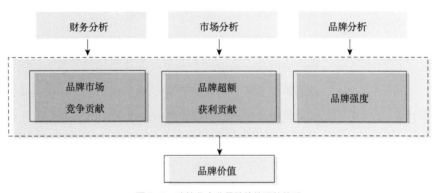

图 8-2　建筑业企业品牌价值评估体系

8.3.3　建筑业企业品牌价值评价方法

根据上述的评价框架体系，建筑业企业品牌价值评价的基本计算公式为：

$$E = (BMC + BPC) \times G \tag{8-1}$$

$$BMC = \frac{1}{5} \sum_{i=-2}^{2} C_i \times BCR \times AP_i \tag{8-2}$$

$$BPC = \frac{1}{5} \sum_{i=-2}^{2} (P_i - AP_i) \times R_i \quad (BPC \geq 0) \tag{8-3}$$

公式（8-1）中：E 为品牌价值，BMC 为建筑业企业品牌市场竞争贡献，BPC 为建筑业企业品牌超额获利贡献，G 为建筑业企业品牌强度系数。

公式（8-2）中：BMC 为建筑业企业品牌市场竞争贡献，C 为合同额，BCR 为建筑业企业品牌对合同额的贡献率（简称品牌贡献率），AP 为行业平均利润率，i 为采集数据的年份，以当年为 0。

公式（8-3）中：BPC 为建筑业企业品牌超额获利贡献，R 为营业额，P 为利润率，AP 为行业平均利润率，i 的含义同上。

此评价方法的主要依据是：建筑业企业品牌价值主要体现在能增强建筑业企业的市场竞争力和能使建筑业企业获得超额利润，两者既是建筑业企业品牌价值的本质所在，也是建筑业企业品牌对建筑业企业具有价值的外在表现。所以，建筑业企业品牌价值的评价，要重点关注品牌市场竞争贡献（BMC）和品牌超额获利贡献（BPC）两个方面。

关于建筑业企业品牌市场竞争贡献（BMC），应该说，建筑业企业只要有合同额，就表明企业具有一定的市场竞争力，其中也必然有建筑业企业品牌的贡献。建筑业企业品牌贡献率的大小与品牌强度密切相关。在评估建筑业企业品牌强度系数时，可采用德尔菲法按照 10 分制打分，最终得分在 [1, 10] 区间上。可以以品牌得分为基础，将其转换为百分制的百分比形式，再乘上一个调整系数 0.6，最终确定品牌贡献率的数值。为了消除企业品牌之外的管理和技术等因素的影响，可以采用行业平均利润率计算出品牌市场竞争贡献（BMC）的数值。

关于品牌超额获利贡献（BPC），可以采用建筑业企业利润率与建筑行业平均利润率相比较的方法来确定。建筑行业的平均利润率可以近似地看作排除品牌因素的一般获利水平，建筑业企业的利润率减去行业平均利润率的差额可以近似地看作企业的超额获利水平，再以建筑业企业营业额为基数计算出品牌超额获利贡献（BPC）的数值。

在数据采集上，可以计算连续五年的数据，即 {-2, -1, 0, 1, 2}，取连续五年数据的平均值是为了减少因企业经营波动对品牌价值计算的影响；既有历史年度的数据，又有对未来年度的预测数，是为了使计算结果既客观真实，又体现品牌的未来获利能力。

在建筑业企业品牌价值评估的计算中，品牌强度系数 G 是至关重要的，品牌强度系数确定得是否合理及符合实际是品牌价值评估是否准确的重要因素。以量表为研究工具，制定出建筑业企业品牌强度系数量表，来确定品牌强度因子，并用层次分析法确定强度因子的权重，从而确定出企业的品牌强度系数。

在具体评价建筑业企业品牌管理结果绩效时，可以根据一定期间品牌价值增值额来进行评价，并将品牌价值增值额作为计提品牌管理人员绩效薪酬的参考依据。

9

第 9 章

建筑业企业品牌管理与其他管理活动的关系

9.1 建筑业企业品牌与质量管理

9.1.1 质量在建筑业企业的含义

质量是指反映实体满足明确或隐含需要的能力的特性总和。从质量这个定义中可以看出，质量就其本质来说是一种客观事物具有某种能力的属性。由于客观事物具备能力，才能满足各种各样的需求。建筑工程质量是指建筑工程的使用价值，是工程满足社会需求所必须具备的质量特征。它体现在工程的性能、寿命、可靠性、安全性和经济性五个方面。由于建筑工程本身具有单件、定做的特点，工程的质量除具有一般产品的共性外，还有其特殊性。建筑工程质量的特殊性包括建筑物的塑性、抗渗性、耐热性等物理化学性质；满足用户方面的服务特性；时间特性；经济特性；安全特性及方便性。具体来说，质量在建筑业企业的含义，可以从以下几个方面来理解。

（1）主体。质量的主体是指可单独描述和研究的事物，它可以是活动或过程，可以是产品，也可以是组织、体系或人以及上述各项的任意组合。质量在建筑业企业可以是实物（如建筑项目）、管理（如施工组织设计）、流程性材料（如混凝土、骨料等）、服务以及其组合。

（2）需求。"需求"有两重含义：一是在合同或法律规定情况下，"需求"是明确的，其通过合同予以明文规定，是客户对产品和服务提出的明确要求，也是建筑业企业必须满足的要求；二是在其他情况下，"需求"有时是隐含的，需要建筑业企业通过市场分析、技术研究来识别和确定。

（3）特性。特性是指质量的特性，即帮助识别和区分各种质量主体的一种属性。这种属性能对质量主体加以描述或度量，以便确定对于要求是合格还是不合格。因此，"特性"是用以评价的参数与指标系列，是"需求"的定性与定量的表现。但其用于对"需求"进行描述时，应尽量转化为定量指标，以便对"需求"进行更为确切的描述和度量，从而确定产品对于明确或隐含"需求"满足与否。

9.1.2　质量是建筑业企业品牌的第一要素

　　一个成功的建筑业企业品牌是由很多因素共同造就的。外部的因素如市场环境、社会环境、法律环境、文化环境等因素，这些外部因素对于建筑业企业来说难以有效控制，只能尽可能地适应。对于建筑业企业而言，要使自己的品牌成为成功的品牌，重要的是必须掌握决定企业品牌成功的内在要素。建筑业企业应该认真把握这些内在要素，认真分析研究企业的薄弱环节，采取措施不断加强和弥补，这样才能塑造出成功的建筑业企业品牌。如果建筑业企业没有真正把握品牌成功的内在要素，仅仅在品牌宣传上下功夫，做文章，甚至夸大其词，则是缘木求鱼。这样即使一时侥幸赢得了客户，但却不可能让品牌永远长盛不衰。当然这并不是说品牌宣传以及品牌管理不重要，而是说应该在做好企业基础工作的基础上，品牌管理才能发挥作用。所以建筑业企业一定要注意研究决定企业品牌成功的内在要素。建筑业企业实施品牌管理，在竞争市场上作为强势品牌，首先要有施工质量的保证。

　　在市场竞争全球化越来越明显的时代，国际市场上的成功品牌无不以上乘的产品质量作为市场竞争的基础。虽然产品的竞争表现为品牌的竞争，但是，品牌竞争所倚仗的却是产品的内在质量。一个建筑业企业品牌成长为名牌主要靠的是施工质量，一个建筑业企业品牌在市场中被抛弃也大多因为施工质量出了问题。所以，可以说，施工质量是建筑业企业品牌生命之所系。我们不能说施工质量好就一定是成功的品牌，但是，如果施工质量差就肯定不能成为成功的品牌。甚至即使是成功的品牌，也会因为施工质量出了问题而倒了牌子。总之，施工质量不是建筑业企业品牌成功的充分条件，但却是建筑业企业品牌成功不可或缺的必要条件。

9.1.3　建筑业企业质量管理的目的和任务

　　建筑业企业质量管理的目的就是在保证工期、降低成本的同时，完成一定数量达到质量标准的工程，也就是说，建造出符合设计和客户满意的工程。所谓客户满意是指可靠、实用性强、造价合理、美观大方、按工期交工和保修服务良好等。因此，建筑业企业在质量管理工作中，不但要强调工程质量的优良，也应按客户的需要和企业的经济效益目标去努力。只有这样才能最大限度地提高社会效益和经济效益，达到质量管理的目的。

建筑业企业质量管理的任务有以下两个方面：一是确定企业质量目标和方针，制定企业质量规划；二是建立和健全质量体系。确定质量目标就是根据企业存在的质量问题、质量通病以及与先进质量标准或客户要求的更新更高质量标准对比差距，确定企业在计划期应该达到的质量水平。确定质量方针就是制定企业在质量方面总的宗旨，明确全体职工在质量方面的追求和努力方向。制定企业质量规划，就是围绕上述的质量目标和方针，制定技术组织措施。同时根据目标管理的要求，从时间上、任务内容上把指标分解落实到各个部门、各个环节和职工身上，并建立明确的责任制。通过加强质量管理，使建筑业企业生产的产品和提供的服务能持续满足客户的需要和期望，获得更好的效益和社会信誉。

9.2　建筑业企业品牌与市场营销

9.2.1　建筑业企业市场营销的含义

对于市场营销的概念，随着商品经济的发展，人们的认识也在不断完善。美国著名市场营销专家菲利普·科特勒（Philip Kotler）把市场营销概括为：个人和群体通过创造并同他人交换产品和价值以满足需求和欲望的一种社会和管理过程。美国市场营销协会对其定义：市场营销是创造、沟通与传送价值给顾客，及经营顾客关系以便让组织与其利益关系人受益的一种组织功能与程序。

　　与一般产品制造企业比较而言，我国建筑业企业的市场营销活动开始得比较晚，营销管理水平还不高。近几年来，建筑施工企业的市场竞争日益加剧。市场是建筑业企业生存的源头，没有市场就没有企业存活的空间。因此，如何通过有效的市场营销手段，巩固企业的市场份额，并不断发展壮大，是建筑业企业面临的重要挑战。

　　建筑业企业的营销，从一般意义上来说和一般企业的营销目标是一样的，即为了实现自己企业的经营战略目标，建立和保持与目标市场之间良好的关系而进行的各种方案的实施。建筑业企业通过招标投标后根据客户的要求进行生产，这种过程本身就具有营销的因素。具体说，是施工企业为了满足客户的需求，保证社会效益，根据企业自身规模而进行的市场环境分析、建筑市场细分、目标市场选择、企业产品的定位、投标报价、生产施工直至建成后产品的保修等全过程营销规划和营销实施活动。

9.2.2　建筑业企业品牌与市场营销的关系

　　建筑业企业的生存和发展离不开建筑市场，随着建筑市场的不断发展，建筑业企业经历了一个由以生产为主导到以营销为主导的过程。面对竞争激烈的市场，建筑业企业对营销工作给予了越来越多的重视。随着建筑市场的日趋成熟以及建筑技术和管理的不断发展，建筑业企业竞争对手之间对建筑产品的模仿越来越容易，建筑产品的同质化导致单靠产品本身很难赢得市场竞争的优势。在此环境下，建筑产业的竞争方式逐步以品牌竞争代替了产品竞争。品牌所包含的不仅是建筑产品本身，还包含了企业的信誉、个性、文化等内容，可以实现与客户情感的沟通，往往具有更持久的生命力。一个强势品牌能够让产品规避单纯的价格及硬件之争，实现企业利润最大化和规模扩张。一个著名的品牌是企业巨大的无形资产，是企业参与市场竞争的有力武器。所以，建筑业企业品牌是建筑业企业市场营销的重要基础和工具。适当的市场营销是传播建筑业企业品牌信息的重要途径，是扩大建筑业企业品牌影响的重要方式。通过市场营销，可以密切建筑业企业品牌与客户之间的关系，在客户中树立良好的品牌形象。可以说，建筑业企业品牌与市场营销相辅相成，关系密切。

随着品牌和营销的发展和融合，品牌营销的概念逐渐被提出。品牌营销是指创建品牌，将品牌塑造为名牌，以巩固、提高品牌的竞争力和价值为核心内容的营销活动。品牌营销是通过市场营销使客户形成对企业品牌和产品的认知过程，是企业不断获得和保持竞争优势必须构建的高品位的营销理念。最高级的营销不是建立庞大的营销网络，而是利用品牌，把无形的营销网络铺建到客户和潜在客户心里。品牌营销从高层次上就是把企业的形象、知名度、良好的信誉等展示给客户，从而在客户的心目中形成对企业的产品或者服务的品牌形象。

一般来说，品牌营销就是要在动态地了解市场营销环境的基础上，借助特定的产品与服务功能、特定的企业及产品形象，影响和培养特定的消费者心理，从而形成具有明显市场吸引力和竞争优势的品牌。建筑业企业品牌营销的核心任务就是为客户长期提供一组特定的利益和服务。一个好的建筑业企业品牌可以传达企业对建筑产品和服务质量的承诺。建筑业企业要赋予品牌独特的内涵，培育和提高市场对品牌的忠诚度，提高企业竞争力，进而提升品牌价值，这是建筑业企业制定和实施品牌营销所需考虑的重要内容。

9.2.3　建筑业企业市场营销的特点

建筑产业的特点决定了建筑业企业在营销对象、营销市场动态、营销过程和促销手段等方面具有自身的特点。

（1）建筑产业生产与营销一体化。建筑产品作为不动产，是直接面对客户的现场生产方式。建筑生产的开放性和生产周期长的特点决定了生产与营销一体化的特点，即市场营销不仅存在于项目开工前阶段，而且贯穿于现场生产全过程。由于建筑业企业的生产过程完全呈现在业主或潜在客户面前，每一项工作都要接受业主、监理、设计单位、政府部门的监督检查，因此业主和潜在客户对建筑业企业的认识不仅从产品，而且从生产过程所反映出来的管理能力、技术能力、服务水平来进行评判。建筑业企业必须做好生产的组织与技术管理，严格要求、信守承诺，把生产环节视为营销工作的一个部分。

（2）建筑业企业全员化营销。建筑业企业开放式的生产过程，还决定了其全员化营销的特点。业主和潜在客户检查或参观建筑业企业施工现场，实际是在对每个员工和管理人员的工作质量、工作态度、技术水平进行检查。同时，每个员工的服务水平、精神面貌都体现着企业文化，都会给业主和潜在客户以不同的品牌体验。因此，建筑业企业的生产人员和管理人员都不同程度地影响到企业的营销工作。

（3）建筑业企业全过程营销。建筑业企业从获取工程信息开始，到工程竣工交付、完成工程保修责任这个过程中，都要树立强烈的市场营销意识。能否做好生产过程中的营销工作在一定程度上决定建筑业企业在该项目的收益。竣工后的服务工作对建筑业企业营销工作的作用同样重要，如果忽视了售后服务对营销工作的作用，对售后服务不重视，不负责任，给业主或潜在客户不好的印象和影响，将会失去继续合作和潜在合作的机会。

（4）建筑业企业差异化营销。建筑工程项目单件性特征，体现了客户的个性化和特殊化的需求，这就要求针对不同客户和不同项目进行差异化营销。对于建筑业企业，客户的要求都是不同的，建筑业企业要知道不同客户的需求是什么，对不同的客户，要采用不同的营销策略，进行有针对性的营销策划和生产组织，以最大限度满足其明示的和隐含的个性化需求，为其提供个性化的产品和服务。

（5）建筑业企业营销周期性长。按照建筑市场目前的实际情况，建筑业企业要完成一个大中型项目的前期营销工作（至签订合同），一般需要一到两年甚至更长的时间。在这么长的时间内，要高质量地完成营销工作，需要进行周密的策划，制定详细可行的措施，随时关注市场环境的变化和决定营销结果的各种因素的变化，及时沟通反馈信息，调整策略，落实措施。

9.2.4　建筑业企业目标市场定位

建筑业企业要想找准目标市场，必须认清当前本企业乃至整个建筑业的形势，认清自己所面临的机遇和挑战。建筑业企业目标市场定位的准确与否，对企业把握经营机遇、选择市场营销策略具有重要意义：一是目标市场定位能突出需求差异，有助于企业选择市场；二是目标市场定位是制定营销策略的依据和前提；三是目标市场定位能突出经营特色，有助于企业形成竞争优势。建筑业企业目标市场定位的关键是要找准自己的竞争优势。建筑业企业目标市场定位要从以下几个方面来完成：

（1）准确定位目标市场。任何建筑业企业都没有足够的资源满足整个市场或追求过大的目标市场。因此，只有扬长避短，找到有利于本企业优势的细分市场，才能在庞大的市场上有的放矢。建筑业企业要深入分析目标市场的进入难度、目标市场对产品和服务的要求、目标市场竞争对手的获利情况、目标市场的价格水平、目标市场的容量大小等，经过综合考虑，选择最适合企业的目标市场。

（2）调研目标市场，分析企业竞争优势。调研目标市场需要摸清竞争对手的情况，如技术水平、管理能力等，需要了解目标市场上客户对产品和服务的需求量。然后，建筑业企业根据调研的市场情况，分析本企业突出何种特点进入市场。这就需要建筑业企业市场人员做大量的工作，必须认真细致地对目标市场进行调研，与大量客户面对面交流和咨询，总结并分析有关上述问题的资料，做出科学预测。

（3）选择竞争优势，对目标市场初步定位。竞争优势就是建筑业企业能够胜过竞争对手的能力。选择竞争优势实际上是一个企业与竞争者各方面实力相比较的过程，更是前期投标策略制定的比较决策过程。建筑业企业应该制定一个完整的比较指标体系，以保证准确地选择相对竞争优势，制定符合市场实际的营销策略。

（4）调整定位。在准确定位目标市场和发挥竞争优势后，建筑业企业还应关注目标市场的变化，即竞争对手在产品和服务上的创新和提高以及由此提高的竞争力。这就要求建筑业企业创新能力强，能够不断提高技术水平和管理能力，在竞争中保持领先优势。否则，就该考虑调整定位。

9.3 建筑业企业品牌与技术创新

9.3.1 建筑业企业技术创新的含义

概括来说，建筑业企业技术创新可分为技术改进和技术开发两种情况。技术改进也称技术革新，是对现有技术的改进和局部更新，是建筑业企业技术发展中渐变性的进步。建筑业企业技术改进的主要内容包括：施工工艺和操作方法的改进；施工机械设备和工具的改进；原料、材料、燃料利用方法的改进；实验、检验技术的改进以及管理技术的改进等。技术开发是指人们在进行科学技术的基础研究和应用研究的基础上，将新的科研成果应用于生产实践的开拓过程。对建筑业企业来说，技术开发指的是对企业中第一次应用或出现的新技术所开展的一系列活动，包括创造、学习、掌握、有效应用等过程。建筑业企业技术开发主要有新产品开发、新设备与工具的开发、新施工工艺的开发，以及新管理技术的开发等。

9.3.2 品牌与技术创新的关系

技术创新是品牌的生命之源，一个品牌有没有生命力，很大程度上看企业的技术创新能力。技术创新可以推动技术的发展、经济的增长和社会的进步。企业在这样一个发展过程中，不断地做出自己的历史贡献。但是，企业作为社会经济机体的"细胞"，都经历着自己由生到死的发展历程。企业活力的源泉就在于技术创新能力。具有技术创新能力的企业，其活力一般都会在市场上通过企业的品牌竞争力生动地表现出来。世界是在不断开发新技术的过程中发展的，人类社会是在不断开发新技术的过程中进步的。经济发展的历史表明，谁拥有新技术，谁就拥有市场，从而拥有未来。每一次新技术革命的浪潮都使得企业清醒地认识到，拥有新技术，特别是拥有新技术的开发能力，是使企业品牌闪光、使企业得以辉煌的源动力。纵览世界上的知名品牌，无不为技术实力雄厚的大公司所拥有。这些巨型跨国公司的研究开发实力，被称为这些"经济航母"的发动机。它们正是由于不断地开发新技术，推出新产品，才使得其品牌得以名扬世界。

9.3.3　建筑业企业技术创新的主要内容

建筑业企业在开展技术创新活动时，应注意加强组织领导工作，结合生产需要合理规划，充分发动群众，积极吸收员工的合理化建议，组织好以专业人员为主、有员工参加的攻关小组，及时做好技术创新的成果鉴定、评价、奖励和推广工作。建筑业企业技术创新工作主要有以下几项内容：

（1）技术创新的依据。建筑业企业技术创新的依据主要有三个方面：一是国家的技术创新政策，包括科学技术成果的专利政策、技术成果有偿转让政策等；二是生产的需要，主要指未来对建筑产品的种类、规模、质量及功能等的需要；三是企业的实际情况，是指企业的人力、物力、财力及外部的协作条件。

（2）技术创新的途径。建筑业企业技术创新的途径主要有三种：一是独创型技术开发，是从应用研究，甚至是从基础研究开始的，企业通过科学研究取得技术上的重大突破，然后应用于生产实践；二是引进型技术开发，是指从企业外部（国外、外地区、外单位）引进新技术，经过消化、吸收，使之在本企业应用，通过综合与创新使其融入本企业技术体系；三是综合型技术开发，是通过对现有技术的综合，进行技术开发，也可以综合两种以上技术形成新技术。

（3）技术创新的程序。第一，调查研究，掌握技术动态。进行充分的调查研究，了解科技信息，做好技术预测，掌握好开发时机。第二，选择技术开发的具体课题。这是提高技术开发效益的关键。通过可行性研究选定开发项目，拟定研制方案。第三，进行研制和引进开发。按拟定的研制方案，集中人力、物力、财力，加速开发工作。并注意价值分析和质量评价。第四，设计性试制和生产性试验阶段。设计是技术开发的重要环节，它涉及技术、经济和政策等很多问题。通过小批量生产，检验新技术，以进一步完善设计，改进和稳定工艺，消除正式生产中的技术障碍。第五，应用阶段。这个阶段应做好成果的鉴定和推广，注意总结和评价，为今后进一步改进或进行新的开发做准备。

（4）技术创新的组织管理。建筑业企业应建立专门的机构，管理好技术创新工作。技术创新的关键之一在于制定好技术创新计划，选好开发项目。选择技术创新的项目应根据建筑业企业的发展目标、市场调查和预测、企业技术力量及物质技术条件，通过技术经济分析确定。技术创新的另一个关键是技术人才。建筑业企业应积极吸收和培训技术人才，并为他们创造良好的环境。

9.4　建筑业企业品牌与企业文化

9.4.1　企业文化的含义

企业文化一词正式使用于 20 世纪 70 年代，作为管理学的概念并真正成为系统理论是在 20 世纪 80 年代。企业文化是美国管理学界通过对全球成功企业的主要经验，特别是对美国与日本两国成功企业进行管理模式比较研究后的产物。企业文化理论问世以来，国内外学者对企业文化的定义多达 180 多种，几乎每一个管理学家和企业文化学家都有自己的定义。观点的差异主要在对企业文化含义的范围认定上。狭义的企业文化是指以企业价值观为核心的企业意识形态，包括企业价值观、经营观、风气、员工工作态度和责任心等。广义的企业文化是指企业的物质文化、行为文化、制度文化、精神文化的总和，是一种与民族文化、社区文化、政治文化、社会文化相对独立而存在的一种文化形态，具体表现为一切经验、感知、知识、科学、技术、厂房、机器、工具、产品、组织、纪律、时空观、人生观、价值观、市场观、竞争观、生活方式、生产方式、行为方式、思维方式、语言方式、等级观念、角色地位以及伦理道德规范等。

综合来看，企业文化的含义较为适当的提法是：企业文化是指企业全体员工在长期的生产经营活动中培育形成并共同遵循的最高目标、价值标准、基本信念和工作规范，是企业物质文化、行为文化、制度文化、精神文化的复合体。企业文化的构成有五个要素：第一是企业环境。企业环境对企业文化的形成影响最大，是决定企业成功与否的关键因素；第二是价值观。价值观是企业的基本思想和信念，是企业文化的核心；第三是英雄人物。英雄人物是企业价值观的人格化，且通过英雄人物为全体员工提供具体的楷模；第四是礼节和礼仪。礼节和礼仪是公司日常生活中的惯例和常规，是向全体员工表明对其所要求的行为模式；第五是文化网络。文化网络是公司内部的主要（但非正式的）交际手段，是公司价值观和英雄人物传奇故事的"运载工具"。

9.4.2　企业文化的特征

（1）个异性。不同社会、不同民族、不同地区的不同企业，会有不同的文化风格，即便是在环境、设施设备、管理组织、制度手段上十分相近甚至一致的企业，在文化上也会呈现出不同的特色和魅力。体现着一定共性文化的个性文化是企业文化的魅力和生命力所在，个性文化一旦形成，就会产生巨大的感召力、凝聚力和对外辐射力。

（2）共识性。企业文化是多数员工的"共识"，虽然这种共识开始时往往比较集中地体现在企业少数代表人物身上，也总是以少数人具有的先进思想意识为起点向外发散，但是这些思想通过领导者的积极倡导和身体力行后，已经成为多数人的"共识"。

（3）非强制性。企业文化通过启发人的自觉意识达到自控和自律。非强制性是针对认同企业文化的人员而言。一种主流文化一旦发挥作用，即使少数人没有产生认同或共识，也同样受这种主流文化的约束。违背这种主流文化的言行会受到舆论谴责或制度惩罚。

（4）相对稳定性。企业文化一旦形成，就会成为企业发展的灵魂，能长期在企业中发挥作用。当然，稳定性是相对的，企业文化也应根据企业内外经济条件和社会文化的发展变化，不断得到调整、完善和升华。

9.4.3　品牌与企业文化的关系

品牌是一种极富经济内涵的文化，我们可以称之为品牌文化，具体来说，品牌文化是指具有利于识别产品和服务，并使之同竞争者的产品和服务区别开来的要素组合，是文化特质在品牌中的沉积和品牌经营活动中的一切文化现象。品牌含有很高的文化价值，是社会物质形态和精神形态的统一体，是现代社会消费心理和文化价值取向的结合。品牌中沉淀的文化内涵，也就是指品牌的各个层面吸收和借鉴人类文明的一切成果。所以说品牌是经济现象，也是文化现象。

企业文化对品牌管理的作用是内在的。如果没有内在的企业文化作为支撑，品牌就会没有自身的个性特征。一方面，企业文化支撑着品牌的丰富内涵；另一方面，品牌又可展示其代表的独特的文化魅力，两者相辅相成。品牌是市场竞争的强有力手段，同时也是一种文化现象，含有丰富的文化内涵。在塑造品牌形象的过程中，文化起着催化剂的作用，使品牌更有意蕴，从而提高品牌的知名度与美誉度，提高品牌的市场占有率。市场营销和品牌管理的实践证明，文化内涵有利于提升品牌附加值、产品竞争力，是品牌价值的核心资源，是企业的巨大财富。品牌与文化的结合，还有利于创造与发展企业的文化内涵，为企业树立向上、奋发拼搏的实干精神风气，增强企业的凝聚力，提高企业的整体素质；有利于树立与宣传企业形象，塑造企业的品牌形象，增强市场竞争力；有利于企业经济价值更好地与社会价值结合，营造企业发展的大环境；有利于企业抓住机遇，提高市场份额。可以说，品牌不仅仅为了营销，更是为了创造和传播产品与服务的内在价值，而这种价值的核心，最终就沉淀为一种文化。特别是建筑业企业，由于建筑市场竞争异常激烈，企业文化建设，特别是为外界树立的品牌形象，在企业竞争中起着很大的作用。一个建筑施工企业能艰苦奋斗，吃苦耐劳，科学管理，勇攀高峰，在不利的环境下建设出客户满意的优质工程，就能受到建设单位的好评，就能把企业文化的精神财富转变为企业品牌竞争力，进而转化为企业的物质财富。

企业品牌文化的构建和形成与企业文化密切关联。企业文化的定位直接影响到企业品牌文化的战略策划的制定。企业品牌文化作为企业文化的集中体现，既受到既定的企业文化的制约，又能从企业文化中获得有力的支持。几乎所有成功的企业品牌都具备优秀的企业文化。企业品牌文化是企业文化的重要组成部分。企业文化是由一系列经营行为所表现出来的。企业的品牌经营活动所表现出来的文化特质是企业文化的重要组成部分。企业品牌文化的核心是企业品牌价值观，企业品牌价值观彰显出企业经营者满足客户需求的理念，在此理念下所形成的企业品牌营销行为是我们能感受到的企业品牌文化。如何满足消费者需求的理念直接受企业经营理念的指导，是企业经营价值观体系的重要组成部分。

9.4.4 建筑业企业文化建设的特殊性

（1）建筑业企业多是劳动密集型企业，生产力构成中人的因素比例大，劳动者个人的质量意识、协作意识、责任意识都直接对产品质量构成影响。建筑产品质量问题历来较多，而人为的质量问题占大部分。因此，企业文化建设亟待加强。

（2）建筑产品的生产过程是各工序、各工种协同合作的过程，大量的隐蔽工程除了靠有限的检查把关外，主要靠施工人员的负责精神和自觉性，在这个问题上，施工人员的主动性与被动性是造成工程质量优与劣的根源，必须通过企业文化建设杜绝"明明能搞好，却不好好干"的现象，重点在职业道德上做好工作。

（3）施工现场的分散性造成企业文化建设的离散性。临时用工较多，异地施工较多，工作强度较大，使建筑业企业文化建设难度更大，需要企业文化建设工作更灵活，更有声势，更富感染力，要把企业文化建设工作做到施工现场去。

（4）建筑业企业的文明施工是企业文化的直接体现，通过文明施工，带动、促进和完善企业整体管理，改善生产环境和生产秩序，培养企业自觉尊重科学、遵守纪律、团结协作的大生产意识，从而促进企业精神文明建设。

9.4.5　建筑业企业文化建设的目标和原则

9.4.5.1　建设目标

建筑业企业文化建设的总体目标是建设优秀的建筑业企业，具体目标则包括五个方面：

（1）使企业获得良好的经济效益，并为社会和国家做出贡献。

（2）使企业有一个好的形象。

（3）创造一个使人心情舒畅的环境，形成和谐、团结的人际关系，培育人人受尊重的风尚。

（4）使职工的物质文化生活要求逐步得到满足。

（5）全面提高全体职工的素质，探掘和开发人的潜能，充分发挥人的主观能动性。

9.4.5.2　建设原则

（1）目标原则。将企业的宣传、文化活动与企业目标联系在一起，让每个职工都明确自己的工作与企业目标相联，是为实现企业目标而努力。

（2）价值原则。有意识地将员工行为规范到企业共有价值观上来，始终奉行高水准的商业道德，充分尊重员工的价值，积极构筑实现每个人价值的社会平台。

（3）亲密原则。在组织与个人之间、管理者与职工之间、上级与下级之间建立起亲密感，满足每个职工情谊、友爱的需要。

（4）参与原则。要求职工参与管理、参与决策，调动员工积极性。

（5）卓越原则。激励员工积极向上，追求卓越，永不言败。

9.4.6　建筑业企业文化建设的步骤

（1）分析内部条件和外部因素。根据自己企业已形成的传统作风、行为模式、思想意识和特点等，分析企业所处的地位、优势，进而确定适用于本企业实际，有利于发展和社会进步的积极向上的价值观念作为企业文化建设的基础。

（2）明确企业文化建设的目标。根据对企业综合情况的分析，提出适用于本企业的文化建设目标，并加以条理化和具体化。目标既要有针对性，又要切实可行，便于记忆、富于哲理。

（3）全面设计企业文化体系。建筑业企业文化体系的内容要丰富全面，涉及的范围、人员要全面，从企业总部到施工现场的各个工序，从高管到一般管理人员、技术人员、施工人员，要处处体现出具有本企业特色的企业文化。要把企业文化渗透到施工生产、经营活动的全过程中，形成对企业文化的认同。

（4）适时发展。企业文化是动态的，在企业的不同发展阶段，企业文化的内容和风格不同。要根据社会发展的状态，不断充实新的内容，符合时代要求，塑造新的企业文化。

9.5　建筑业企业品牌与社会责任

9.5.1　建筑业企业社会责任的含义

社会责任在我国被广泛关注的时间还不长，应该怎样理解和界定企业的社会责任还在不断地讨论和研究中。一般来讲，企业社会责任是指企业在创造利润、对股东承担法律责任的同时，还要承担对员工、消费者、社区和环境的责任。企业的社会责任要求企业必须超越把利润作为唯一目标的传统理念，强调要在生产过程中对人的价值的关注，强调对消费者、对环境、对社会的贡献。具体表现为，企业在经营过程中，特别是在进行决策时，除了要考虑投资人的利益或企业本身的利益，还应适当考虑与企业行为有密切关系的其他利益群体及社会的利益；除了要考虑其行为对自身是否有利外，还应考虑对他人是否不利，如是否会造成公害、环境污染、资源浪费等。企业在进行决策时，对这些问题进行考虑并采取适当的措施加以避免，其行为本身就是在承担社会责任。

也有学者认为，企业的社会责任是在企业发展到一定规模、具备一定能力的条件下所愿意遵守的社会道德，为社会、为他人做出自己贡献的一种意愿和责任，其目的在于塑造企业的形象，形成良好的社会影响力，并促进企业更好地发展。企业社会责任包含以下几层意思：首先，企业承担社会责任的前提是具备承担社会责任的能力，这种能力是思想观念的认识能力、经济水准的支撑能力和工作过程的行为能力；其次，企业承担社会责任是一种意愿，是一种自觉自愿的行为，而不是一种强制行为，是一种完备的社会责任感；再次，企业承担社会责任同企业所追求的目标是一种相互影响的关系，承担社会责任可以帮助企业更好地发展，企业得到更好的发展可以促使其有能力承担更大的社会责任。

由于建筑业企业的特殊性，建筑产品关系人们生命财产的安全，关系到人们生活环境的优劣，承担起社会责任对建筑业企业来说更为重要。对于建筑业企业而言，最基本的责任在于为社会提供优质的建筑产品，同时要守法经营，依法纳税；然后是保障企业内部员工的合法权益，创造良好的工作环境，实行安全生产；同时也体现在企业讲究诚信，尊重客户的利益，保护环境，维护社会的可持续发展；体现在企业奉献社会，积极参与社区服务、捐资助学、帮困扶贫等社会公益事业。建筑业企业履行企业社会责任，要以人为本，关注员工健康与安全，倾情关爱弱势群体，支持教育发展等，推动社会共创价值，要革新施工工艺，实施绿色施工，节能降耗，追求人类与自然的和谐发展。

9.5.2　品牌与社会责任的关系

任何一个重视自身社会形象的企业都会把社会责任放在工作中的重要位置。品牌形象与社会责任关系密切。品牌管理的目的就是要提升品牌形象，这与企业具有良好的社会形象是一致的。良好的社会形象最好的实现手段是参与到社会经济建设中，关爱他人，保护环境，造福子孙后代，这一切都可以归结为企业品牌的社会责任。从建筑业企业角度来看，建筑业企业通过承担社会责任，可以赢得社会声誉和其他组织的认同，更好地体现自身的文化取向和价值观念，为建筑业企业发展营造良好的社会氛围，使建筑业企业得以保持生命力，保持长期可持续的发展。建筑业企业承担社会责任对品牌的意义主要表现在以下几个方面：

（1）有利于赢得员工的认可。建筑业企业承担社会责任，首先要做的就是加强安全生产，保证员工的健康，对企业的内部设施和环境加以改造，让员工在一个舒适、健康的环境中工作。这样，企业更容易得到员工的认可。

（2）有利于赢得公众的认可。建筑业企业承担社会责任，要在企业外部进行社会公益、社会福利等投资，从而使更多的社会公众受益。这样，社会公众更容易认可和接受建筑业企业。

（3）有利于赢得政府的认可。建筑业企业承担社会责任，是企业自觉自愿地为社会、为政府承担起应有的责任，能够减少政府对企业的管制和干预，赢得政府的认可，从而有利于建筑业企业品牌形象的提升。

总之，建筑业企业通过承担社会责任，无论在企业组织内部还是企业组织外部，都会得到认可，可以在社会公众心目中树立一个良好的品牌形象。

9.5.3　建筑业企业加强社会责任意识

（1）加强企业文化建设。企业文化是在企业的经营过程与历史发展中形成的，是能够统领企业全体成员思想并指导其行为的哲学思想和共同价值准则。它由企业精神文化、制度文化、行为文化和物质文化构成，并附着于企业经营管理的全过程，决定着企业的经营方向。正确的企业经营哲学和共同价值观，决定了企业社会责任的运营方向。企业文化的建设者是企业自身，通过企业文化的构建，会使企业的眼界更宽，更能从战略的高度思考企业未来的发展方向，使企业发现具有更大意义的企业活动，承担企业的社会责任，并将其融入企业的事业领域之中。

（2）树立正确的企业目标。在公众公司已经成为经济重要组织形态的当今社会，企业的价值目标也已经不再仅仅用企业的经济利益指标来衡量，企业的社会价值越来越被看重。只有企业的经济价值和社会价值两个价值目标都达到理想的状态，企业的价值才能真正实现。承担企业的社会责任并不是要求企业放弃经济利益的追求。经济价值是社会价值实现的基础和前提，没有经济价值的支撑，任何企业的社会价值都不可能实现。社会价值是企业经济价值实现之后的更高追求，因为社会价值的实现又必然会保证企业经济价值在更大的社会环境中得到展示，形成良好的社会形象。

（3）完善行为准则和决策规则。企业制定行为准则意在约束企业员工的行为，同时也能帮助员工判断自己的行为是否符合责任与道德规范。企业的决策直接影响着企业社会责任的履行，完善社会责任的决策规则能够给管理层决策提供基本的依据，划定遵守社会责任的底线。为了改善企业在承担社会责任决策时软弱无力的现象，企业必须将自觉遵守社会责任与严格管理相统一。

10

10

建筑业企业品牌的国际化

10.1　建筑业企业品牌国际化概述 ————————

10.1.1　建筑业企业品牌国际化的含义 ————————————

建筑业企业品牌国际化，首先要了解国际化。国际化是指语言、文化、观念、商务等各方面与世界接轨的一种国际模式。对于企业而言，就是产品、服务、品牌、人力资源、企业文化、经营理念、运作模式等与国际先进的市场相结合，使自己的产品和服务能够在国际市场上自由配置。企业的国际化是以国际化的意识和眼光为基础的。建筑业企业品牌国际化也可称为建筑业企业品牌的全球化经营，是建筑业企业以同一品牌在不同的国家和地区开展经营活动，并占领世界市场的过程，是通过向全球扩展以扩大规模、提高效益的品牌经营策略。建筑业企业在全球性的经营活动中，树立品牌形象，达到全球化的目标，不仅要利用本国的资源条件和市场，还必须利用国外的资源和市场进行跨国经营。

建筑业企业品牌国际化有以下基本含义：第一，建筑业企业品牌国际化是一个区域性、历史性的概念，即品牌由本土向国外延伸和扩张的长期历史过程，它需要建筑业企业付出几年甚至几十年的艰辛努力才能真正完成国际化的目标；第二，建筑业企业品牌国际化是指用统一的品牌、统一的市场营销组合策略开拓不同的国家、地区甚至全世界的市场，将全球视为统一的市场；第三，建筑业企业品牌国际化有不同的形式，较低级别的是劳务输出，然后是资本输出和管理输出。建筑业企业品牌国际化代表着统一的品质、统一的企业形象、全球化的服务和不断的技术创新，是建筑业企业对全世界客户的一种承诺。建筑业企业品牌国际化需要全球客户的一种心理认可。国际化品牌可以有力地传递出一个高度负责的企业形象。

10.1.2　建筑业企业品牌国际化的意义 ————————————

　　建筑业企业品牌国际化对建筑业企业发展具有重要意义，主要表现在以下几个方面：

　　（1）建筑业企业品牌国际化是建筑业企业品牌发展的需要。任何品牌的成长必然经历着由小到大、由弱到强，先在熟悉的环境中成长，逐步发展壮大，并开始走出国境，走向世界。很少有品牌一开始就是国际化的，只有当品牌在国内市场趋于饱和、发展潜力受到限制时，才会去突破国界，寻求国际发展空间。建筑业企业持续发展的需要促使企业走向海外，推进品牌国际化。

　　（2）建筑业企业品牌国际化可以实现生产经营的规模经济。规模经济是企业追求的主要目标之一。相比国内市场，国际市场有更大的容量，增加了建筑业企业扩大规模的空间。建筑业企业通过规模效应可以降低成本，提高生产效率。

　　（3）建筑业企业品牌国际化可以降低营销成本，扩大影响范围。建筑业企业实施品牌国际化，可以在营销沟通方面实施统一的活动。如果在各国实施统一的品牌行为，其经营成本降低的潜力更大，实施全球品牌战略是分散营销成本最有效的手段。

　　（4）建筑业企业品牌国际化能增强品牌形象的一贯性。建筑业企业在世界范围内进行同一品牌宣传，能反映该品牌相同的价值和形象，保持品牌的一贯性。

　　（5）建筑业企业品牌国际化能提高国际市场占有率。建筑业企业品牌国际化可以塑造出国际品牌，国际品牌以世界市场为舞台，利用众多国家的资源，在很多国家进行生产经营，在世界大多数国家开展市场营销活动。

　　（6）建筑业企业品牌国际化能够化解企业发展风险。由于世界经济发展的不平衡和各国经济周期的不同步，因此，建筑业企业品牌国际化可以分散市场风险，求得市场需求的相对均衡，避免因为一个国家或地区的需求波动而危及品牌或使品牌陷入困境。

10.1.3 建筑业企业品牌国际化的影响因素 ——————————————

建筑业企业品牌国际化的过程中不可避免会遇到来自于内外的障碍。影响建筑业企业品牌国际化的影响因素主要有以下几点：

（1）环境影响因素。一是法律障碍，法律障碍主要包括技术标准障碍、招标投标法律障碍、其他法律障碍等；二是社会文化障碍，社会文化障碍主要包括客户对品牌的认知以及文化理念的差异、语言障碍、政治障碍、经济障碍等。

（2）品牌自身影响因素。品牌自身影响因素主要是指品牌的构成要素在国际化时遇到的障碍。品牌自身之所以在国际化时存在障碍是与世界各国环境的差异性密不可分的，由于某种文字、图案或者标志，在不同的国家可能具有不同的含义和认知，因此，某些优秀的品牌元素在国际化时却可能会成为不利的因素。

（3）企业自身的影响因素。从建筑业企业自身情况看，一是自身经济实力和世界同行知名品牌还有一定的差距；二是建筑业企业自身的战略管理能力薄弱，品牌国际化的前提是企业要具备世界一流的运营能力，如现金流、物流、信息流及人力资本等各方面强势的运营能力。

（4）来源国效应。"国家品牌"对一个企业或产品品牌有着一定的影响。一旦消费者形成对一个国家产品的总体印象，就会带着这个印象看该国家生产的所有产品，并依据这个印象做出取舍的判断。

10.2　建筑业企业品牌国际化的运作

10.2.1　建筑业企业品牌国际化的市场选择

10.2.1.1　考虑建筑业企业品牌在目标市场的适应性

建筑业企业品牌国际化的直接目的就是获取国际上的市场占有率。然而，不同国家与地区在其文化特征上具有很大的差别，这种差别包括语言、宗教信仰、风土人情、价值观念、传统习惯等方面，是历史沉积在人们生活中的体现，这种差别使人们对品牌的认知、联想也有所不同。所以建筑业企业在品牌输出时，在品牌的设计、制定上一定要充分考虑品牌在不同目标市场的适应性，只有适应这一差别，才能使品牌被接受。

按建筑市场所在国家的发达程度来划分，可以将目标市场分为发达国家建筑市场、中等发达国家建筑市场、不发达国家建筑市场。发达国家的建筑市场进入门槛最高，主要表现为国际性品牌多，实力强，而且已占有很稳固的地位，一些当地的知名跨国公司经营了几十年甚至上百年，地位十分稳固。另外，发达国家的客户和政府部门对建筑质量、性能的要求也很高。因此，建筑业企业要在发达国家占有一席之地，难度较大。但如果成功，它们的市场容量也较大。中等发达国家的建筑市场上一般没有它们本土的跨国公司和国际性品牌，跨国公司和国际性品牌大多是外来品牌。中等发达国家和地区的客户及政府对建筑质量、性能的要求没有发达国家高，比较关注性价比，并且或多或少存在一些社会的、经济的或政治方面的问题。因此，建筑业企业品牌进入这些国家和地区的难度不大，但长期发展有一定的隐患。对于不发达国家建筑市场而言，建筑业企业的进入门槛最低，但也存在一些问题：一是有潜力的市场，国际跨国公司可能早已进入；二是本土品牌的竞争和政府政策对民族工业的保护，给进入市场带来不利影响；三是不发达国家一般都存在一些不发达的内在根源，如文化、政治等原因，给建筑业企业品牌适应当地需要带来一定问题；四是由于经济不发达，建筑市场规模也有限。

10.2.1.2　考虑在建筑业企业品牌国际化过程中的整体策划与策略

在认识环境差别的同时，建筑业企业也要看到客户根本需求的一致性，致力于品牌经营方式的标准化建设，使建筑业企业品牌在满足客户需求方面保持基本的一致，让同一建筑业企业品牌的核心价值在全球市场上传递一致的信息。

10.2.2　建筑业企业品牌国际化的发展模式

建筑业企业品牌国际化是一个过程而不是一个行动，它是一种战略，对建筑业企业的发展会产生深远的影响，必须从战略高度予以考虑。建筑业企业品牌国际化看重的是品牌的权益和长期收益，同劳务输出和在国外承包个别工程有根本的不同。劳务输出和在国外承包个别工程关心的是短期的利润。建筑业企业品牌国际化是建筑业企业用自己的品牌，在国际市场提供产品和服务，要让国际市场认知、接受企业品牌。也就是说，建筑业企业品牌国际化是使品牌建立国际信誉。这比在国外某一市场承包一项工程更为艰难、复杂，是一项更加长期性的工作。建筑业企业建立品牌的国际信誉，选择从哪里市场开始，是建筑业企业应该认真研究的。按进入市场发达程度的先后顺序，可以分为先易后难、先难后易及中间路线。

建筑业企业品牌国际化先易后难模式是逐级上移，先进入不发达国家，然后进入中等发达国家，最后才进入发达国家。这种模式的优点是市场容易进入，甚至还有一些优惠政策，不发达国家大都经济水平较低，因而建立品牌形象和品牌信誉的投资比较少，时间也要短一些。先易后难可以为建筑业企业在国际市场上建立品牌信誉和品牌形象提供直接而丰富的操作经验，同时需要付出的代价较低，因而可以承受，更加可行。再者，先易后难可以在短时间内见效，有助于增强建筑业企业创建国际性品牌的信心和决心。总之，先易后难的模式在建筑业企业财力有限、经验不足、信心不强时，不失为可取之策。但先易后难模式也存在固有的不足。最大的不足是在不发达国家市场建立的信誉和形象，基本无法扩散到其他国家。因此，先易后难模式需要逐级而上，必须经过"三级跳"，每次基本上都要从零开始。从建立建筑业企业品牌信誉和形象角度讲,唯一的好处是有了成功经验,在操作时更加从容,更加熟悉和熟练,从而可以提高进入更发达国家市场的成功率。

　　建筑业企业品牌国际化先难后易模式是先集中力量主攻发达国家市场,然后再转向相对容易的其他国家和地区市场。这种模式的优点非常显著,只要建筑业企业在发达国家树立起品牌信誉和形象,那就意味着品牌接受了世界上最严格的考验,是国际性的品牌。然后再进入中等发达国家或不发达国家市场,很快就会被全球市场所接受。先难后易的模式,实质上就是占领市场竞争制高点的品牌国际化策略,一旦成功即成为强势品牌。先难后易模式的见效时间是比较漫长的,需要经年累月的不懈努力。再者,由于发达国家经营费用较高,先难后易需要大量投入。

　　建筑业企业品牌国际化中间路线模式试图取先易后难和先难后易模式各自的优点,同时想避开它们的缺点。中间路线模式是先进入中等发达国家市场,一是积累在国外建立品牌信誉和形象的经验;二是积累由中等发达国家市场向周边不发达国家扩散品牌信誉和形象的经验;三是积累更多的资本实力和营销经验;四是可以增强信心。因此,对于有实力又不够强大的建筑业企业,可以选择这种模式。

10.2.3　加强建筑业企业品牌资源整合

　　建筑业企业品牌营销的核心就是借助品牌所特有的功能,以品牌为纽带与客户建立良好的关系,并使这种关系变得稳定持久,从而提高建筑业企业品牌国际竞争的能力。建筑业企业品牌国际化需要建筑业企业通过资源整合的方式来达成。主要有以下几个方面:

　　(1)加大对品牌科技含量的投入,推动企业施工技术的国际化以及管理的国际化、标准化。一流的建筑业企业品牌代表的不仅仅是一流的技术和管理,还包含着一流的质量和一流的服务,任何建筑业企业品牌都是以技术和管理、产品和服务为物质依托,只有不断地技术研发和管理创新,才能保证建筑业企业的产品和服务不断地推陈出新,不断满足客户的要求。

（2）加大建筑业企业品牌的战略合作。从一些国际化品牌的推广和建筑业企业海外经营的经验，我们可以发现建筑业企业品牌参与国际竞争并非孤立的现象，可以更多地基于品牌之间的利益共享，实现品牌的战略合作。如与国际知名承包商组成联合体，与投资银行实施战略合作等。

（3）加大建筑业企业品牌整合营销传播力度。建筑业企业品牌是一个整体的概念，是客户认知中关于建筑业企业经验的综合，包括施工质量、管理水平、服务能力等等。建筑业企业要将这些因素整合成为具有良好清晰度和连贯性的品牌信息，并利用广告、营销、公共关系等手段将其传播出去。通过品牌整合营销传播将品牌的各个基本要素整合运作，使客户和相关方面充分了解建筑业企业品牌的相关信息，进而接受建筑业企业品牌。

10.3 建筑业企业的国际工程承包

10.3.1 国际工程的含义

所谓国际工程就是一个工程项目从咨询、融资、采购、承包、管理及培训等各个阶段的参与者来自不止一个国家，并且按照国际上通用的工程项目管理模式进行管理的工程。国际工程市场供求关系中的主体包括发包工程的政府部门、企事业单位和个人组成的业主方，承担工程的勘察设计、施工任务的建筑业企业组成的承包方，以及为市场的主体服务的各种中介机构等。国际工程市场供求关系中的客体既包括有形的产品建筑物，也包括无形的产品技术服务等。

国际工程有如下几个特点：第一，国际工程是一项跨国的经济活动。工程项目涉及不同的国家、不同的民族、不同的政治和经济背景，合作各方各有各的经济和社会利益，因而不容易相互理解，常常产生矛盾和纠纷；第二，国际工程的管理是严格的合同管理。参与的国家和单位不同，决定了国际工程不可能依靠行政管理的方法，而必须采用国际上多年来已形成惯例的、行之有效的一整套合同管理方法。从前期招标文件的准备到招标、投标、评标都有非常严格的程序，工程的实施和项目管理也是严格按照合同进行的；第三，国际工程是风险与利润并存。国际工程事业是一个充满风险的事业，每年国际上都有一批工程公司倒闭，又有一批新的公司成长起来。因此，建筑业企业要想在这个市场竞争中生存并获得利润，就必须努力提升自己的经营水平；第四，国际工程是一个由发达国家高度垄断的领域。国际工程市场是从发达国家许多年前到国外开展投资、咨询和承包业务开始的，它们凭借雄厚的资本、先进的技术、高水平的管理和多年的经验，占有绝大部分国际工程市场。

10.3.2　国际工程的承包

建筑业企业的国际工程承包是建筑业企业品牌国际化的基础和支撑，建筑业企业品牌国际化是从建筑业企业国际工程承包开始的。国际工程承包是国际上的承包商（公司）以提供自己的资本、技术、设备、材料、许可权等，为国外工程发包人（业主）营造工程项目，并按事先商定的条件、合同价格、支付方式等收取费用的一种经济技术合作方式。国际工程承包的特点主要表现为差异性大、综合性强、风险大、合同金额大、合作范围广、策略性强等。

国际建筑市场上，在项目的实施阶段，业主对设计和施工任务有三种基本的承发包模式：平行承发包、施工总承包、项目总承包。平行承发包模式是业主把一个设计、施工任务分别发包给多个设计单位和建筑施工单位，各个单位间都是平行和并列的关系。业主需要分别和多个设计、施工单位签订合同，因而其组织协调和合同管理的工作量非常大。施工总承包模式是业主把一个项目的全部施工任务发包给施工总承包单位，总承包单位可以再把部分施工任务分包出去。一些具有较强管理经验和能力的总承包单位，把大部分的施工任务都发包出去，而自己仅是承担施工管理工作，这种情况在发达国家和地区是很常见的。项目总承包模式也可称为"交钥匙工程"。业主把一个项目的全部设计和施工任务一次性发包给一个单位。由这个单位进行统一的项目管理，业主的合同管理、组织协调、目标控制工作相对容易些，其力度也可能大一些。同时由于设计和施工的早期结合，也会使项目的经济效益更好一些。项目的承发包模式是在建筑市场的长期发展中形成的，都有其各自的特点、适用范围和详细的实施细则，必须根据项目的工程类型和实际情况来选择合适的承发包模式。

10.3.3　国际工程招标投标

（1）招标方式。国际工程项目发包承包主要是通过招标投标的方式进行的，目前国际上通用的招标方式一般分为竞争性招标和非竞争性招标两大类。竞争性招标包括公开招标和选择性招标两种。公开招标也称为国际公开招标或国际竞争性招标。公开招标是招标人通过公共宣传媒介发布招标信息，世界各地所有合格的承包商均可报名参加投标，由业主选择条件对业主最有利者中标。选择性招标也称为邀请招标。它是招标人通过咨询公司、资格审查或其他途径所了解到的承包商的情况，有选择地邀请数家有实力、讲信誉、经验丰富的承包商参加投标，经评定后决定中标者。非竞争性招标主要是谈判招标，又称议标。它是指招标人根据项目的具体要求和自己所掌握的情况，直接选择某一家承包商进行谈判，达不成协议，招标人可以另找一家继续谈判，直到最后达成协议。

（2）招标程序。招标程序是指从成立招标机构开始，经过招标、投标、评标、授标直至签订合同的全部过程。国际招标是按照严格的程序和要求进行的，需要做大量的工作，经历时间少则一年，多则几年。以国际竞争性招标为例，其主要程序包括：成立招标机构、编制招标文件、发布招标公告、资格预审、编制招标文书、递送标书、开标、评标、定标前谈判、定标、签订合同。

（3）招标报价。在招标过程中，对承包商来说最重要的工作是报价。它是指承包商在以投标方式承接工程项目时，以招标文件为依据，结合现场考察及市场调查所获得的情况，根据有关定额、费率、价格资料，计算出确定承包该项目工程的全部费用。报价是承包商投标的中心环节，是一项技术性极强的业务。一项工程投标成功与否，直接取决于报价的正确与否。报价过高，竞争力差，会失去中标的机会；报价过低，不仅会无利可图，甚至亏损，而且也会使业主产生怀疑。因而，报价水平的确定，应建立在科学的经济分析和经济核算的基础上。

10.3.4　建筑业企业国际市场进入方式

建筑业企业进入国际市场的方式一般有合同安排和直接投资两种。

（1）合同安排。合同安排又称非股权安排，或契约式合营。这种方式是合作者建立在契约基础上的各种形式合营的总称。建筑业企业以承包商、代理商、经营管理或技术人员的身份，通过国际工程承包、经营管理、技术咨询等方式，取得利润。建筑业企业进入国际市场的合同安排方式主要包括劳务输出方式、分包方式和总承包方式。

（2）直接投资。直接投资是指建筑业企业利用股份控制的办法，直接参与目标国市场的经营，并对目标企业的经营管理拥有一定程度控制权的投资活动，包括成立全资子公司、分公司、合资子公司等形式。以直接投资方式进入国际市场，有利于拓宽我国建筑业企业的融资渠道，推动企业的技术进步，培养高层次的技术和管理人才，更有效地参与国际分工，形成全球范围内的经营优势。直接投资是国际化战略的较高形式，也是企业国际化成熟的标志，但是直接投资风险较大，管理难度也大，比较适合以管理为主的总承包、建筑咨询等企业。

11

11

第 11 章

建筑业企业品牌
管理设计范例

11.1 建筑业企业品牌管理组织设计 ————————

11.1.1 品牌管理组织机构设计 ——————

品牌管理组织机构的设计，需要综合考虑建筑业企业的品牌发展战略、外部环境、发展规模和人力资源状况等多个方面的因素。现以某国有大型建筑业企业为例加以说明。

以第 2 章所述模块化品牌管理组织结构模型为基础，根据该建筑业企业的实际情况，在企业总部层面设置隶属于董事会的品牌委员会，作为企业品牌管理的决策机构；设置品牌管理部作为业务执行部门；根据企业业务开展情况，品牌管理部内部设立若干专业板块；二级企业设置的品牌管理部门接受总部品牌管理机构的指导、协调和监督；品牌管理咨询、品牌要素设计和品牌传播推广等专业性强的业务采取外部委托形式，类似于"虚拟部门"。其框架如图 11-1 所示。

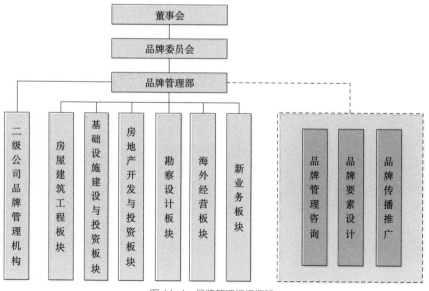

图 11-1 品牌管理组织框架

该企业增设品牌管理机构后的组织结构框架如图 11-2 所示。

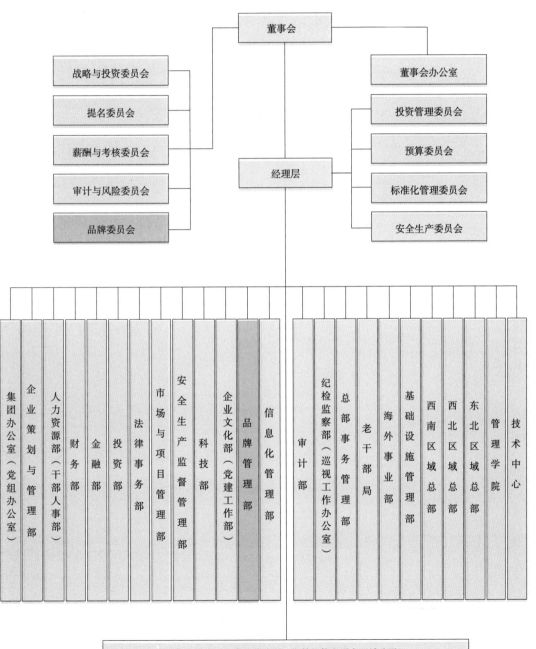

图 11-2　公司组织结构框架

11.1.2　品牌管理职责说明书设计

企业品牌管理组织框架确立之后，为使各项工作的开展落到实处，还需将其职能具体化和明确化，通过职责说明书的形式体现出来。根据企业品牌管理目标，设计出品牌委员会和品牌管理部的职责说明书分别如表 11-1、表 11-2 所示。

品牌委员会职责说明书　　　　　　　　　　　　　　　　　　　　　　表 11-1

机构名称	品牌委员会
上级机构	董事会
下属部门	品牌管理部
主要职责	●制定品牌管理的战略性文件，规定品牌管理与识别运用的一致性策略方面的最高原则 ●建立企业品牌的核心价值及定位，并使之适应企业的文化及发展需要 ●定义品牌架构与沟通组织的整体关系，并规划整个品牌系统，使企业每个品牌都有鲜明的特色 ●品牌延伸、提升等方面战略性问题的解决 ●品牌体验、品牌资产评估、品牌传播的战略性监控等
人员设置	委员会主任 1 名，委员若干（相关职能部门总经理）

品牌管理部职责说明书 表 11-2

分管上级	总经理
下属部门	无
协作部门	市场与项目管理部、海外事业部、基础设施管理部、科技部、信息化管理部
部门本职	● 企业品牌策划、传播与推广 ● 所属公司品牌管理工作的指导、协调和监督
部门宗旨	有效运用各种内外部资源，通过计划、组织、领导、控制等管理职能，创立、维护、塑造品牌以实现品牌价值最大化
主要职责	● 制度建设：根据品牌委员会的要求，负责做好品牌管理体系的建立；负责组织拟订、修改品牌管理制度及其实施细则，并负责相应制度、细则以及品牌管理体系的宣传解释、贯彻实施和监督检查 ● 计划管理：根据企业发展目标和品牌发展战略，拟定长期、短期和年度品牌发展计划，制定品牌发展计划实施方案 ● 要素设计：根据业务特点和品牌定位及发展目标，设计企业和专业品牌名称、标识与图标、标记、标志字、标志色、广告曲等；制定系统品牌要素设计标准 ● 传播推广：根据品牌发展目标和发展阶段，制定品牌传播推广方案，确定品牌传播推广模式、途径和工具，对品牌传播效果做出测定和评价 ● 品牌维护：定期进行品牌诊断、纠正偏差，加强和稳定品牌地位和声誉；协调、改善传播及经营手段，提升品牌形象；做好品牌法律保护和专利权保护，打击假冒侵权行为；预防和化解品牌危机 ● 监督管理：负责品牌制度和计划的执行检查与监督，对总公司各部门和子公司执行品牌制度情况进行监督、检查和指导 ● 沟通协调：负责企业总部与子公司及其他职能部门的沟通协调工作；聘请专业品牌咨询、设计和传播机构，并保持与其的良好沟通和联系
岗位设置	部门总经理 1 名 专业经理 5 名，协调经理 3 名；综合管理 1 名

11.2 建筑业企业品牌管理流程设计 ——————

11.2.1 品牌管理流程分析 ——————

品牌管理流程分析是品牌管理流程设计的前提，通过流程分析可以得出流程设计的依据。主要应从以下几个方面进行建筑业企业品牌管理流程分析：客户需求分析、资源消耗成本分析、内部控制分析、稳定性分析。

11.2.1.1 客户需求分析

流程设计是以客户需求为向导，品牌管理部的外部客户主要包括业主、政府和社会公众，内部客户主要包括市场与项目管理部、海外事业部、基础设施管理部、科技部、信息化管理部等。该企业"大市场、大业主、大项目"的定位，使业主对企业技术和管理能力的要求也不断提高，这就要求品牌管理流程输出的结果能够表现出企业的技术和管理实力，并使输出结果被目标业主所接受。作为国有大型建筑业企业，政府和公众则关心企业履行社会责任情况，品牌管理输出要注意表现企业对经济发展的贡献，以及为社会提供相当的就业机会等。企业内部部门需要品牌管理部为其提供对接业主、政府和工作的途径、渠道和准则；需要为其提供统一的 CI 标准；需要为其提供危机处理措施等。

11.2.1.2 资源消耗成本分析

品牌流程是在企业内部不同部门、不同岗位共同完成一项工作及输出流程结果的先后顺序。但是为了输出这个结果也会消耗一些人力、物力、财力以及时间。所消耗的这些资源都是所输出流程结果的成本。如果输出结果的价值小于成本，那显然是不合理的。品牌管理流程所需消耗的资源可以划分为以下三种：

（1）人力资源。人是执行流程的主体，不同岗位的人共同参与才能执行完一流程，这就需要消耗人力资源。人力资源成本采用如下公式计算：

人力资源成本 $C = \sum_{i=1}^{n} k / w(k) \cdot m(k)$。$k$ 表示执行流程的第 k 个员工为执行这个流程所消耗的工作量；$w(k)$ 表示第 k 个员工当月总的工作量；$m(k)$ 表示第 k 个员工当月的总工资成本。

（2）物力和财力资源。物力和财力资源成本的计量是将执行品牌管理流程过程中所消耗的所有物力和财力资源加总。

（3）时间资源。品牌管理流程的执行过程就是时间的消耗过程，通常时间是衡量品牌管理流程执行效率的重要指标。品牌管理流程的执行周期越短，单位时间内执行流程的次数就越多。

11.2.1.3 内部控制分析

内部控制是指为了对实现特定品牌管理目标提供合理保证而建立的一系列政策和程序构成的有机总体。品牌管理流程的控制程序主要包括授权、职责分离、凭证和记录控制。

11.2.1.4 稳定性分析

品牌管理流程在实际执行过程中，特别是在跨部门执行过程中，如果遇到部门间壁垒或沟通不畅等问题，就容易发生变动。变动很多情况体现为"职责"的偏移。由于企业品牌管理部直接由总经理领导，又设置了隶属于董事会的品牌委员会，所以发生这种"职责"偏移的可能性较小。需明确的是品牌管理流程也不是越稳定越好，由于直接对接业主、政府和公众，所以要具备一定的灵活性，随着内外部环境的变化而迅速调整。

11.2.2 流程建模

建筑业企业品牌管理流程建模包括主流程、子流程和流程指导书。

主流程框架如图 11-3 所示，以品牌战略制定为例的子流程和流程指导书分别如图 11-4 和表 11-3 所示。

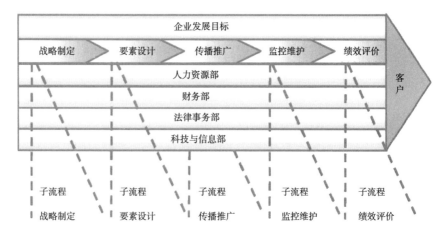

图 11-3 品牌管理主流程

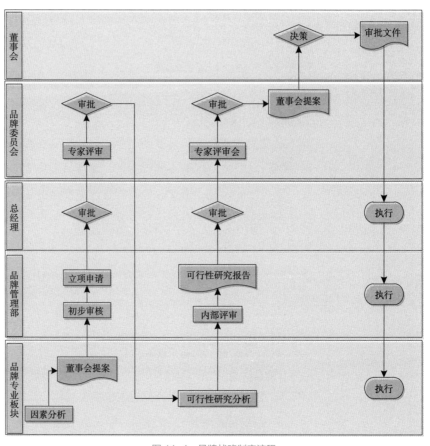

图 11-4 品牌战略制定流程

品牌战略制定流程指导书		表 11-3
项目	内容	
1	品牌管理专业板块的建议书是在充分调查研究基础上形成的，因素分析包括企业外部环境分析和企业自身条件分析	
2	品牌管理部对建议书要进行初步审核，初步确定具有可行性后，提出立项申请	
3	立项申请经总经理审批后，报品牌委员会研究论证	
4	品牌委员会召开专家评审会，对立项进行评审，并形成会议纪要和书面评审意见	
5	品牌管理专业板块要对获批的立项进行充分的可行性研究，经品牌管理部研究、审核，形成可行性研究报告，报上级机构审批	
6	可行性研究报告经总经理审批后，报品牌委员会审批	
7	品牌委员会召开专家评审会，对可行性研究报告进行充分讨论，通过形成董事会提案报董事会决策	
8	董事会通过议案，形成董事会决议	
9	总经理、品牌管理部和专业板块执行董事会决议	

11.3　建筑业企业品牌管理运行机制设计

11.3.1　品牌管理协同运行机制建设

以第 2 章所述的二层递阶协同决策模型为基础，建筑业企业可以从框架体系和制度安排两个方面，建立自身的品牌管理协同运行机制。

11.3.1.1　品牌管理协同运行框架体系

例如，基于前述建筑业企业的组织结构，该建筑业企业的品牌管理体系由总公司品牌管理部、各专业板块、各专业二级单位和项目构成四级递阶结构，如图 11-5 所示。

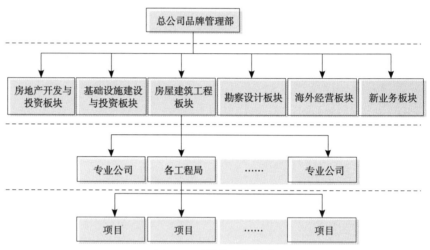

图 11-5　品牌管理递阶框架

建筑业企业品牌协同管理就是为了提高企业品牌管理功效，充分发挥品牌效用，更加有效地实现企业品牌战略目标，主要体现在通过对品牌系统各子系统或要素进行协同，实现它们之间的优化组合与配置。在进行决策时，以第 2 章所述的二层递阶协同决策模型为基础，实现系统品牌管理的最优决策。

11.3.1.2　品牌管理协同运行的制度安排

为确保系统内品牌管理协同运行的实现，建筑业企业应制定一系列相关制度，主要包括以下几个方面：

（1）"两上两下"的决策制度。为了保证品牌管理协同决策的实现，使各项决策能够符合各层级项目管理的需要，企业规定所有重大品牌决策都要"两上两下"。

（2）统一规范的 CI 管理制度。为使各子公司和项目呈现出统一的品牌形象，企业总部制定了统一的 CI 规范手册，包括《理念识别规范手册》《行为识别规范手册》《视觉识别规范手册》。

（3）巡视制度。为检查各级公司和项目品牌管理的执行情况，企业总部建立品牌管理巡视制度，及时发现问题，纠正偏差，保证系统内品牌管理的统一性。

11.3.2　品牌管理协调机制建设

以第 2 章所述的基于角色交互与信息流的建筑业企业品牌管理协调模型为基础，建筑业企业应建立品牌管理协调机制，包括框架体系和制度安排两个方面。

11.3.2.1　基于角色的品牌管理分工协作

品牌管理工作是一项涉及全局的工作，为保证各部门通力合作的效率和效果，建筑业企业应制定品牌管理任务分解表，将品牌管理工作分解细化，每项工作确定牵头部门和协作部门，统一考核。

以该企业房屋建筑工程板块为例，品牌管理部是主要牵头和负责部门，根据业务相关性，市场与项目管理部、人力资源部、财务部是主要协作部门，其他部门作为补充协作部门。企业品牌管理工作任务分解表如表11-4所示。对于企业品牌管理各主要职能部门分工协作内容及目标，以市场与项目管理部和人力资源部为例，如表 11-5 所示。

品牌管理工作任务分解表　　　　　　　　　　　　　　　　　　表 11-4

名称	某年度房屋建筑工程品牌推广计划
主要任务	市场调查：了解市场现状和业主需求，撰写市场调研报告 制订方案：以调查分析报告为基础，提出品牌推广方案
牵头部门	品牌管理部
协作部门	市场与项目管理部、人力资源部、财务部

职能部门分工协作内容及目标总表 　　　　　　　　　　　　　　　　表 11-5

职能部门	管理内容	管理目标
市场与项目管理部	● 承担对国内各区域市场竞争环境分析及对公司目标客户群、竞争对手分析的研究工作 ● 开发、维护公司重点客户资源，建立公司客户关系管理系统 ● 建立公司品牌市场信息系统，跟踪国内重大工程项目信息，提出营销策略，负责对特大型工程竞标的组织协调 ● 负责公司资质及品牌的使用审批、管理、监督以及协调工作 ● 负责制定公司市场营销战略，提出公司品牌市场布局、经营结构和竞争优势资源整合的建议 ● 协调、管理公司子企业和专业品牌工程承包市场的开拓及内部竞争等工作 ● 策划并组织实施国内以扩大品牌影响和市场占有率为目标的大型市场营销活动 ● 负责建立公司供应商、分包商的信用平台，并指导各子企业信用平台的建设，维护品牌信誉 ● 负责指导项目管理，对环境、社会（包括农民工工资问题）承担责任，提升品牌公共形象	● 扩展目标品牌向业主提供服务的渠道 ● 提升公司品牌的可见度和可信度 ● 通过优质工程强化业主品牌体验，提升和维系品牌价值 ● 通过扩展营销网络和建设优质项目，支持品牌的持续成长 ● 通过营销管理和项目管理创新，提高和维系品牌的忠诚度
人力资源部	● 制订公司品牌管理人力资源战略及规划，并指导和组织实施 ● 建立公司品牌管理人力资源引进机制，并组织实施 ● 负责建立公司品牌管理人力资源培训与发展计划，并组织品牌管理人员的培训与职业发展 ● 负责建立公司品牌管理人员薪酬考核制度和激励方案的制定与实施 ● 负责公司品牌管理人工成本的指导与管理	● 通过人力资源开发和管理，为品牌管理工作引进和培养各种所需人才 ● 通过薪酬考核，建立品牌管理和相关部门及人员的约束与激励机制
财务部	● 负责公司年度品牌管理预算的组织、平衡、协调、编报、下达及调整工作，并监督执行 ● 负责公司年度品牌管理费用的审核、调整与平衡工作 ● 负责公司品牌资产的会计核算 ● 为品牌管理工作提供相关数据和信息	● 为品牌管理提供必要的资金支持 ● 通过预算和费用审核，保证品牌管理工作的效益 ● 通过品牌资产的核算，促进品牌价值最大化

11.3.2.2　品牌管理信息共享

建筑业企业为了实现品牌管理信息共享，应在企业管理信息系统的基础上，建立基于工作流的品牌管理信息共享机制。通过品牌管理信息数据库的建立，实现品牌信息在各职能部门之间的共享。具体工作执行信息在工作衔接过程中从上游流向下游，保证工作参与部门对所需信息的获取。

11.3.3　品牌危机管理及预警机制建设

为保证企业品牌安全健康地发展，建筑业企业应建立相应的品牌危机管理及预警机制。以第7章所构建的建筑业企业品牌危机管理模型为基础，建筑业企业品牌危机管理包括危机识别和危机处理两部分内容。

品牌危机识别主要任务是分析品牌危机的类型、特性、影响因素、产生原因和扩散机制，对品牌运营过程中所面临的各种危机进行监测，并对危机发生的可能性进行评估。通过对相关信息的收集、分析和评价，根据第7章建立的品牌危机监测预警模型确定监测预警阈值，每月形成品牌危机评估报告。

品牌危机处理主要任务是根据品牌危机的各种情况及其影响，调动系统资源，拟定危机处理方案、危机沟通计划，控制危机的负面影响，解决危机，并重塑品牌形象。建筑业企业可预先制定品牌危机管理预案和危机公关对策，控制和化解品牌危机。

12

12

中国建筑品牌
管理案例分析

12.1　中国建筑简介

12.1.1　中国建筑的基本情况

中国建筑集团有限公司正式组建于 1982 年，是中央直接管理的国有重要骨干企业，是国务院国资委选取的 10 家创建世界一流示范企业之一，是全球最大的投资建设集团，业务遍布国内及海外一百多个国家和地区。中建集团主要以上市企业中国建筑股份有限公司（股票简称：中国建筑，股票代码 601668.SH）为平台，开展经营管理活动。中国建筑是我国最具实力的投资商之一，主要投资方向为房地产、基础设施、城镇综合建设等领域，为城市建设、运营提供全领域、全过程、全要素的一揽子服务。中国建筑也是世界最大的工程承包商，业务范围涉及城市建设的全部领域与项目建设的每个环节，具有全国布局的综合设计能力、建造能力和土地开发能力，拥有从产品技术研发、勘察设计到地产开发、工程承包、设备制造、物业管理等完整的建筑产品产业链条。

2021 年，中国建筑新签合同额 35295 亿元人民币、营业收入 18913 亿元人民币，位居《财富》"世界 500 强"2022 年榜单第 9 位，在《财富》"中国 500 强"排名中连续九年位列前 3 名，在美国《工程新闻记录》（ENR）2020 年度"全球最大 250 家工程承包商"榜单继续位居首位。中国建筑 16 次获得国务院国资委年度考核 A 级。国际三大评级机构标普、穆迪、惠誉对中国建筑的评级为 A/A2/A，展望维持"稳定"，公司继续保持行业内全球最高信用评级。中国建筑连续 7 年蝉联英国 Brand Finance"全球品牌价值 500 强"行业首位；荣获中央广播电视总台第二届"中国品牌强国盛典"十大"国之重器"品牌；在中国品牌建设促进会组织的中国品牌价值评价中，以品牌强度 943、品牌价值 1695.76 亿元，蝉联行业首位。

12.1.2　中国建筑的核心业务

中国建筑作为全球最大的投资建设集团，在房屋建筑工程、基础设施建设与投资、房地产开发与投资、勘察设计等领域居行业领先地位。其核心业务包括：

（1）**房屋建筑工程。**中国建筑在房屋建筑领域具有绝对优势，代表着中国房屋建筑领域的最高水平，是中国乃至全球房屋建筑领域的领先者。业务范围涉及城市建设的全部领域与项目建设的每个环节，在公共建筑、办公、机场、酒店、科教、体育、人居、医疗、使馆、工业、国防军事等诸多领域，承建了大量地标性工程，在超高层建筑领域拥有综合领先优势。中国建筑致力于为境内外客户提供设计并实施各种高、大、精、尖、难、特建筑项目的全过程一站式综合服务，坚持"大业主、大市场、大项目"的市场营销策略和"低成本竞争、高品质管理"的企业经营策略，通过不断挖掘自身潜力、严格控制产品制造成本和工程质量、追求客户满意度等一系列措施，向全国及全球业主提供国际标准的工程质量和完善服务。2021 年，房屋建筑工程业务新签合同额 2.25 万亿元，实现营业收入 1.15 万亿元，营业收入占公司整体营业收入的 60.80%。

（2）**基础设施建设与投资。**中国建筑立足工程建设与项目投资并举，一方面，依靠技术、管理和人才优势，在国内外城市轨道交通、高铁、特大型桥梁、高速公路、市政道路、城市综合管廊、港口与航道、电力、矿山、冶金、石油化工、机场、核电站等基建领域快速发展，完成了众多经典工程；另一方面，依靠雄厚资本实力，迅速发展成为中国一流的基础设施融资发展商，在国内先后投资建设了一大批国家和地方重点工程，在 BT、BOT、PPP 等融投资建造模式领域备受信赖。目前，中国建筑与国内多个省（区）直辖市及几十个重点城市建立了基础设施投资建设长期战略合作关系，并在香港、澳门开展了基础设施业务，同时，也在北美、中美、东南亚、北非、中西非、南非、中东、中亚等区域的几十个国家开展了相关业务。2021 年，基础设施建设与投资业务新签合同额 8439 亿元，实现营业收入 4100 亿元，营业收入占公司整体营业收入的 21.67%。

（3）**房地产开发与投资**。中国建筑是中国最具实力的投资商之一，主要投资方向为房地产开发、融投资建造、城镇综合建设等领域。旗下"中海地产"始终处于中国房地产企业领先地位，连续十四年获"中国房地产行业领导公司品牌"，品牌价值蝉联行业第一。中国建筑强化内部资源整合与业务协同，致力于投资、开发、设计、建造、运营、服务等纵向一体化，建立了成熟的投资运营及风险管理体系，积累了丰富的投融资管理经验，拥有一大批投资运营管理专业人才。旗下中建方程是新型城镇化专业投资公司，聚焦土地成片开发和土地价值提升，历练出独有的城市综合建设一体化能力。2021年，房地产开发与投资业务完成合约销售额4221亿元，实现营业收入3309亿元，营业收入占公司整体营业收入的17.49%。

（4）**勘察设计**。中国建筑是我国最大的建筑设计、城市规划、工程勘察、市政公用工程设计的综合企业集团之一，主要由7家具有甲级设计资质的大型勘察设计企业组成，完成了一大批具有民族特色和时代特征的优秀建筑设计作品，在机场、酒店、体育建筑、博览建筑、古建筑、超高层等领域居国内领先地位。中国建筑拥有建筑工程设计、市政工程设计、工程勘察与岩土等领域的专业技术人员近万人，高端专业人才总量居行业前列，并在设计原创、科技创新、标准规范等方面为行业的发展做出重要贡献。2021年，勘察设计业务新签合同额129亿元，实现营业收入108亿元，营业收入占公司整体营业收入的0.57%。在2021年ENR"全球工程设计150强"榜单位居第27位。

（5）**境外业务**。中国建筑是中国最早开展国际工程承包业务的企业之一，始终秉承"国际化"的经营理念，经过持续几十年来的海外市场开拓和经营，已形成了较为合理的海外市场布局。公司海外工程承包业务涵盖了房屋建筑、制造、能源、交通、水利、工业、石化、危险物处理、电信、排污/垃圾处理等多个领域，探索并成功实施海外地产开发。在项目运作方面，除传统的总承包模式外，公司还积极探索融投资带动总承包、DB、EPC、BOT和PPP等项目运作模式，同时积极尝试跨国并购等资本运作方式，努力推进海外业务的提质增效。公司将继续深化"海外优先"指导思想，强化属地经营，注重资源整合，深入践行国家"一带一路"倡议，以更高的目标站位和更强的使命担当谋划海外发展战略，推进国际化经营。2021年，境外业务新签合同额 1636 亿元，实现营业收入 893 亿元，营业收入占公司整体营业收入的 4.72%，在 2021 年 ENR"全球最大国际承包商 250 强"榜单位居第 9 位。

（6）新业务。中国建筑还在不断拓展新业务板块，包括以新型建筑工业化、建筑节能与环保、集成房屋、被动式建筑、未来建筑和新型建筑材料为核心业务的建筑科技业务；涵盖水流域规划设计、水环境建设、水生态综合治理、给水排水管网建设、水务投资及运营、污泥处理处置工程、城市地下管廊建设及海绵城市建设等水务行业全产业链的水务环保业务；以云筑网为核心品牌，专注于建筑行业互联网综合服务的电子商务业务；旨在深入推进"产融结合"，实现产业和金融的有效协同，促进中国建筑实现业务多元化发展的金融业务等。

12.1.3　中国建筑的竞争优势

（1）党建优势。中国共产党领导是党和国家的根本所在、命脉所在，是国有企业的独特优势。中国建筑坚持党对国有企业全面领导这个重大政治原则，坚持以高质量党建引领和保障高质量发展，深入学习贯彻习近平新时代中国特色社会主义思想，深刻领会"两个确立"的决定性意义，增强"四个意识"、坚定"四个自信"、做到"两个维护"，不断提高政治判断力、政治领悟力、政治执行力，把党的领导优势转化为企业的竞争优势和发展优势，为推进集团改革发展提供坚强保证。

（2）市场化的运营机制。作为市场经济主体的中国建筑，始终坚守市场化的运营机制，尊重、恪守、适应并利用市场规律，逐步提高对市场规律的驾驭能力。面对激烈的市场竞争，中国建筑创造性地挖掘并不断满足顾客现实和潜在的需求，通过高品质的产品和超值服务，不断赢得和创造顾客。公司始终贯彻绩效理念，通过清晰界定目标、科学设计流程、强化高效运营，来追求卓越绩效；始终追求有盈利支撑的规模增长，高效运用和运营资源，大力倡导规模经济的同时，提高资产周转效率，获取高于行业平均水平的资产收益，并通过稳定增长持续获取更高的市场占有率；始终高度关注现金流，并采取一切措施确保经营性现金净流入，追求公司的持续健康发展。创新是企业永恒的主题。在市场经济的不确定性日趋成为常态时，中国建筑创造性地打破市场均衡，积极捕捉获利机会，寻求生产要素的重新组合，不断提升产品品质和服务质量，开拓新市场、新业务和新顾客群，充分利用变化寻求创新，从而增强公司的市场竞争力。作为经济组织，公司始终致力于追求经济绩效，但真正挺立市场潮头、基业长青的企业，一定是践行社会责任的典范。中国建筑秉持绿色发展理念，为社会奉献精品工程，积极践行社会责任，拓展幸福空间。

（3）全球化的发展方向。中国建筑始终秉承国际化经营理念，扎实推进海外业务高质量发展，注重国内外资源整合，致力于成为一家在全球范围内配置资源并高效运营的跨国公司。得益于此，公司在新冠肺炎疫情冲击下，迅速响应，凭借全产业链优势和全球资源配置能力保障生产经营持续稳定，品牌影响力和全球竞争力进一步提升。公司推行本土化运营，深耕所在国市场，深度参与城市化建设，积极探索符合所在国发展规律的业务模式，通过属地化经营与当地合作伙伴建立利益共同体，实现在所在国的可持续发展。公司坚持市场化竞争，在与世界一流企业同台竞争、合作中提高国际化水平，拓展国际化思维，为公司在更高层次、更深程度参与全球竞争与合作打下坚实基础。

（4）相关多元和纵向一体化的拓展方式。中国建筑长足发展的一个重要保证就是：始终生产或从事能够持续创造顾客、服务顾客、满意顾客的产品或服务。在选择产品（或服务）方面，公司基于已经拥有的技术优势和市场优势，走相关多元化的道路。公司在继续保持勘察设计、房屋建筑施工、房地产开发传统优势的同时，积极在基础设施投资、建造业务等领域进行横向拓展。中国建筑致力于投资、设计、建造、运营、服务等纵向一体化的拓展方式，在公司所从事的业务领域努力构建起独一无二的市场地位，形成竞争对手难以模仿的竞争优势。

（5）高品质、低成本和差异化的竞争策略。为社会大众提供高品质和低成本的产品和服务，始终是中国建筑的追求方向。高品质源于公司的技术优势、人才优势和组织方式优势；低成本源于公司的一体化运作模式、集约效应和速度经济。身处完全竞争的行业领域，作为国有企业的优秀代表，中国建筑始终将"有所为、有所不为"作为公司生产经营与事业发展的基本导向，持续开展差异化的市场经营与竞争。公司内部不同子企业之间通过贯彻差异化的策略，分别聚焦于不同的细分市场，或者区别于专业（专业化），或者区别于区域（区域化），形成各自的"拳头产品、特色服务"，减少内部无序竞争，强化对外整体竞争优势。

（6）授权和集中有度的管控模式。尊重中国建筑的发展历史，在由多级法人形成的集团公司基础上，探索和形成富有竞争力的集团管控模式。公司总部定位为战略管控型总部，履行引领、服务、监督等职能，对二级子企业坚持放活与管好相统一。二级子企业根据公司授权经营，依据承担责任的大小享有相应的权限。对于劳动密集型、成熟度较高的业务，通过加大授权，扩大市场接触面，以加快市场反应速度，提高服务质量。对于资本密集型、成熟度较低的业务，通过集中资源冲击目标细分市场，在有效规避风险的基础上，积极谋求在目标市场上的快速突破。针对不同细分市场，采取不同市场竞争策略，并采取相应的管控模式。

（7）结果导向和责任承担的管理体系。中国建筑各项管理行为始终致力于公司使命、愿景和目标的实现。管理的根本目的在于促使工作更加富有效率，员工更加富有成就，企业更加富有未来。通过公司各职能领域的管理行为的有机融合，形成富有生命力、科学合理、简洁高效的系统，避免自行其是、互相推诿的现象，实现责任权利的统一。公司坚信管理者是因其承担的责任而定义的。为了提升产品和服务的质量，公司致力于管理的标准化、技术的标准化和工作的标准化。借助于信息化手段，通过标准化和信息化的"两化融合"，提高工作效率，实施"底线管理"，提升产品质量，降低运营成本。

（8）以人为本的人力资源管理。中国建筑坚信人力资源是公司的核心竞争力之一。对于中国建筑而言，最能体现竞争优势的一个方面就是拥有一大批忠于企业、忠于事业、坚信团队利益高于个人利益，能够自我约束、自我激励和自我发展的懂技术、会管理、擅经营的人才团队。公司始终遵循事业留人、感情留人、待遇留人和关注个体的基本人力资源管理理念，并将这一理念贯彻于公司的各项人力资源管理政策当中，建立与个人价值创造和能力结合、共享企业发展成果的薪酬激励机制，强化人才的吸引、发展力度，更好地为企业的发展提供强有力的人才支撑。公司始终坚持德才兼备、以德为先的用人原则。尺有所短、寸有所长，公司不追求完人，而是遵循用人所长的理念。公司始终坚持绩效原则，通过"赛马机制"以"业绩论英雄"。

（9）产融结合战略助推企业发展。中国建筑积极发挥产业金融的独特作用，在不断变化的外部环境中，针对主营业务的多元化需求，挖掘内部金融服务机构潜力，为主营业务发展提供金融服务，形成具有中国建筑特色的产融结合模式。公司依托外部金融市场和中建财务公司、中建资本等内部专业金融平台，通过开展境内外资金集中、贷款集中、银行授信融资、债券融资、权益融资、结构化融资、应收账款保理、资产证券化、供应链金融、保险集中等业务，提供了符合公司产业特点的、及时的、差异化的、社会金融不可替代的金融服务，在带动公司主营业务发展、拓宽融资渠道、降低融资成本、盘活存量资产、实现降本增效等方面发挥了积极作用。同时，公司严格执行国家有关政策要求，加强日常管理，严控金融风险，杜绝"脱实向虚"和"空转套利"。

（10）科技创新驱动的核心竞争能力。中国建筑始终坚信科学技术是第一生产力，是公司成长和壮大的重要牵引。公司虽身处传统行业，但通过持续的科技创新带动生产模式和组织模式的变革，确保公司成本领先，为规模经济和速度经济提供支撑，形成强大的核心竞争能力。"十三五"期间，公司牵头承担10个国家重点研发计划项目，居建筑施工企业第一位，涉及绿色建筑、智慧建造、建筑工业化、节能环保、基础工程软件等领域。"十三五"期间，公司加快建设开放协同的技术创新体系，进一步激发创新动力，加大关键核心技术攻关，塑造强大的产业技术优势。在深化科技体制改革方面，公司完善科研管理、成果管理、研发人才激励等制度，赋予科研人员技术路线决策权、扩大承担单位科研预算调剂权，加大对研发人才的奖励力度，调动创新积极性。在强化技术引领方面，通过持续创新，公司在超高层施工装备与技术、大跨度建筑施工技术与工艺、钢结构智能制造、高性能混凝土新材料、新一代核电站施工技术、"新唐风"建筑设计、机场建筑设计等众多业务领域形成了强大的科技实力，为公司房屋建筑、基础设施、海外和新业务的发展提供了强大动力。在加强科技体系建设方面，科技投入持续加大，创新平台建设布局初步形成，拥有 103 家高新技术企业，建成 5 个国家级企业技术中心（含分中心），拥有省部级企业技术中心 59 个，建立省部级工程研究中心 5 个、工程技术研究中心 23 个、重点实验室 2 个、工程实验室 1 个，总计 31 家省部级创新平台。建成博士后工作站 10 个，以及其他各类科技创新平台 16 家，形成了以自主创新为主导、产学研用结合的创新发展机制。

（11）内化于心、外化于行的企业文化。中国建筑是具有光荣历史的企业，在传承中创新，以拓展幸福空间为使命，致力于成为最具国际竞争力的投资建设集团。在履行使命、实现愿景的过程中，将"品质保障、价值创造"的核心价值观以及"诚信、创新、超越、共赢"的企业精神，融入公司的规章制度和管理行为，成为支撑公司发展的软实力。在市场经济大潮中，经过磨砺、凝练和沉淀所形成的中建信条，与各级子企业的文化不断融合，确保公司事业长青的内生动力源源不断。

12.2　中国建筑品牌管理的主要做法

12.2.1　以战略塑造品牌

中国建筑非常重视发展战略的研究。为制定科学的发展战略，早在 2000 年前后，公司企划部就专门对标行业内外世界优秀企业，认真分析了中国建筑的情况，经过对 42 项指标的聚类分析，得到了中国建筑各对标指标的分析结果，如图 12-1 所示；通过综合评价分析，得到对标企业的综合评价得分，如表 12-1 所示。

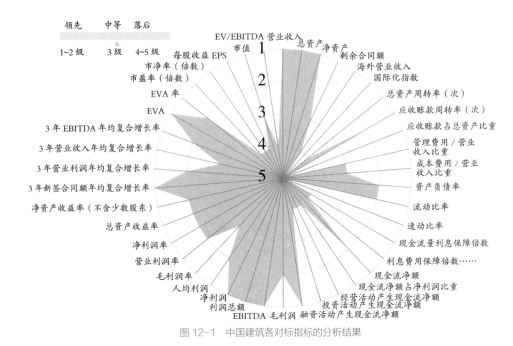

图 12-1   中国建筑各对标指标的分析结果

对标企业的综合评价得分   表 12-1

| 对标企业 | 指标及其评分 | | | | | | | | 综合评分 | 综合得分（调整） | 排名 |
	经营规模	海外经营指数	运营能力	偿债能力	现金流	盈利能力	发展能力	市场价值			
中国建筑	77	10	46	46	34	67	70	34	49.8	93.7	2
福陆	24	65	81		3	30	14	37	30.8	57.8	9
布依格	46	35	43	67	72	27	1	19	41.9	78.7	5
万喜	64	42	40	63	20	65	28	39	46.8	88.1	3
豪赫蒂夫	34	86	48	56	11	34	7	21	38.0	71.4	6
ACS 集团	55	96	42	68	37	25	100	20	53.2	100.0	1
斯堪斯卡	18	59	39	51	2	33	1	16	28.9	54.2	12
鹿岛建设	14	11	29	73	8	19	47	30	28.9	54.3	11
大成建设	15		32	62	12	9	1	27	22.9	43.0	15
三星建设	8		39	61	1	48	85	47	36.3	68.3	7
现代建设	14		48	63	1	31	5	26	26.3	49.4	14

注：排名 4、8、10、13、16 的是国内对标企业，具体指标评分略。

基于对标分析的结果，中国建筑找出了与世界优秀企业的差距，确定了向对标企业学习的内容：西班牙 ACS 集团的多元化、法国万喜的盈利模式、美国福陆的项目管理、德国豪赫蒂夫的国际化、瑞典斯堪斯卡的综合发展、日本大成建设的总部管控、韩国三星建设的专业化。上述分析结果，为公司发展战略的制定提供了有价值的资料。

公司基于对高端化市场的认知，提出了"立足大市场、对接大业主、承揽大项目"的市场策略，注重"高、大、精、尖、难、特"项目的承揽，加强如下三种合作：

（1）政府合作。公司发挥品牌、管理、技术、人才等优势，与各级政府展开密切合作，签订合作框架协议，推动地区在绿色建筑产业、互联网电子商务、产融结合、新型城镇化等板块的发展，最大化地实现企业价值。

（2）银企合作。公司不断加深与金融机构的合作关系，建立长期稳定的合作机制，实现"银企并进，合作共赢"的新篇章；与多家银行在房地产开发、海外收购、建筑、投资理财、金融市场、全球交易等业务领域进一步展开合作，拓展融资渠道，创新融资模式，全面构建战略合作关系，不断增强市场竞争力。

（3）企业合作。公司不断拓宽与其他企业的业务合作领域，在海外市场开拓、规划布局、合作模式等进行深入交流探索；通过并购合作等方式不断增强自身资源配置，壮大发展规模，与合作方共同创造出更为广阔的发展空间；与优势企业展开高端战略合作，共同提升市场竞争力，搭建市场开拓和业务互补等方面的双赢合作平台。

2020 年初，中国建筑提出了"一创五强"的战略目标：以创建具有全球竞争力的世界一流企业为牵引，致力成为价值创造力强、国际竞争力强、行业引领力强、品牌影响力强、文化软实力强的世界一流企业集团。这一战略目标，将中国建筑的品牌影响力提到了一个前所未有的高度，可以更好地发挥企业战略对品牌建设的引领作用。

源于中国建筑 70 余年文化价值观的积淀与升华，始于 40 余年在全球塑造中国建筑品牌，成于 20 余年价值观对品牌建设工作的引领，兴于 10 余年来对品牌建设工作的理论研究与系统总结，中国建筑构建了价值观引领型品牌建设模式，如图 12-2 所示。价值观引领型品牌建设模式是以战略

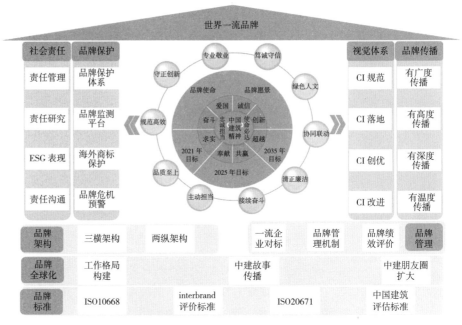

图 12-2　中国建筑价值观引领型品牌建设模式

为统领、以行为为支撑、以管理为基石、以架构为载体、以视觉体系为特色、以传播为杠杆、以责任为纽带、以全球化为方向、以品牌保护为关键，为打造表里如一的"中国建筑"品牌提供了路径与方法。

12.2.2　以品质彰显品牌

中国建筑恪守工匠精神，全力将各项专业业务做到极致，着力提供支撑社会经济发展、惠及民生的高品质产品和服务，致力成为全球拓展幸福空间解决方案的最佳提供者；关注客户的近期和远期利益，尊重并坚定履行对客户的一份承诺，持续满足客户要求，为客户提供最佳解决方案和最优服务，不断提升客户满意度和忠诚度，努力塑造享誉全球的企业形象；坚持质量为本，通过推进质量管理标准化工作、创新质量管理工作模式、搭建技术资料资源平台、提高人员意识能力等措施，打造精品工程，以品质彰显了企业品牌形象。

12.2.2.1　加强质量管理

中国建筑持续推进质量管理、材料管理、分包管理、施工管理、工程资料管理、工程验收管理等标准化工作，加强过程控制，确保工程质量；创新质量管理工作模式，上线使用质量 APP 管理系统，规范项目工程质量管理流程，提高质量信息化管理水平；借助信息技术手段，全面系统归集分散存储状态的技术资料，形成技术资料资源平台。

（1）质量管理体系标准化。规范专职质量管理机构设置，明确专职质量管理人员的资质要求、专业要求、设置职数、岗位职责，规范和梳理各项质量管理制度。

（2）质量管理标准化。严格落实工程质量主体责任，强化施工过程质量控制，健全日常工程质量管理制度，实现质量行为规范化和工程实体质量控制程序化。

（3）材料管理标准化。建立云筑网采购平台，严格实行集中采购，从公司到项目全流程实行标准化管理，确保工程原材料、成品、半成品的质量。

（4）分包管理标准化。全面实施劳务实名制管理，建立劳务资源管理平台，实行不守信用分包商黑名单制度，全流程实行分包管理标准化。

（5）施工管理标准化。签订项目目标管理责任书，严格执行工程质量策划制度，严格评审工程质量策划书，合理穿插施工工序，质量监督和保障体系职责清晰。

（6）工程资料管理标准化。建立完整的工程资料管理体系，明确工程资料管理的各级职责；完善各级工程资料管理制度，逐步实现工程资料管理标准化。

（7）工程验收管理标准化。严格执行国家质量验收规范，100% 做好施工和质量验收记录；实行严格的工程预验收制度，全过程控制工序质量。

12.2.2.2　提升质量意识

质量之魂，存于匠心。中国建筑制定质量培训计划，打造稳定、专业、权威的培训师资队伍，通过课堂教学、网络教学、现场观摩、技能比赛等形式，开展质量培训，弘扬科学精神和工匠精神，培育"中国工匠"。仅 2019 年，公司就组织质量培训 3166 次，覆盖 51670 人次；荣获中国建筑业协会优秀 QC 成果 358 项、中国施工企业管理协会优秀 QC 成果 168 项。

12.2.2.3   推出精品力作

中国建筑把高品质履约作为企业生存发展的"生命线"，将质量管理模式融入投资、建设、运营的全过程，注重过程质量，打造精品工程、样板工程。仅 2019 年，公司就有 28 项工程荣获中国建筑工程鲁班奖，641 项工程获评国家优质工程；荣获全国建筑工程装饰奖 72 项、中国安装工程优质奖 36 项、中国钢结构金奖 106 项。

12.2.2.4   塑造"中国建造"名片

中国建筑将打造"中国建筑"品牌作为不可推卸的时代责任，结合投资建设行业特点，准确定位，创新思路，推动"中国建筑"品牌形象获得国内市场和国际社会的广泛认可，逐步成为"中国建造"的一张亮丽名片。2019 年，深圳平安金融中心被世界高层建筑与都市人居学会（CTBUH）正式授予"世界最高办公建筑""中国华南地区最高建筑""2019 年最佳高层建筑杰出奖"三项认证。

12.2.3   以科技支撑品牌

中国建筑始终将打造先进建造技术作为立身之本、立业之基，坚持以科技创新引领商业模式、全面创新经营管理，推动企业依靠创新驱动，实现内涵式增长，坚持产业化导向，加强建筑行业关键技术、共性技术、前沿技术攻关，勇当原创技术的"策源地"和现代产业链"链长"。

12.2.3.1   强化技术创新管理

（1）坚持战略引领。中国建筑聚焦"一创五强""创新引领力强"的战略目标，组织召开年度科技创新工作领导小组会，审议公司科技创新工作重大议题；以国家、行业和企业的发展需求为导向，编制中国建筑"十四五"

科学与技术专项规划，布局 8 个中建科技创新平台，包括高性能工程结构试验分析与安全控制、土木工程材料、智能建造、绿色建造、城市更新与智慧运维、极端条件人居环境、生态环境、基础设施技术与装备等，努力打造具有自主创新能力、价值创造力、创新引领力的中国建筑科技创新核心平台。

（2）强化人才支撑。中国建筑出台了"十四五"人才专项规划，全面启动"七项重点人才工程"，统筹推进重点领域人才队伍建设，量身定制院士、大师后备人才培养方案，支持青年科技人才挑大梁、当主角，激活各类人才创造活力；加大高端人才的培养引进力度，聚焦战略科学家和具有战略科学家潜质的高层次人才，营造创新氛围，提升科技创新竞争力。

12.2.3.2　数字化赋能建造主业

中国建筑充分地利用丰富的应用场景和海量的数据资源，以"中建136 工程"为抓手，以信息化为纽带，打造自主知识产权的技术、大数据、云计算三大平台，集成流媒体接入、数据采集分析、数据处理、敏捷开发等能力，将 BIM、物联网、大数据、人工智能、机器人、5G 等技术应用于建筑产业，串联设计、生产、施工、运维全链条数据，推进绿色建造、智慧建造和建造工业化，助力"中国建造"向更加绿色、高效、智慧的方向稳步前行。

（1）智慧建造。中国建筑以建造为突破口，改造和优化生产设备，推行先进的生产控制系统，积极研发智慧建造设备，大力推动智慧工厂、智慧工地升级，建设智慧城市。一是研发智慧建造装备。支撑主业发展，推动多功能住宅造楼机、5G 远程控制塔机在多个项目实现工程应用。研发跨座式轨道梁自适应柔性焊接机器人、暗涵清淤机器人、测量机器人、智能喷涂机器人、分拣机器人，有效提升公司智慧建造水平；二是升级智慧工地。以建设"建筑大脑"为总体目标，通过打造 5G 智慧建造平台，升级智慧工地，逐步实现生产要素全在线、跨时空数据全连接、企业管理层级全服务。截至 2021 年底，已在 1000 多个示范项目开展"智慧工地"建设，实现施工管理的数字化、智能化、精益化；三是建设智慧城市。运用 CIM 孪生基础平台数字孪生技术，将物理城市中的道路、建筑、水域、植被、设施等对象，在数字孪生城市中 1∶1 映射，真实还原城市的每一个细节，实现对城市建设、运行、管理和服务的流程再造、模式创新。通过与 IOT 物联网感知数据的融合，对城市进行全感知、全互联、全分析、全响应、全应用，实现公共资源高效匹配、城市事件精准处置，全面提升城市治理精细化、智能化水平。

（2）绿色建造。中国建筑贯彻落实国家碳达峰、碳中和部署要求，从全局高度、长远角度做好"双碳"工作，培育壮大绿色低碳新兴产业，围绕做强做优做大绿色低碳专业细分领域补链、强链、拓链，努力成为建筑业"双碳"领域集规划、设计、建造、产品于一体的最优综合服务商，在国家"城乡建设碳达峰行动"中发挥重要引领和推动作用。目前，仅中海地产已累计获绿色建筑认证面积达 8927 万平方米，成功打造全球首个铂金级非传统办公项目——北京中海财富中心、国内首个 5A 级近零能耗高层写字楼——中海总部大厦、重庆市首个国家绿色建筑三星级运营项目——重庆中海寰宇天下项目等一批绿色建筑标杆项目。

（3）建筑工业化。中国建筑将数字化技术和工厂化生产融为一体，把数字化发展理念嵌入国内数十个智能化装配式生产基地，以标准化生产确保构件品质、提升制造效率，以定制化设计满足个性需求、拓宽行业边界。一是加速建筑工业化布局。牵头成立全国第一个装配式建筑科技创新联盟、建设中国首家全产业链装配式建筑智慧工厂，投资 PC 预制构件厂超 50 个，涵盖大湾区、成渝、长三角等战略区域，年总产能超 600 万平方米，引领行业发展；二是加强建筑工业化技术研究。开展装配化建造成套技术的研究，形成了先进制造管理 MES 系统、C-Smart 智慧物流管理系统、BIM 维保管理系统在内的一整套快速建造技术，将香港"临时医院"建设工期由原本需要 3~4 年缩短为 4 个月。在"落马洲应急医院"的建设过程中，采用自主研发设计的 GS-Building 和 ME-House 两大钢结构装配式技术体系，全专业、全过程、全方位应用数字化建造手段，打造数字化项目的数字基座，实现了装配式建筑从设计、制造、运输、安装施工全生命期信息化管理，用一套数据支撑"工厂、拼装场、施工现场"高效协同。

12.2.3.3　引领行业转型升级

中国建筑加快打造现代产业链"链长",加强产业链开放合作,着力提升基础固链、技术补链、融合强链、优化塑链能力,围绕产业链部署创新链、围绕创新链布局产业链,努力成为行业发展方向的引领者、产业基础能力提升的支撑者,助推全球建筑行业的技术进步。

中国建筑自主研发的世界最大万吨试验系统,完成加载 1.03 万吨结构测试与分析,重点实验室获得国家 CNAS 认证资质认定。自主研发的千吨级索锚体系弥补了国内行业的空白,在山东跨徒骇河大桥上示范应用。研发的国内首台 IABM 智能装配造桥机,开启公司桥梁装配化建设的新模式。不断推广光储直柔建筑碳中和技术研发和应用,在光伏、柔性充电、直流微网等关键技术上取得良好成果。自主研发的 AECMate 国产三维工程图像软件在公司大范围推广应用,创建首个国家数字建造技术创新中心;自主研发、设计、建造、运营的全国首个智慧新能源公交机械立体车库——深圳南山中心区智慧公交车库投入使用,实现了新能源公交车立体存放、自动充电智能调度、智慧运维等多种功能。自主研发的"空中造楼机"尖端技术成果逐渐从摩天大楼向普通高层建筑普及应用。

科技创新取得了丰硕的成果。仅 2021 年,中国建筑投入科研经费 399 亿元。公司中级及以上专业技术职务人员 10.4 万人,占员工总数的 28%。年度授权专利 11643 个,其中发明专利授权 875 个。荣获国家科技进步奖 5 项、其中 2 项一等奖,荣获詹天佑奖 15 项,获奖数量和质量再创新高。主编国家标准 4 个、行业标准 5 个,科技成果鉴定 1089 项。截至 2021 年底,累计获得国家科学技术奖励 80 项,土木工程詹天佑奖 105 项,主编国家、行业标准 97 项,获专利授权 46088 项。

12.2.4　以文化提升品牌

中国建筑认为:企业文化与品牌建设应实现有效协同。品牌之魂,文以化之;品牌之神,文以铸之。应当坚持形象文化、行为文化、价值文化"三位一体"整体推进,打造统一、融合的品牌文化和统一的中国建筑品牌。中国建筑的企业文化理念体系逻辑图参见图 12-3。

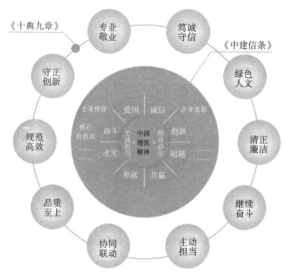

图 12-3   中国建筑的企业文化理念体系逻辑图

12.2.4.1　中建信条

信条是人们信仰的条文或体系，即普遍相信的原则或主张。中建信条则是中国建筑所坚信并奉行的价值核心，是中国建筑为利益相关方所信任并委以重托的依据。《中建信条》确立了中国建筑在处理与客户、员工、股东、社会等各利益相关方的关系时必须信奉与秉承的最基本的原则与理念，系统地解答了企业发展过程中最基本的问题：我们为何存在？为谁存在？我们将走向哪里？我们推崇的信念和奉行的原则到底是什么？我们内在的精神状态是什么？它是指导每位中国建筑人为人处世的行为准绳。由此出发，所有成员单位都要认真思考在中国建筑发展大局下各自的发展定位、发展方向和发展方式，所有中国建筑人都要以此来规范自己、提升自己、成就自己，共同促进中华民族伟大复兴中国梦的实现！

（1）中国建筑精神。中国建筑精神即"忠诚担当 使命必达"，诠释了我们存在的终极价值，蕴含着我们"从哪里来、到哪里去"的精神密码，是中国建筑用以滋养初心、汲取信仰力量、查找自身差距、校准前进方向的丰富源泉，不断鼓舞和激励着一代代中建人接续奋斗、勇往直前。"中国建筑精神"是全体中建人理想信念、责任担当、价值追求、精神风貌、政治品格的概括和凝练，外化为全体中建人共同具有的工作倾向和态度，具体表现为爱国、奋斗、求实、奉献、诚信、创新、超越、共赢等维度。

（2）企业使命。拓展幸福空间是中国建筑的企业使命，同时也是品牌使命，具有普适性，契合公众对幸福生活的追求，让公众心中构建起独特品牌联想。拓展幸福空间强化了中国建筑对经济发展、社会进步的重大意义，彰显中国建筑为用户、股东、员工、社会创造价值，提供高品质、超值的产品与服务；拓展幸福空间使命难以被竞争对手复制，符合全球最大投资建设集团的企业属性，也符合投资建设行业属性，更符合"重要支柱、依靠力量"的央企特性。拓展幸福空间使命传递了行业信息，其与中国建筑的投资建设业务相契合，也向公众传递中国建筑拥有助推经济发展、社会进步、人民幸福的使命感与责任感；体现了中国建筑恪守人类命运共同体的理念，关切全球可持续发展的重大议题，助力中国人民与世界人民幸福梦想相融相通。

（3）企业愿景。中国建筑的企业愿景是"成为最具国际竞争力的投资建设集团"，同时也是品牌愿景。其涵盖了业务的边界、发展方向，匹配中国建筑的气度与格局、性质与地位，进一步强化了中国建筑的品牌差异化。最具国际竞争力向公众提出了企业发展方向。中国建筑以创建"产品卓越、品牌卓著、创新领先、治理现代"的世界一流企业为牵引，不断强化价值创造力、创新引领力、品牌影响力、国际竞争力以及文化软实力，最终实现世界领先的目标定位；投资建设集团向公众阐释了业务边界与发展举措。在投资运营、工程建设、勘察设计等领域保持行业领先地位，加快打造现代产业链"链长"，加快新业务拓展，强化专业支撑，推进绿色建造、智慧建造和建造工业化。

（4）核心价值观。中国建筑的核心价值观是"品质保障　价值创造"，它向公众传递了中国建筑的价值主张。品质保障强调中国建筑弘扬工匠精神，树立底线思维，将对"品质至上"的不懈追求视为实现可持续发展的最低保障，依靠最具价值的投资、精心的设计、匠心的建造、精益的管理，满足不同利益相关方当下与长远需求，提供支撑社会经济发展、惠及国计民生的高品质产品与服务，筑基"中国质量"，打造"中国建造"名片；价值创造强调中国建筑在服务国家、助力构建人类命运共同体的大格局下，坚持绩效为先，努力通过团队和个人价值的提升，促进中国建筑共同价值的持续提升。

12.2.4.2　十典九章

中国建筑行为规范手册《十典九章》是《中建信条》的延伸，是践行《中建信条》的行动指南。《十典九章》由两部分内容组成。

（1）"行为十典"。"行为十典"是对管理行为和员工习惯的倡导和要求。包括笃诚守信、品质至上、专业敬业、严守规范、持续创新、融合高效、协同联动、清正豁达、拼搏进取、绿色人文十部分内容，每部分中又包含对组织行为、个人行为和反对行为的界定。其中，"组织行为"关注企业商业伦理，对如何营造良好组织环境、提高企业文化执行力提出明确要求；"个人行为"注重细节阐述，对中国建筑全体员工的日常行为进行重点引领和倡导；"反对行为"明确底线规范，对背离中国建筑文化倡导的行为进行高压警示。

（2）"礼仪九章"。"礼仪九章"是中国建筑员工的礼仪规范，按照国际化公司的标准，阐述了员工在商务社交场合应注意的礼仪及行为细节，是中国建筑员工提高职业修养、提升人际沟通技能、全面树立个人和企业形象的礼仪遵循。"礼仪九章"包括总则和细则。总则包括尊重平等、真诚宽容、适度适宜、自律自省四方面的内容；细则包括协调、有序、适时、规范、随俗五方面的内容。

12.2.4.3　CI战略的实施

要让一个品牌真正活起来，就要赋予品牌一定的个性和形象，使品牌具有内在的灵魂，让人们能够深刻认识品牌的真实象征，从而使品牌文化个性最终在大众的心智中明晰起来，丰满起来。早在1996年，中国建筑在国内建筑行业率先导入CI战略，打造了中国建筑统一的市场形象，让"CSCEC"的品牌（图12-4）伴随着"花园式"工地的形象深入人心。中国建筑将CI战略与项目管理有机融合，丰富了建筑业企业项目管理的内涵，通过对工程项目实施全方位、多角度的CI覆盖，既展示了建筑业企业的新形象，又找到了一种通过视觉形象设计进行品牌建设与传播、文化融合与提升的新载体平台。以CI战略实施为载体，中国建筑品牌影响力日益拓展，首创出"过程精品、标价分离、CI形象"三位一体的项目管理模式，编制的《施工企业CI战略策划与实施》曾荣获全国工程建设企业管理现代化成果一等奖。

图 12-4 中国建筑品牌形象

"中国建筑，服务跨越五洲；过程精品，质量重于泰山"。中国建筑每年在世界各地承建的近万个项目上，以高美誉度、高强度、高冲击力的信息展示品牌形象，引导着人们将注意力集中到企业品牌上。

随着中国建筑"专业化、区域化、标准化、信息化、国际化"战略的深入实施，CI 手册也经过了数次调整，已形成了九个方面的企业形象视觉识别规范手册。中国建筑品牌形象已是家喻户晓、名扬海外。

12.2.5 以传播推广品牌

品牌对外传播和表达的内容，既要和企业品牌文化理念一致，也要与企业的产品、先进事迹等能够表现企业品牌文化的元素紧密联系起来，让其成为品牌文化的象征，实现与公众有效心理沟通，提升品牌传播效果。

中国建筑以品牌传播为杠杆，构建 CSCEC 传播模式，打造传播平台，系统开展有高度、有深度、有广度的传播，持续增强品牌影响力和国际竞争力。如图 12-5 所示。

12.2.5.1 有高度的传播

中国建筑进行有高度的传播。提炼品牌传播主题为：具有高度责任感的全球幸福空间缔造者。传播内容从央企整体形象、行业发展到自身业务。

（1）传播信息。一是高度责任感。国有企业是中国特色社会主义的重要物质基础和政治基础，始终以党的意志为意志、以党的使命为使命，以实际行动践行党的初心使命；二是全球化。中国建筑始终秉承国际化经营理念，扎实推进海外业务高质量发展，注重国内外资源整合，致力于成为一家在全球范围内配置资源并高效运营的跨国公司；三是幸福空间缔造者。中国建筑始终践行"拓展幸福空间"的企业使命，将"幸福"作为统领传

中国建筑CSCEC品牌传播模式

具有高度责任感的全球幸福空间缔造者

品牌主题传播	传播品牌故事	全球赋能	环境、社会和治理	品牌价值观传播

什么才是 幸福空间 …	人文角度呈现中国 建筑为人民生活、 环境带来的价值…	促进当地经济 文化繁荣…	凸显中国建筑 高度品牌责任感	促进内部和外部 对中国建筑品牌 的高度认同…
Campaign of Brand	**Stories of Brand**	**Changes Enabler**	**ESG**	**Corporate Values**

图 12-5　中国建筑 CSCEC 品牌传播模式

播信息与行动的核心理念，针对人群、区域、场景以及国家，统一传播中建集团"幸福"作为，向国内外受众传递中国建筑品牌形象统一认知。

（2）传播原则。从传播建筑项目，到传播全链项目；从传播项目完工，到传播幸福生活；从传播中国范畴，到传播全球视野；从传播急难险重，到传播创新价值；从传播碎片运作，到传播模式建立。

12.2.5.2　有深度的传播

中国建筑进行有深度的传播。从生产、生活、生态、地球四大空间的维度，深度诠释"幸福空间"。如图 12-6 所示。

12.2.5.3　有广度的传播

（1）建强传播平台。中国建筑从 2018 年底正式开通央企首个融媒体技术支持平台"中国建筑融媒体平台"，实现集团各级"媒体岛"联结融合再造。实施场景化开发，形成新闻"策划 – 采编 – 审发 – 分析 – 考核 – 存储"全流程信息化管理。搭建一体化后台，整合内部采编资源，连通外部报网端微屏产品出口，实现"一个平台产新闻、不同平台发新闻"。推进统一管理，实现对集团 80 种报纸、53 份期刊、193 个网站和 533 个认证

有深度的传播

什么是"幸福空间"

从"幸福空间"的特征角度：包括幸福人文、幸福科技、幸福生态、幸福环境

幸福人文

幸福科技

幸福生态

幸福环境

体现人文关怀的空间，重视人，尊重人，关心人，爱护人，以人为本

以科技创新的力量为人们带来持续的快乐、满足、健康、和谐

以产业链联动和配套的能力赋能城市

致力于建设绿色城市、绿色地球，促进人类与地球和谐共生

图 12-6　中国建筑有深度的传播

新媒体账号的有效管理，为集团宣传工作提供强大支撑。实现分层共享，为各子企业搭建相对独立的管理后台，在平台构建 40 个融媒体分中心。

（2）建立丰富多层次的展陈体系。以"世界一流的设计、世界一流的展示、世界一流的内容"为总要求，从"对党和国家事业大局的支撑""对社会、人民乃至全球民生的意义与价值"的视角，建成一座"以影像说话"的现代多媒体展厅、绿色低碳与 5G 智慧的多功能展厅，目前已正式开展。同时，依托"中国建造之路"展厅形成标准化展陈方案，支持参与重要展会，彰显品牌形象。系统上下也形成了以爱国主义教育基地为核心的展陈体系。

（3）注意开展多触点传播和沟通。项目即传播、员工即传播、KOL即传播、公关即传播、时事即传播等。

12.2.6　以责任烘托品牌

中国建筑以责任为纽带，以品牌管理体系为依托和载体，持续深化品牌引领型社会责任管理模式，致力于与利益相关方创造共享价值，共同实现可持续发展。

品牌引领型社会责任管理模式是中国建筑十余年来坚持"以品牌促责任，以责任美品牌"工作思路的提炼总结，从"回报股东、满意客户、绿色发展、成就员工、合作共赢、引领行业、造福社会"七大议题开展"建

证幸福·全球行动"，并以"建证幸福"为责任品牌在世界进行统一传播，旨在通过开展 ESG 研究、ESG 良好表现，助推"一创五强"战略目标落实落地，助力中国建筑在全球范围内开展负责任的投资建设。

品牌引领型社会责任管理模式实质上是企业内部责任自觉后，向外系统统一展示品牌形象的必然。其源于责任文化，始于责任管理，成于责任表现，兴于责任沟通。

（1）责任管理。中国建筑以品牌管理体系为依托和载体，以《社会责任工作指导手册》为重要纲领，"以横向业务线为基础、纵向向子企业延伸"的社会责任推进路径，保障社会责任工作在公司系统内上下贯通、层层推进。将社会责任的理念融入公司各项考核制度和管理办法，加强评价考核的导向作用，逐步推进社会责任融入各项绩效评价。

（2）责任研究。中国建筑将 ESG 作为打造全球领导品牌的重要抓手，采取稳妥、渐进的方式推进 ESG 工作。早在 2016 年，中国建筑便开始关注研究 ESG 相关标准要求，在可持续发展报告编制过程中适当融入 ESG 指标。指导旗下中海地产编发中建系统首份 ESG 报告。开展全球知名投资建设企业社会责任、ESG 对标研究，吸收学习 ESG 管理经验。立足近 6 年来 ESG 研究与管理经验，参考香港联交所 ESG 指引与 MSCI（摩根斯坦利）ESG 评级标准、国际财务报告可持续准则（ISSB 准则）等，探索编制《中国建筑 ESG 指标管理体系》。

（3）ESG 表现。中国建筑对标联合国 2030 可持续发展议程，关注全球利益相关方的重大关切，落实经营所在国、地区的社会责任倡议、标准及要求，将利益相关方关注的实质性议题和企业发展战略与业务优势相结合，开展带动产业发展、拉动当地就业、增进民生福祉、推进绿色公益、保护文化遗产、投身公益慈善等责任实践，ESG 表现良好。2021 年，国务院国资委编制"央企 ESG·先锋 50 指数"并做出首次评价，中国建筑作为重要单位参与标准编制，获"央企 ESG·先锋 50 指数""优秀者"评价。

（4）责任沟通。中国建筑将做好信息披露作为"成为履行全球社会责任典范"的重要内容。围绕全球不同地区、不同文化背景的利益相关方信息需求，开展国内外权威社会责任标准研究、跨文化融合研究，精准把握信息披露的内容、方式，持续地健全社会责任信息披露机制。构建"四位一体"的社会责任信息披露体系,即参加社会责任论坛,开辟社会责任专栏,在权威媒介发表文章,编发可持续发展报告、ESG 报告等。其中,中国建筑连续 11 年编发可持续发展报告,指导中海集团连续 4 年编发 ESG 报告,逐步形成了集团编发整体报告 + 子企业编发专项报告 + 海外机构编制国别报告 + 大项目编制项目报告的"1+3"报告编发模式,有效增强了企业运营透明度和社会沟通能力。

12.2.7　以管理维护品牌

（1）保护产权。中国建筑以品牌保护为盾牌,有效维护品牌声誉,强化知识产权保护工作,完善商标管理体系,规范注册商标、商号等商业行为;加强"中国建筑""中建"等商标的保护,建立完善的品牌保护体系;搭建企业商标侵权常态化监测平台,运用法律武器打击各种侵权行为,营造"不敢侵、不能侵"的品牌维权氛围。做好商标、专利的国外注册工作,加强海外保护力度;加强产业市场和资本市场舆情联防联控,建立品牌危机预警机制、风险规避机制和紧急事件应对机制,有效维护品牌声誉,持续提升品牌危机处置水平。2017~2018 年,成功通过行政、司法双认驰,认定"中建"为驰名商标,进一步提振了中建集团品牌与商誉。

（2）加强舆情管控。中国建筑制定了新闻发布和新闻发言人管理办法、舆情应对指导手册和案例库,明确了舆情管理流程,对各二级单位也有明确要求。舆情应对指导手册基于新时代网络舆论特征、国资央企舆论环境和中国建筑舆情管理工作实际编制,是中国建筑舆情应对工作的基本遵循。舆情应对指导手册包括舆情应急管理预案、分类场景舆情回应参考口径、新闻发布工作指引,对构建舆情应对全流程管理体系、健全联防联控机制、提高舆情应对科学性和系统性具有重要意义。

（3）加强自有媒体管理。加强自有媒体管理,加强全体党员群众网络行为教育引导,不擅自以企业名义开设自媒体账号、接受媒体采访、对外发布信息,不在网络平台发表不当言论、发布敏感信息以及损害企业形象、对企业改革发展和生产经营有害的信息等。

12.3 中国建筑品牌建设战略规划

为进一步加强品牌建设，中国建筑在总结以往品牌建设经验的基础上，制定了"十四五"品牌建设战略规划。具体包括：品牌建设思路、品牌建设总体目标、品牌建设评价体系、品牌建设重点工作、支撑文件和制度体系五个方面。

12.3.1 品牌建设思路

12.3.1.1 指导思想

中国建筑以习近平新时代中国特色社会主义思想为指引，贯彻习近平总书记"三个转变"的重要指示（"推动中国制造向中国创造转变、中国速度向中国质量转变、中国产品向中国品牌转变"），以《中华人民共和国国民经济和社会发展第十四个五年规划和 2035 年远景目标纲要》中品牌建设相关内容为行动纲领，落实党中央、国务院以及国务院国资委关于品牌建设的各项要求部署，聚焦"一创五强"战略目标，以"创建具有全球竞争力的世界一流企业"为牵引，致力于成为价值创造力强、创新引领力强、品牌影响力强、国际竞争力强、文化软实力强的世界一流投资建设集团，围绕当前中国建筑改革发展重点任务，充分发挥品牌引领作用，推动践行企业政治责任、经济责任和社会责任，实现高质量发展。

12.3.1.2 品牌工作体系

中国建筑在准确把握"一创五强"战略目标意义及内涵的基础上，科学构建品牌工作体系，实施全面品牌管理。中国建筑品牌工作体系由七个部分有机组成，如图 12-7 所示。

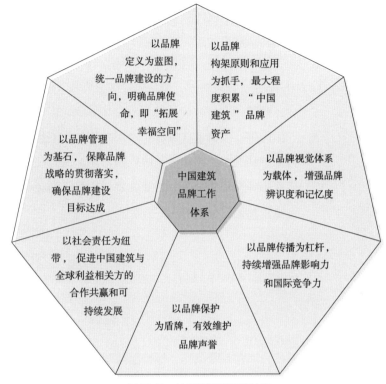

图 12-7 中国建筑品牌工作体系

12.3.1.3 品牌管控模式

中国建筑以"三个转变"为品牌管控的思想根基，结合"六个致力"（致力实现高质量发展、致力创新驱动发展、致力服务国家战略、致力深化国企改革、致力加快转型升级、致力党的领导融入公司治理）战略举措，围绕低碳节能、工业化、数字化、网络化、智能化应用，塑造"数字中建""智慧中建""绿色中建"等品牌形象，建立中国建筑组织架构和经营理念的平衡型品牌管控模式，重点把握三个工作原则：

（1）严守底线，聚焦品牌资产保值增值。通过"三明确"支持和管理中国建筑各级子企业品牌建设工作："明确分工"保证品牌任务高效分解，落实到人；"明确流程"保证重要事项高质量执行，防范风险；"明确规范"保证中国建筑外在形象统一，对合资企业、合作企业、分包单位，加强中国建筑品牌的授权和使用规范监管，坚持打造中国建筑主品牌，最大程度保护和积累中国建筑品牌资产。

（2）充分赋能，强化子企业品牌传播创新。依托品牌智慧管理平台，实现"三共享"，集聚品牌传播创新要素："共享信息素材"激发创新思路；"共享专业培训"提升创新技能；"共享优质资源"支撑创新实践。

（3）促进协同，提升品牌建设整体合力。线上线下融合，对内对外融合，搭建产融结合的品牌交流合作平台，倡导"三合作"，加速创建世界一流品牌："跨部门合作"增强全员品牌意识，营造"人人塑造品牌、人人维护品牌、人人传播品牌"的浓厚氛围；"跨业务合作"发挥中国建筑多业态经营优势，引领行业发展；"跨国别合作"提升品牌影响力，助力全球资源配置和市场开拓。

12.3.2　品牌建设总体目标

（1）到 2021 年末，即"十四五"开局之年，夯实创建世界一流品牌基础，完善品牌战略，健全品牌管理体制机制。全面协同市值管理工作，助力提升公司资本市场品牌影响力。加强外部传播、内部导入，全方位传播中国建筑"拓展幸福空间"品牌核心理念，提升全球知名度和美誉度。

（2）到 2025 年末，即"十四五"收官之年，基本建成世界一流品牌。品牌引领意识大幅提升，全面品牌管理广泛实施，品牌建设体系完备健全，品牌推广能力和品牌国际化运营模式成熟先进，成为维护核心产业链安全稳定的全球行业品牌的优秀领导者，成为全球产业中高端化智能化绿色化的领导品牌。

（3）到 2035 年末，全面建成世界一流品牌。在全球产业市场和资本市场的话语权和影响力明显增强，成为助力中国乃至全球完成碳中和目标的领袖品牌、世界投资建设领域的第一品牌。

12.3.3　品牌建设评价体系

为定期评估中国建筑品牌建设进展情况，及时校准品牌发展方向，发现品牌建设各项工作与"品牌影响力强"目标之间的差距，持续改进和完善品牌工作，实现品牌资产保值增值，依托国际标准化组织 ISO 10668 品牌估值国际标准（Brand Valuation）和 ISO 20671 品牌评估国际标准（Brand Evaluation），建立中国建筑创建世界一流品牌工作考核评价机制。

12.3.3.1　设定品牌评估指标体系和品牌价值参照系

依托 ISO 10668 和 ISO 20671 两项国际标准，围绕"一创五强"战略目标设定。

（1）品牌评估指标体系。参见表 12-2。

品牌评估指标体系　　　　　　　　　　　　　　　　　　　　　　　　表 12-2

"一创五强"战略目标	一级指标	二级指标
价值创造力强	品牌价值	品牌相关财务表现
		品牌作用力
创新引领力强	品牌创新力	洞察市场趋势和需求变化
		拥有核心关键技术
		多维度创新
		行业标准制定
		研发投入
		创新机制
	参与度	对话交流
		合作共赢
品牌影响力强	存在性	知名度
		美誉度
	可信度	诚信经营
		以客户为中心
	市值潜力	投资者预期
国际竞争力强	品牌品控力	质量标准
		质量管控机制
		品质文化
	差异性	差异化产品
		差异化服务
		差异化品牌定位
文化软实力强	协同性	各子企业、各部门目标一致
		各子企业、各部门遵循企业价值观
	好感度	公众价值共鸣
		受人尊敬

（2）品牌价值参照系。根据 ISO 10668 品牌估值国际标准认证，选择 Interbrand 和 Brand Finance 两家国际权威品牌评价机构相关标准为参照系，在提升企业国际化经营指标基础上，成为"中国建造"在全球市场的杰出代表者。

12.3.3.2　开展国内外优秀企业对标

选择中国中铁、中国铁建、中交集团等国内优秀投资建设领域企业，以及 11 家世界一流投资建设企业进行长期对标。对标的 11 家世界一流投资建设企业特点分析参见表 12-3。

对标的 11 家世界一流投资建设企业特点分析　　　　　　　　　　　　　　表 12-3

序号	名称	国家	特点
1	万喜	法国	工程承包和特许经营业务协同，盈利水平处于世界领先
2	ACS	西班牙	通过持续对外并购，形成多元化的业务模式
3	布依格	法国	典型家族式企业，通过有效的集权、灵活高效的运营管理，实现多元化运营，持续增长稳健
4	大和	日本	围绕建筑的生命周期及日常活动进行多元化拓展，"共生共创"以及面向未来的可持续发展理念体系
5	三星 C&T	韩国	具有较强的超高层建造技术
6	豪赫蒂夫	德国	最具国际化，海外营业收入占比超过 95%
7	斯堪斯卡	瑞典	核心业务表现优异，海外营业收入占比超过 80%，2023 年全面数字化和 2045 年实现全价值链碳中和的雄心
8	福陆	美国	处于建筑行业产业链上游，具有卓越的项目管理能力，是工程承包、工程设计、油气行业的翘楚
9	柏克德	美国	注重技术发展，通过信息化技术实现利益最大化
10	AECOM	美国	通过持续对外并购，成功转型为覆盖全产业链的综合服务商
11	大成	日本	以战略和组织管理为基础，以项目管理和技术创新见长

12.3.4 品牌建设重点工作

中国建筑要发挥整体优势，整合内外部品牌资源，提高资源配置效率，结合战略规划，丰富品牌理念，优化品牌架构，推进文化导入，深化 VI 规范，创新品牌传播，加强品牌保护，塑造责任品牌，推动跨文化融合，提升品牌管理，强化落地保障。品牌建设的重点工作如图 12-8 所示。

图 12-8 中国建筑品牌建设的重点工作

12.3.5　支撑文件和制度体系 ─────────────

依托《中国建筑"十四五"品牌建设战略规划》，编制《中国建筑品牌管理规定》。持续优化中国建筑品牌管理制度体系，包括：品牌工作体系、品牌架构体系、品牌管理体系、品牌专项管理办法、品牌专项指引（如文化融合、责任传播、海外传播）等，在全球范围内提升中国建筑品牌认知度和影响力。

12.4　中国建筑品牌的国际化 ─────────

近年来，中国建筑积极践行"一带一路"倡议，实施海外优先战略，经营足迹遍布 140 多个国家和地区，海外员工达 13.4 万人，先后建设了 8000 多个项目，其中一大批项目成为中外紧密合作、深厚友谊的象征，打造了一张张连通世界的中国建造、中国友谊、中国精神名片。

12.4.1　提高站位、系统谋划，形成"一盘棋"工作格局 ─────

中国建筑坚持国家站位、全球视野、企业定位，充分发挥深耕海外、扎根当地的独特优势，把海外传播与海外经营同研究、同部署，抓顶层、强基础、建队伍，不断提升国际传播整体效能，助力建设世界一流企业，以企业形象展现国家形象。其品牌国际化的整体框架如图 12-9 所示。

（1）完善顶层设计，构建战略体系。围绕国际化品牌塑造、海外传播试点工作推进、海外传播人才培养，形成"113"海外传播工作体系，制定海外传播工作管理办法，将海外传播工作纳入集团"十四五"规划，构建

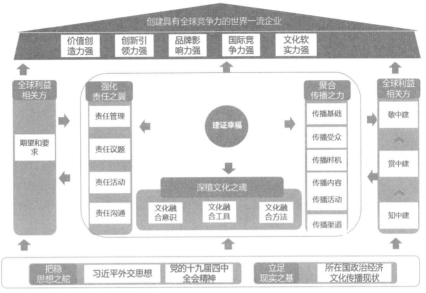

图 12-9　中国建筑品牌国际化的整体框架

了"相互衔接、层次明确、各有侧重"的制度体系。为确保海外统一品牌形象，在充分尊重属地化文化差异的基础上，构建以"建证幸福（Witness Happiness）"为价值核心的跨文化融合模式，以"拓展幸福空间"为使命，立足 2030 可持续发展愿景，着力塑造绿色、智慧、人文的企业可持续发展形象。在央企系统内率先编发文化融合指导手册和 22 本国别执行手册，制定"建证幸福"海外传播专项行动方案，从顶层设计上确保海外传播纳入战略、融入经营、进入管理、嵌入机制、深入文化。

（2）全面谋划布局，持续多点发力。探索建立"试点引领＋分批推进"的工作机制，2019 年，中国建筑以埃及为试点打造海外传播示范样板，在总结埃及经验基础上，将试点国别扩展到 5 个重点区域，同时坚持边试点边扩围，在海外经营基础较好的 15 个国家和地区同步推进海外传播工作，通过专题分享会、沙龙座谈等形式，将试点经验推广到其他国别，逐步形成"样板引领、多点发力、同频共振、亮点纷呈"的工作局面。

（3）聚焦人才培养，推进能力提升。针对海外传播人才短缺问题，中国建筑研究制定了推荐、选拔、培训、岗位历练的"三年百人"培养计划，联合清华大学新闻与传播学院连续三年举办海外传播人才培训班，培训专业骨干 340 余人，邀请来自高校、媒体、智库、企业等国际传播领域的近 30 名专家授课，建立海外传播人才库，覆盖 33 个重点国别（地区），打造了一支既懂海外业务又懂国际传播的复合型人才队伍。

12.4.2　贴近受众，突出特色，讲好"建证幸福"暖心故事 —————

企业海外传播工作要结合自身特色和资源，多维度构建品牌形象，才能增强海外传播的适应性、针对性、有效性。中国建筑深挖"建证幸福"品牌内涵，借助主题传播、开放日、展览论坛、文化交流、责任行动等形式，做有温度、有热度、有精度的传播，全方位、多角度讲好中国建造故事。

（1）品牌传播，讲好中建"幸福事"。在亚、欧、非、美、大洋洲的近百座城市，举办 260 多场"建证幸福"开放日，邀请驻在国媒体记者、外籍"网红"、属地员工"云上"走进项目，触达受众 5.6 亿次，被 350 余家海内外媒体报道，展现中国建筑助力当地经济建设、促进民心融通的生动实践。2021 年，中国建筑联合 CGTN，在 15 个"一带一路"沿线国家开展"建筑在说话"（Building Lives）海外重点工程回访，讲述项目建成后为当地民众带来的变化，通过凡人凡事展现中国建筑的企业价值，真正让中国企业故事充满人情味。

（2）以文化人，构筑民心"幸福桥"。深入调研当地宗教法律、民俗文化和舆论环境，积极探索多途径推动人文交流和民心相通。依托"中国书架"，在埃及、马来西亚等 5 个国家打造"建证幸福书屋"。策划"建证幸福年"春节文化走出去，《随我在新加坡过大年》《中埃舞蹈秀》等短视频，海外播放量达 187 万次。2021 年"世界地球日"，中国建筑携手旗下 23 个海外社交媒体区域账号，历时 8 小时横跨全球 7 个时区开展"守护绿色地球"接力计划，被海外粉丝纷纷点赞。

（3）践行责任，携手共赴"幸福梦"。精准聚焦绿色、健康、智慧等可持续发展议题，邀请英国、法国等外籍主持人走进 6 座冬奥场馆，揭秘冬奥场馆绿色建造科技。在埃及建立专业教育公益机构"鲁班学院"，对外传播中国建造技术及文化，创造更多就业机会，带动当地经济发展。对海外发布 5 个国别中外文社会责任报告，在阿尔及利亚、斯里兰卡等国家成立"绿丝带""筑梦锡兰"志愿服务队，以实际行动践行命运共同体理念。

12.4.3　把握规律，丰富载体，做大"一带一路"朋友圈

拓展海外传播渠道，要从短期见效和长期坚持两个方面同时着力，才能提升传播效能。中国建筑既抓好海外社交平台运营、媒体合作等工作，不断提高海外传播到达率、阅读率、点赞率，又积极与国际智库、业内专家、意见领袖开展合作，深耕细作、久久为功，影响海外高层受众，汇聚更多人类命运共同体的坚定支持者、主动参与者。

（1）以媒体融合提升传播效能。为全面提升主动发声能力，实施"建证星光"融媒发展计划，建立"1+1000"融媒矩阵，其中在 20 个国家（地区）开设 67 个海外社交媒体账号、外文官网，覆盖粉丝 371 万人，涉及英法阿俄等 6 个语种，阅读量达 4750 万次。中建中东公司荣获迪拜酋长穆罕默德商业大奖的新闻在当地脸书账号发布后，当地最大建筑事务所 KEO 主动联系寻求合作机会。策划推出《大国建造》《外国小哥看中建》等精品融媒产品，用航拍、VLOG、纪实等形式全方位、多角度展示 32 个国内超级工程，CGTN 全语种推送。

（2）以"网红出海"创新话语方式。建立"海星培养工作室"，充分利用个人叙事的灵活性、亲和性、直接性，打造"海外网红"。马来西亚员工哈曼达通过海外社交媒体平台，积极展现项目 BIM 技术成果和建筑摄影美图，讲述在中国企业工作故事，收获近 200 万全球粉丝，阅读量达 1500 万次。巴基斯坦 PKM 项目经理在推特上展现"中巴经济走廊"项目建设真实情况，年发文量达 8336 篇，被称为"中国建设者"在巴基斯坦的一张亮丽名片。

（3）以广泛合作凝聚有力共识。坚持融入当地，加强与当地政府、专家学者、行业组织等深化合作交流。比如，中国建筑与俄罗斯国立建筑大学、南洋理工大学等高校，开展跨文化管理、古建修复、BIM 技术等课题研究，对海外发布理论文章、专业书籍达 20 余项，以中建经验为世界建造提供中国方案。在阿联酋举办建筑科技大会，邀请来自绿色建造、智慧建造、数字建造等领域的 480 余名高管、学者参加，以互利共赢不断扩大国际"朋友圈"。聚焦"Z 世代"重点人群，组织开展"建证未来 我是青知讲说人"中外青年志愿故事会，邀请来自 13 个国家和地区的青年志愿者分享个人成长的故事，中建集团还拟发起"国际建筑青年对话论坛"，组织国内外青年探讨绿色建造、智慧建造前景，共话可持续发展。

参考文献

[1] 席佳蓓.品牌管理[M].南京：东南大学出版社，2017.

[2] 常利群.品牌形象设计[M].北京：北京理工大学出版社，2017.

[3] 丁桂兰.品牌管理学[M].北京：经济管理出版社，2017.

[4] 张延斌.品牌管理[M].天津：南开大学出版社，2016.

[5] 丁桂兰，陈敏.品牌管理[M].武汉：华中科技大学出版社，2014.

[6] 张德，吴剑平.企业文化与CI策划[M].北京：清华大学出版社，2013.

[7] 瞿艳平.品牌管理学[M].厦门：厦门大学出版社，2012.

[8] 张明立，冯宁.品牌管理[M].北京：清华大学出版社，北京交通大学出版社，2010.

[9] 汪秀英.企业品牌工程的运营与管理[M].北京：科学出版社，2010.

[10] 瞿艳平.品牌管理研究[M].北京：中国物资出版社，2010.

[11] 戎贤，张东生.现代建筑业企业管理[M].郑州：黄河水利出版社，2010.

[12] 沈铖，刘晓峰.品牌管理[M].北京：机械工业出版社，2009.

[13] 刘杰.建筑企业品牌管理运作模式与绩效评价[D].哈尔滨：哈尔滨工业大学，2008.

[14] 余明阳，杨芳平.品牌定位[M].武汉：武汉大学出版社，2008.

[15] 周云.品牌学——原理与实务[M].北京：清华大学出版社，2008.

[16] 李海廷.品牌竞争与战略研究[M].长春：吉林人民出版社，2008.

[17] 吴为善，陈海燕.企业识别：CI的策划和设计（第三版）[M].上海：上海人民美术出版社，2008.

[18] 张世贤.现代品牌战略[M].北京：经济管理出版社，2007.

[19] 张红明.品牌人格化[M].武汉：华中科技大学出版社，2007.

[20] 刘心萍，范秀兰.建筑业企业管理[M].北京：清华大学出版社，2007.

[21] 国务院国资委统计评价局.企业绩效评价标准值[M].北京：经济科学出版社，2007.

[22] 萧鸣政. 现代绩效考评技术及其应用 [M]. 北京：北京大学出版社，2007.

[23] 万后芬，周建设. 品牌管理 [M]. 北京：清华大学出版社，2006.

[24] 余明阳，姜炜. 品牌管理学 [M]. 上海：复旦大学出版社，2006.

[25] 余明阳，杨芳平. 品牌学 [M]. 上海：复旦大学出版社，2005.

[26] 刘庆玉，吴烽. 企业品牌危机预警系统的构建 [J]. 云南财贸学院学报，2005，21（4）：5.

[27] 罗伯特·希斯. 危机管理 [M]. 王成等译. 北京：中信出版社，2004.

[28] 年小山. 品牌学 [M]. 北京：清华大学出版社，2003.

[29] 凯文·莱恩·凯勒. 战略品牌管理 [M]. 李乃和等译. 北京：中国人民大学出版社，2003.

[30] 刘杰，王毅强，陈为强. 建筑业企业形象管理 [M]. 北京：中国建筑工业出版社，2002.

[31] 丹尼尔·A. 雷恩. 管理思想的演变 [M]. 李柱流等译. 北京：中国社会科学出版社，2002.

[32] 菲利普·科特勒等. 市场营销管理 [M]. 梅清豪译. 北京：中国人民大学出版社，2003.

[33] 理查德·威廉姆斯. 组织绩效管理 [M]. 蓝天星翻译公司译. 北京：清华大学出版社，2002.

[34] 田金信. 建筑业企业管理学 [M]. 北京：中国建筑工业出版社，2001.

[35] 张尧庭. 信息与决策 [M]. 北京：科学出版社，2000.

[36] 约翰·菲利普·琼斯. 广告与品牌策划 [M]. 孙连勇等译. 北京：机械工业出版社，2000.

[37] 徐建民，邓中胜，刘无. 企业之魂——CIS 战略的理念识别 [M]. 北京：北京经济学院出版社，1995.

[38] 魏宏森，曾国屏. 系统论 [M]. 北京：清华大学出版社，1999.

后记

　　细心的读者一定会读出来，《建筑业企业品牌管理》中的一些表述已经是十几年前的了。尽管我们调整了全书的结构和文字，补充了新的材料，努力地让它与时俱进，毕竟从动议到初稿完成再到今天，环境和我们都有了太大的变化。书稿搁置的这些年份，北京、哈尔滨、香港、纽约，我们各忙各的，想过放弃，又觉得可惜。书稿几经调整，才成了今天的样子。感谢中国建筑工业出版社原社长沈元勤同志，他评价说："目前看，国内专门论述建筑业企业品牌的书籍还不多，这本书很有价值。"或许就是这句话，坚定了我们的信心，让我们觉得这些年的劳动没有白费。

　　建筑产品的特性决定了建筑业企业品牌的性质，与其他的工业企业和服务业企业不同，与日常生活用品和工业用品品牌也不同，我们更愿意将建筑业企业品牌作为具有服务性质的组织品牌。多年以来，从理论到实践，我们一直关注建筑业企业的品牌建设。尽管市场逐渐成熟，品牌逐步成型，但更多的建筑业企业，是因业绩而知名，品牌建设的推进还处在朦胧的阶段。我们很清楚，建筑业企业的品牌管理面临着很多问题，比如市场的局部不规范限制品牌发展，市场有时更多的是选择价格而不是品牌，《财富》杂志500强产生的规模导向，等等。

　　我们编写本书的设想是，在国际国内成熟的品牌管理理论指引下，总结国内建筑业企业品牌建设实践，探索建筑业企业品牌管理理论，摸索设计理想的品牌管理模式，推出优秀的品牌建设案例和规划，为有志于推进品牌建设的建筑业企业提供可资借鉴的理论、经验和模式。

　　我们欣喜地看到，中国建筑业企业的品牌建设，同十几年前相比，已经有了明显的进步。目前国内外的企业和品牌排行榜很多，综合起来，中国建筑、中国中铁、中国铁建、中交集团、中国电建、中国中冶、中国能建、中国化学等央企，上海建工、云南建投、陕西建工、北京城建、湖南建工等地方企业，中天控股、中南建设、天元建设、河北建设、龙元建设等民营企业的品牌，经过大浪淘沙，已经得到了市场的认可。

　　本书的编著者之一刘杰同志长期在建筑业企业工作，领导分管和直接参与建筑业企业文化和品牌建设工作几十年，与麦肯锡和埃森哲等咨询公司就中国建筑品牌发展规划做过深入的研究与探讨，在推进品牌建设的过程中，积累了丰富的实践经验。王要武教授曾经担任哈尔滨建筑大学管理学院院长和哈尔滨工业大学管理学院党委书记，悉心指导了刘杰同志关于建筑业企业视觉形象体系的工程硕士论文和关于建筑业企业品牌建设的博士论文。刘洪喜同志是王要武教授的硕士研究生，先后在中国建筑工程总公司总部、中建美国有限公司和中国海外集团有限公司香港总部及其美国分支机构工作，在负责联系文化和品牌职能部门的过程中，参与实践，整理资料，思考理论，组织文字，做了大量工作。三位作者隔空合作，互通互补，反复商榷，仔细推敲，终于使书稿达到了出版的要求。

　　感谢住房和城乡建设部原副部长齐骥同志，感谢中国建筑业协会刘锦章同志，感谢中国建筑集团有限公司朱子君、田威、刘立新和胡勤同志，感谢当年参与中国建筑品牌建设工作的企业文化部和企业策划部的同志们，尤其感谢崔景山和周静同志，他们在百忙中审阅了中国建筑的案例，委托吴扬团队为作者提出了很好的意见和建议，为作者提供了丰富的参考资料。感谢肖游和朔、谷珊和张文龙同志，他们参与了查找资料、修改校对以及部分事务性工作。感谢中国建筑工业出版社沈元勤、李明、李杰和葛又畅同志，他们为本书提供了很多专业性的意见。感谢张悟静同志，精心为本书做了装帧设计，并提议用刘杰同志拍摄的照片作为每章隔页的衬底。

编著者

2022 年 4 月 13 日

图书在版编目（CIP）数据

建筑业企业品牌管理 / 刘杰，王要武，刘洪喜编著
. — 北京：中国建筑工业出版社，2022.9
ISBN 978-7-112-27706-3

Ⅰ.①建… Ⅱ.①刘…②王…③刘… Ⅲ.①建筑企
业—品牌—企业管理 Ⅳ.① F407.96

中国版本图书馆 CIP 数据核字（2022）第 141531 号

本书对建筑业企业品牌管理的基本理论、基本方法和基本流程进行介绍，并通过典型企业品牌建设的实践进行案例分析，对建筑业企业加强品牌建设、促进建筑业企业的高质量发展，具有一定的参考借鉴价值。本书可供建筑业企业的品牌管理人员及中高层营销管理人员和项目管理人员阅读、参考，也可作为高等学校工程管理等相关专业本科生、研究生的教材或参考教材。

责任编辑：葛又畅
书籍设计：张悟静
责任校对：姜小莲

建筑业企业品牌管理

刘　杰　王要武　刘洪喜　编著

*

中国建筑工业出版社出版、发行（北京海淀三里河路 9 号）
各地新华书店、建筑书店经销
北京雅盈中佳图文设计公司制版
北京中科印刷有限公司印刷

*

开本：787 毫米 ×1092 毫米　1/16　印张：21¼　插页：12　字数：337 千字
2022 年 9 月第一版　2022 年 9 月第一次印刷
定价：**108.00 元**
ISBN 978-7-112-27706-3
　　（39678）